打造
創業型國家

破除公私部門
各種迷思，
重新定位政府角色

瑪里亞娜・馬祖卡托——著
鄭煥昇——譯

THE ENTREPRENEURIAL STATE

DEBUNKING PUBLIC
VS.
PRIVATE SECTOR MYTHS

Mariana Mazzucato

國內學者推薦

黃涵榆／臺灣師範大學英語學系教授

本書是最近在台灣引起廣泛注意的《萬物的價值》作者瑪里亞娜．馬祖卡托另一代表作；她同時也是包括聯合國與歐洲多國經濟機構的顧問。「政府不應該過度介入經濟活動」似乎已是現代人不證自明的信念，政府也經常被貶抑成企業的服務部門。然而，本書企圖同時打破我們習以為常的科層體制國家和私人企業神話，再次強調國家對於經濟成長扮演不容忽視的角色。

國家非但不是經濟成長的旁觀者，更有必要基於普惠性和永續成長的原則主動積極介入綠色能源、尖端藥物、資訊科技等公共投資，以面對各種社會、科技和環境的挑戰，更重要的是，創造新價值與未來。本書引領讀者思考價值為何是一種集體創作，需要冒險精神和思考框架的突破，而國家如果沒有實踐應有的任務，這一切都將是空談。

導讀　後疫情時代：創業型國家的再臨

林宗弘／中央研究院社會學研究所研究員

在經濟學思想史上，國家的規模與能力對經濟發展的影響，是個揮之不去的爭議，經常週期性地回到社會科學論戰的核心。全球知名女性經濟學者瑪里亞娜・馬祖卡托（Mariana Mazzucato）在頂尖期刊發表過許多有關創投與科技研發的實證著作，在十年前全球大衰退震撼下，於二〇一一年初版、二〇一三年再版的《打造創業型國家：破除公私部門各種迷思，重新定位政府角色》（*The Entrepreneurial State: Debunking Public vs. Private Sector Myths*）一書，是這個論戰裡新一波重量級的學術著作，在全球疫情考驗歐美民主國家能力的關鍵時刻，更值得回顧與前瞻。

國家建構的第四波革命

《打造創業型國家：破除公私部門各種迷思，重新定位政府角色》一書有其時代精神，代表了**歐美經濟學界對全球大衰退與國家角色的反思**。二十世紀末期，在冷戰結束與計畫經濟體制崩解的衝擊、與英國保守黨執政與美國雷根政府影響之下，主張「大國家」的凱因斯主義或福利國家理論遭受嚴厲挑戰，全球學界走向所謂新自由主義經濟思想，主張小政府、大市場與民營化等經濟政策，在大約是一九八九年到二〇〇八年這二十年間的經濟全球化時代，「小國家」政策大行其道。

二〇〇七年後半年起，華爾街有關次級貸款的衍生性金融商品泡沫破裂，投資銀行倒閉而引發了全球大衰退，使得「大國家」的呼籲再次崛起，例如經濟學人兩位總編輯 John Micklewaite 與 Adrian Wooldridge 合著的《第四次國家革命：重新打造利維坦的全球競賽》（*The Fourth Revolution: the global race to reinvent the state, 2014*）一書，指出**現代國家能力發展經歷三次重大革新，第一次是現代主權國家的創造**，逐漸取代前現代的多民族帝國治理，第二次是由**美國獨立與法國大革命所揭櫫的民主轉型**，提供民眾基本的人權與自由，第三次革新則是**福利國家崛起**，由於資本主義工業革命將農民趕出土地進入工廠，帶來景氣循環與失業的風險，政府開始提供各種社會權利，讓民眾免於落入飢餓、疾病與貧窮等困境。當然，與兩次大戰福利國家崛起的同時代，另一種反應是社會主義革命，國家以中央集權計畫經濟來取代資本主義，下場卻多半是經濟停滯，在冷戰結束之後不得不走向市場改革。

《第四次國家革命》的作者們認為，在二〇〇八年的全球大衰退之後，西方民主制度面臨威權國家、如改革開放後的中國或新加坡的挑戰，但是威權國家也難以克服產業轉型與貧富分化等危機，未必能維持經濟繁榮與政治穩定，因此，**該書提倡民主的「第四次國家能力革新」，然而對於該怎麼做，卻較少著墨**。

瑪里亞娜·馬祖卡托是倫敦大學學院經濟學教授，兼任倫敦大學創新與公共目的研究所主任，並曾服務於蘇格蘭和南非政府所屬的經濟顧問委員會。除了書寫之外也是很有魅力的演講者，具備公共知識分子的影響力。瑪里亞娜·馬祖卡托的另一代表作《萬物的價值：經濟體系的革命時代，重新定義市場、價值、生產者與獲利者》（*The Value of Everything: Making and Taking in the Global Economy*）已先由時報出版譯介，反思經濟學裡「價值」來源之歷史，作者因此獲得二〇一八年的李昂鐵夫獎（The Leontief Prize）與二〇二〇年的馮·諾依曼獎（John von Neumann Award）這兩個提供給經濟學新星的大獎。事實上，該著作的主要學術論點多來自《打造創業型國家：破除公私部門各種迷思，重新定位政府角色》，因此，**本書可以說是呼籲「第四次國家能力革新」風潮裡極為傑出的一本著作**。

創業型國家的主張

事實上，**經濟學者多半同意國家在特殊條件下可以干預市場**，例如「市場失靈」或規模經濟導致產業壟斷等特殊情況，市場失靈亦包括正外部性如安全、教育與公衛等公共財供應不足、與負外部性如環境汙染、黑心食品或天災人禍的治理等，可能會以公共服務、現金補貼、租稅或處罰、或政府購買服務等方式處理，而國家對壟斷則可能以反托拉斯法或課稅等方式干預，不過對大多數經濟學者來說，**市場仍然是多數經濟制度裡的優先選擇**，即使是壟斷性的水電產業，國有化恐怕是其最後選項。本書的特殊主張，在於比一般經濟學者的國家理論更**強調國家在科技創新方面參與投資的角色**。

在本書第二章裡，瑪里亞娜．馬祖卡托相當詳盡地區分了經濟學文獻裡的三種創新理論：第一種是科技進步作為經濟成長模型的外部或隨機衝擊，但這種觀點等於放棄說明影響科技創新的主要組織因素或環境條件。第二種是跟隨「市場失靈」理論，國家干預是為了補救創新市場的缺陷，例如界定專利與智慧財產權，如此即可減少產權不明確所造成的掠奪與利益分配問題；瑪里亞娜．馬祖卡托將自己的主張歸類為第三種「創新系統」理論，主張國家不但有能力補救市場、還可以開創市場，即科技投資有很廣泛的正外部性。作者也指出在經濟發展研究裡，所謂「發展型國家」的主張與本書立場類似。

當然，科技創新不一定要由國家主導或先行投資，天使般的私人創投或許更有幫助，然而瑪里亞娜．馬祖卡托對專利與創投產業的實證研究指出情況並非如此。她挑戰了六個迷思：研發支出等於創新、中小企業更能創新、創投更願意冒險、專利數量可以測量創新、學術與產業結合不足導致創新商業化的障礙、以及研發成本抵稅有助於創新，許多實證研究指出這六個論點都缺乏證據、甚至可能是錯誤的理論，總之，偏好私人創投的科技政策缺乏實證支持。

相對於強調民營企業家為主的創新理論，本書回顧了美國戰後太空競賽的創新經驗，後續章節使用了醫藥生技產業、網際網路產業特別是蘋果公司的發展歷史、綠能光電產業的發展史、甚至提到馬斯克的太空產業與後來的特斯拉電動車等，這些看似民營企業家「矽谷精神」的代表，都享有來自政府大額的前期投資、長期的購買服務與租稅補貼，在這些來自美國國防部門、衛生部門與能源部門的研發經費挹注之下，逐漸創造出全新的科技與市場需求。

令作者不滿的是，在這些實例中，**國家公共投資都成了對企業的大放送，卻很少得到適度回報**。最明顯的莫過於**醫藥生技產業**，製藥業裡有大量政府公衛與科技部門出錢研發的藥品，最後納稅人卻買不起，因為新藥太貴了。資訊科技產業也有不少國家冒險投資的成果，這些企業會卻想盡辦法隱藏獲利在一些租稅天堂，甚至批評國家要求賦稅是在扯企業的後腿。

如何改變國家創新系統導致「風險社會化、報酬私有化」的現象呢？作者認為除了對資本利得收稅之外，由政府出錢的專利或知識財產權的運用，應該讓國家按照投資或收益的比例「分紅入股」，更直接的方式是使用國家投資銀行或類主權基金的方式進行創投，再用「分紅入股」的方式回收公共投資，並且減少公務人員冒險時的懲戒、反而應該鼓勵他們進行創新。

從發展國家到創新福利國家

瑪里亞娜・馬祖卡托的觀點與筆者類似。在東亞發展型國家的各種制度演化過程裡，可以發現很多類似《打造創業型國家》所建議的運作機制，國家投資於知識的重要性未必會面對太多論述挑戰。然而在發展型國家的階段結束之後，台灣的某些基礎設施，例如公路、網路、醫療與教育等已經飽和，不容易運用擴大建設之類單純的生產要素投入就輕易獲得成長，而已開發國家有較長時間調適的產業升級與人口老化問題，在台灣則是立即面臨的衝擊。

迄今為止，台灣的政府直接收入佔GDP比例甚低，大約一三～一六％之間，在先進經濟體屬於「小國家」。《崩世代：財團化、貧窮化與少子女化的危機》一書中，筆者與洪敬舒、李健鴻、王兆慶、張烽益等共同作者批評了兩岸貿易擴張與財團化的趨勢，認為**政府應**

該扭轉新自由主義的小政府傾向，投資於科技創新，以協助托育、養老等社會福利制度，建構「創新福利國家」。創新福利國家不是要求一個大有為的國家干預或計畫經濟，而是在持續但有限的財政擴張下，最有效率地利用政府支出來達成民眾福祉——例如健康、長壽、收入充裕且分配相對平均等目標，**這不是單靠國家可以做到，需要政府與產業協力，促成公民社會參與、以及跨國人才網絡的知識交流**。

如同第四次國家革命一書所言，第三次國家革命下的福利國家，可說是官僚化、勞力密集的福利國家，讓公部門大量雇用員工來處理扶貧、幼教、健康與長照服務等，在高稅收與政府支出的條件下，達成薪資分配較平均的目標。然而，隨著人口老化與福利支出擴張，即使在最平等的國家如芬蘭，近年也已經面對年金改革的棘手議題。因此，我國需考慮更少依賴勞力的福利政策，即是在台灣面臨產業升級的困境之時，讓政府投資協助產業解決本土的社會風險——例如極端氣候與健康老化，建構一個技術與創新密集的福利國家。

在中央研究院社會學研究所出版、筆者與李宗榮等編著的《未竟的奇蹟：轉型中的台灣經濟與社會》一書裡，提到台灣仍須面對高齡化、經貿過度依賴中國大陸、產業升級創新投入不足、與勞工低薪性別歧視等問題。如《打造創業型國家》一書所言，政府能做的事情還是不少。假設台灣在未來三十年，可能因為氣候治理而發展綠能、人口老化而必須延長退休年齡、兩者都要擴大公共支出，也會帶來很多商機，例如鼓勵勞動參與、維持健康有關的科技創新。相對而言，引進外籍看護工而不從事任何產業創新，就會變成剝削廉價勞力的長照體制。與此類似，台灣的產業創新、發展綠能或循環經濟，不太可能將綠能全交給國營事業如台電去經營，而是讓公私部門、甚至民間社團彼此競爭與合作，以更有效率的方法面對氣候變遷衝擊下的用水與節能減碳要求。

創新福利國家的產業政策可以找到具體案例嗎？幸運的是，此次 COVID-19 疫情衝擊之下，國家實施邊境防疫管制、禁止口罩出口、經濟部積極投資並協調機械業組成「口罩國家隊」、或是全民健保的資料使用於口罩實名制等，每個政策都違反了新自由主義抗拒干預市場的原則，卻又不是簡單地將口罩產業國有化，而是由《打造創業型國家》提供先期投資與激勵機制，建立了公私部門合作的經典案例，政府仍可回收部分投資，也守護了我國民眾的健康與福祉。

在全球衰退與疫情衝擊下，高喊賺大錢、塑造個人崇拜卻提不出具體政策方案的民粹政治、或是主張「小政府」減稅、自由貿易特區等更加依賴中國大陸的新自由主義政策，已經被證實國安風險極高、甚至造成青年低薪與資本外流。相反地，台灣正在改革與實踐《打造創業型國家》、邁向創新福利國家的路上，因此，**在即將邁向後疫情時代的此刻，重溫這本主張民主體制「第四波國家革命」的重要著作，對台灣未來產業政策怎麼辦的爭論，仍有相當助益。**

參考文獻

- Mazzucato, M. (2018), *The Value of Everything: Making and Taking in the Global Economy*, Public Affairs.
- Mazzucato, M. (2013), *The Entrepreneurial State: Debunking Public vs. Private Sector Myths*, London, UK: Anthem Press.
- Micklethwait, John, & Adrian Wooldridge. 2014. *The fourth revolution: the global race to reinvent the state.* New York : The Penguin Press.
- 李宗榮、林宗弘編，二〇一七，《未竟的奇蹟：轉型中的台灣經濟與社會》，南港：中央研究院社會學研究所。
- 林宗弘、洪敬舒、李健鴻、王兆慶、張烽益，二〇一一，《崩世代：財團化、貧窮化與少子女化的危機》，台北市：台灣勞工陣線出版。

僅以本書獻給我的母親亞莉珊卓（Alessandra），她的精神對周遭所有人都產生著影響——她用堅定的心智、慷慨的心胸與優雅的態度，啟發我們去理解世界、改造世界的意願與能力。這本書同樣獻給我的父親厄涅斯托（Ernesto），在她先走一步後，他不但堅強地活下去，而且還在其一生志業的道路上，繼續堅定地一步一腳印，繼續不放棄找尋那貨真價實的再生能源：核融合。

目次

誌謝

這本書的完成，得歸功於我眾多同事好友假我以智慧激盪與辛勤研究。

首先不能不提的，是讓我得以有對象進行思想交流的兩名世界級經濟歷史學者：卡洛塔・培瑞茲（Carlota Perez）與比爾・拉佐尼克（Bill Lazonick，即威廉・拉佐尼克〔William Lazonick〕）。卡洛塔的研究工作，以及我們長期以國家在科技發展各階段所扮演角色為題的討論，都刺激了我一方面用力思考不同類型資本——金融與生產——的角色如何隨著時間變化，一方面思考國家在引導這兩種資本達成生產性而非單純投機目的時的角色。但當然創新需要某種程度上的投機——比爾非常仔細地將之與「操控」進行了區分。比爾鞭辟入裡的分析，對每個用字遣詞都鉅細靡遺，比方說他也區分了什麼是商業，什麼又是市場，這兩個我們多數人在談到私部門時混為一談的東西。比爾的研究分別以資本主義生產結構之變遷為題，也以資本主義生產與勞動市場、金融體系運作之間的關係為題，而這些研究理應成為必修課，讓兩種人研讀，其一是所有對企業理論有興趣的學子，其二是所有對改革金融有興趣，也對讓資本主義生產變得更為普惠與永續有興趣的為政者。

我還要感謝比爾為我引介了兩名非常優秀的碩士班學生，一位是歐納・圖倫（Oner Tulum），另一位則是麥特・霍普金斯（Matt Hopkins）。他們倆是我夢寐以求的研究助理。歐納透過他像外科手術般精準的企業財報閱讀能力，追根究柢地替我釐清了在技術根基與初期金援這兩方面，國家究竟提供了多少幫助給蘋果；第五章的寫成他居功厥偉。而麥特則貢獻了他對於潔淨科技既銳利又熱情的理解——畢竟他既是這方面的學者專家，也在政治上對其有所堅持；他的貢獻對第六章與第七章的重要性無庸置疑。

我另外還要感謝卡耶塔諾・培納（Caetano Penna）、卡洛琳・貝羅（Caroline Barrow）與潔瑪・史密斯（Gemma Smith）三位辛苦提供了編輯上的協助。卡耶塔諾在異端經濟學（與「替代性教規」〔the Other Canon〕框架，亦屬非主流經濟學範疇）跟創新研究兩方面上的背景——還有他以汽車業所需「轉型」為題的劃時代博士論文——都讓充滿獨特性的他成為很能提供刺激與回饋的校對者。卡洛琳在加入薩塞克斯大學（Sussex University）的「科技政策研究中心」（Science and Technology Policy Research Unit，SPRU）後不久就開始不眠不休地浸淫在文稿的編輯與格式編排中，她除了從來沒不耐煩以外，還以其曾擔任職業舞者的經驗，追加提供了公部門在藝術方面著墨的有趣見解。潔瑪非常了解書籍作品要在什麼樣的動態脈絡下引起共鳴，而這樣的她也幫助我寫出美國版的新導論。

最後我要感謝本書的資金來源，因為有這些贊助，我才能暫時放下其他事務，專心從事書稿寫作。福特基金會全球金融改革計畫（Ford Foundation's Reforming Global Finance initiative）在李奧納多・波拉瑪奇（Leonardo Burlamaqui）的領導下，提供了我一筆補助。除了在財務上的援助以外，波拉瑪奇本身在「知識治理」可以如何「形塑」市場的著述上，也提供了我許多可參考的地方。事實上，就是李奧納多在福特基金會的研究，讓大家一開始有機緣認識、合作，後來才會出現另一個由「新經濟思想研究所」（Institute for New Economic Thinking，INET）出資，我跟藍迪・雷（Randy Wray）在焦頭爛額中的研究計畫：這個計畫是要把喬瑟夫・熊彼得（Joseph Schumpeter）的創新思想跟海曼・明斯基（Hyman Minsky）的金融見解集合起來，藉此來理解金融業可以在何種程度上被轉化為創造性破壞（creative destruction）的利器，而不用像現在這樣執迷於有如龐氏騙局般的破壞性創造（destructive creation）。

在透過互動與回饋提供了我想法的其他好朋友與同事中，我要特別提到的有弗列德・布拉克（Fred Block）、麥可・賈可伯斯（Michael Jacobs）、保羅・南丁格爾（Paul Nightingale）與安迪・史忒靈（Andy Stirling），其中後兩位就來自於SPRU，也就是我在學術上的新家。由克里斯・費里曼（Chris Freeman）創辦的SPRU是我待過的機構中非常有活力的一個——創新在此被理解為資本主義競爭的核心，但即便如此，SPRU也沒有神化創新，而是以批判性的態度去研究創新——包括其速率與方向性。

多年來我有幸與世界上各個不同的主政者緊密合作，而他們也都很明智地希望聽到在經濟思想上「不一樣」的聲音。在英國，我曾經非常驚豔於與大衛．威列茨（David Willetts，二〇一〇年到二〇一四年為主掌大學與科學事務的英國國務大臣）、前影子商務大臣楚卡．烏穆納（Chuka Umunna）、影子科學大臣智．齊翁烏拉（Chi Onwurah），與安德魯．阿多閣下（Lord Andrew Adonis，曾任運輸大臣）等人的合作。在選擇本書作為其二〇一三年最愛的時候，威列茨曾說：「她（作者）讓我們看到了美國在對創新提供支持的實際做法上，與其對外的說詞有多麼不同。」在歐洲委員會上與彼得．德羅埃爾（Peter Droell，歐盟研究與創新總署〔DG RTD〕之創新中心負責人）共同思考公部門創新意義的過程（包括公部門創新本身有什麼意義，以及從這點延伸出去有什麼意義），讓我有動機在探討政府潛在的「創業家」角色之餘，也具體地思考如何在公部門當中建立起「創業型」的組織與機構。

我也很感激克里夫．普利多與其在「公共事務」（PublicAffairs）出版社的同仁願意相信「創業型國家」的概念與訊息，需要在美國被大聲而清楚地聽見——特別是在二〇一六年選舉前的此刻——讓這本新的美國版能順利出版。

當然以上被我點名的每一位，都無須為我在書裡的錯誤、狂言、乃至時不時過於激動的意見表達負任何責任。

二〇一八年新版序　重新思考公共價值的創造

我在二〇一三年寫下《打造創業型國家》一書，目的是為了反擊，而我想要反擊的論點是在二〇〇八年金融危機後，外界普遍認為為了回復經濟成長，我們惟一需要做的就是削減公共支出來減少政府赤字。除了提醒讀者一件事情，那就是金融危機的成因是私債而非公債以外，我認為各國若仍認為他們可以靠「減支」來達到成長之目的，這種做法將被證明是緣木求魚，因為經濟成長的一項關鍵推手，就是由公部門投資在教育、研究與科技的進步上。確實，本書要傳達的一大歷史教訓，就是策略性的公共投資若不存在，我們今天在手機平板等智慧裝置中用得不亦樂乎的種種科技，也都將不復存在，正所謂**皮之不存，毛將焉附**——從網際網路到衛星定位，再到你與ＳＩＲＩ的每一回聊天，都將無從發生、無以成真。我們將不復擁有再生能源的解決方案來提供綠色革命的可能性，更不會有各種尖端新藥可以救人一命。在這種種案例裡，公共資金都提供了不可或缺的耐心與長期性的規劃，以便爭取時間直到民間企業願意加入投資的那天。所以我們必須更深入去了解的一件事情，便是如何將國家作為「第一投資人」的潛力轉化為以投資帶動成長的推力，須知如此定位的國家只要能與私部門聯手，讓我們即使面對本世紀的重大挑戰——氣候變遷、醫療服務、數位革命——依舊有機會轉危為安。換言之，本書的宗旨在於重新設定政府在經濟中扮演角色的討論框架，使之遠離意識型態，朝務實的思考前進，讓經濟成為我們處理社會問題與科技挑戰的利器。

新版對於現狀的參考價值更甚於舊版。美國作為一個創業型國家的本質，正受到嚴重的威脅。即便是當年雷根總統作為小政府的倡議者，也不手軟地增加製藥、資訊與能源等領域的預算，讓從事關鍵創新的機構不至於巧婦難為無米之炊。但時至今日，這類組織經常得處於守勢來捍衛自身的立場，才能免於規模裁減，也才不會壯志難伸，只能從事一些或許有利可圖、小家子氣的研究。在目前處境相當困難的這類機構中，包括貢獻了目前市場上不少先進新藥的美國衛生研究院（National Institutes of Health，NIH），還有美國先進能源研究計畫署（Advanced Research Projects Agency–Energy，ARPA–E），它隸屬於能源部，與國防部之下的防衛先進研究計畫署（Defense Advanced Research Projects Agency，DARPA）的姊妹組織的創新單位。今天的ARPA–E，是能源創新的龍頭單位，就跟DARPA是科技創新的龍頭一樣，而川普新官上任三把火就決定對ARPA–E發動攻擊，是很令人玩味的事情。在川普第一回提出的預算草案裡，ARPA–E原本排定要被砍掉的，直到最後一刻才被救了回來。二〇一八年，ARPA–E附屬於能源部底下的三點〇五億美元預算也再次岌岌可危，甚至川普政府曾打算「讓ARPA－E在二〇二〇年中徹底收攤」。雖然ARPA－E已經證明自身有能力承擔私部門不願承擔的極早期創投風險，但外界還是對其做出了與事實完全不符的指控：「ARPA－E的業務與正由（或應由）私部門執行的研發工作，存在相互重疊的疑慮。」[1]

這種攻擊鎖定了公共機關率領社會與經濟變革的本質與角色，代表著進步的目的不能只是爭取增加公共支出，以及對抗撙節政策。前進的工作還必須格外用心去保衛多年來累積的組織架構，因為眼下正是這些組織架構，為了社會能夠變得更好，而負責投資所需的科技、基礎建設與服務。而所謂的更好的社會，便是一個更加**永續**、**普惠**，與**創新**的社會。預算可以來去增減，但組織架構決不能拆卸，否則再重建又得好幾十年——在現代綠色運輸、新世代網際網路、醫療創新或媒體廣播等領域上創造公共價值的每一個組織，都適用我最後提的這一點。

如本書所主張，公部門中的創造性思想之父，包括了約翰・梅納德・凱因斯（John Maynard Keynes）與卡爾・波蘭尼（Karl Polanyi）。凱因斯曾號召主政者在想著反（景氣）周期支出之餘，也要放大思考的格局。換個說法，政府不應只是為了隨時可以開工的計畫去幫忙挖坑道，而應該雄才大略地思考如何用投資為百姓們雕塑美好的未來。

經濟歷史學者波蘭尼在其經典之作《大轉型》（*The Great Transformtaion*）中說得更激

進，他主張「自由市場」本身就是國家干預的產物。換句話說，市場不是政府可以干預但禍福難料的獨立領域，而是公家干預、乃至私人行為，攜手創造出的結果。

做出投資決定而期待新市場出現的企業，都理解突破框架思考的必要性。頂尖的經理人，不少都自視為「財富的創造者」，由此他們會修習決策科學、策略管理、組織行為等學門。他們被鼓勵去冒險，去對抗慣性來發揮積極性。

但若價值是一種集體創作，那選擇進入公部門發展的人才也同樣應該被教導去做兩件事，一件是**突破思考框架**，另一件是**發揮創業精神**。但實際狀況並沒有這樣發生。相對於此，為政者與公務員根本沒有被視為財富或市場的創造者，頂多被當成市場的**修復者**、**促進者**與**風險去除者**。要是慘一點，還會被貶低為財富創造的阻礙。

這種觀念的差異，一部分源自於主流經濟理論，因為主流的觀點是政府只應該在「市場失靈」時出手干預。國家的角色是：建立遊戲規則，強化遊戲規則，讓人們有一個公平的環境可以自由競爭；出錢辦理或提供基礎建設、國防與基礎研究等公共財；設計各種機制來舒緩各種負向外部性——包含環境汙染。

一旦國家的干預超越了主流思想的「授權」，流動到單純修復市場失靈的範圍以外，扭曲市場的罪名就會隨之而來。外界會批評政府不該「挑選贏家」或是「排擠」民間投資。另外，出身自一九八〇年代「公共選擇」理論，「新公共管理」（NPM）理論的興起，導致公務員認為他們身上的責任愈少愈好，唯恐政府失靈會比市場失靈帶來更嚴重的後果，而這也「造就」多一事不如少一事的公門文化。

這種思維，造成許多政府採行了各種來自私部門的會計機制，包括成本效益分析，要不然就是促使政府將許多職能外包給私部門，對外還包裝得很漂亮說這叫「提升效率」。證據不僅已證明在多數狀況下，委外跟私有化並不能換來服務品質或效率的提升[2]，惟這兩種趨勢仍淘空了公家機關的自信，讓他們失去了與企業合作來迎接氣候變遷與人口老化等二十一世紀挑戰的能力。

惟事態並非一下子就來到這步田地。二戰之後的美國政府有兩間官署，即太空總署（NASA）與前述的DARPA，共同創造出了網際網路的雛型。這兩間都成立於一九五○年代的公家機關兼具豐沛的資金與清晰的目標。任務導向[3]的作風讓他們能吸引到頂尖的人才，進到內部，他們的同仁會被告知要放大格局、勇於任事。同樣地，成立於二○○九年成立的ARPA－E也在再生能源的領域上實踐了許多可圈可點的創新，其中電池儲存更是他們的強項；美國衛生研究院則在數十年間資助了許多暢銷藥品的發展。

但明明有這樣成功的典範放在眼前，美國卻沒有乘勝追擊地利用政策來處理社會問題，也沒有由下而上培育各種實驗與學習的風氣，反倒讓相反的做法變成一種積習。那一段精采的歷史遭到忘卻與遺棄，任務導向的公共機關力量則遭到削弱。太空總署愈來愈需要透過馬上能收穫的經濟價值來捍衛自身的存在，但曾幾何時ＮＡＳＡ代表的就是探索無垠的宇宙，不是為了投資報酬。英國廣播公司（ＢＢＣ）的營運益發受制於狹隘的制式規格[4]。這些規格標準或能合理化對高品質新聞與紀錄片的投資，但卻無法測量出在ＢＢＣ的影視作品底下藏有哪些雄心與真正的功績：獨立於規格以外的公共價值創造。

公共價值的創造，不能只是修正問題，或是把因私人企業造成的空缺補起。公共價值可以、也必須是自成一格的一種目標：從更乾淨的空氣，到可以將私人數據不轉變為企業獲利，而轉變為一種資源來提升公共服務品質的數位經濟，各種可以讓社會更美好的具體產出與服務。創造公共價值的過程，與其最終的成果一樣重要，而在理想的狀態下，成就這個成果的會是公、私與志工部門中各組織與運動之間新型態的合作，因為這種合作會在城市、區域與國家層級上，都創造出公民社會中一場充滿活力的對話。

當任務導向的各公部門主體能合力去處理大規模的問題時，他們便能集體創造出新的市場來影響經濟成長的速率與方向。但在能共同創造價值與指揮成長走向之前，不可少的歷練是實驗、是探索、是嘗試錯誤。而這也正是何以「修復（市場）失靈」的框架會如此誤導人：這種框架讓公家機關感覺自己像坐板凳的替補球員，讓他們發自內心地不想冒險，就怕強出頭萬一失敗了，會變成頭版頭的大新聞。只不過當政府一個不小心成功了——像是數位科技（包含谷歌的運算法）、新型態的能源，或是萌芽中的生物科技等投資——這些功勞又會被算到私部門的功勞簿上。市場基本教義派會一股腦地責怪美國政府不該把錢拿去投資最終破產收場的太陽能業者索林卓，但國家其實也投資了差不多的錢到成功的特斯拉身上，這點市場派則隻字不提。

在二十一世紀，關於經濟成長的論戰必須把重點放在**方向**之上——以及所有參與其中的組織，其必要的潛在組織能力去迎接風險以及實驗。透過這種心態的調整，進步的發展議程將重新被喚醒：這種議程將有能力，也應該要讓所有的主體感覺他們是手握方向盤的駕駛，是可以先發的一線球員。他們會覺得自己有責任參與共創價值，但又同時要顧及以更普惠，更雨露均霑的方式進行價值的分配——以免讓一小撮自命不凡的財富創造者萃取眾人集體創造出的價值。我們需要的，是讓社會上產生嶄新而自帶動能的對話過程，藉此讓社會對**哪些任務值得大家共同承擔風險去投資**，獲得一個共識。這，便是我書寫本書的初衷。

註釋

1 作者註，詳見 https://arstechnica.com/tech-policy/2018/02/trumps-budget-proposal-is-out-and-he-really-wants-to-kill-arpa-e/.

2 作者註，見 http://eu.wiley.com/WileyCDA/WileyTitle/productCd-1119120950.html.

3 作者註，見 https://www.ucl.ac.uk/bartlett/public-purpose/publications/2017/oct/mission-orientedinnovation-policy-challenges-and-opportunities.

4 作者註，Mazzucato, M., and O'Donovan, C. 2016. 'The BBC as Market Shaper and Creator' in Rethinking the BBC: Public Media in the 21st Century, Seth-Smith, N., et al. (eds). Commonwealth Publishing. Available online at http://commonwealth-publishing.com/shop/rethinking-the-bbc-public-media-in-the-21st-century/.

事實上，資本主義經濟並非也不可能處於靜態。同時，資本主義經濟也不僅僅是以穩定的方式在擴張。資本主義經濟會不間斷地由內而外，處於被新事業革命的進程中，而所謂「被新事業革命」，指的是有新商品、新生產方式，或是新商機會隨時入侵現行的工業結構裡。

——喬瑟夫．熊彼得（1942 [2003], 13）

商人有著一套與政客不一樣的幻覺，也因此需要用不同的方式處理與應對。但商人要比政客溫和得多。商人會在同一時間受到耀眼名氣的引誘與震懾，會輕而易舉地被說服成為一名「愛國者」，會被取悅、會紮紮實實地膽怯，但又會過度焦慮而不敢太過樂觀，會或許稍微失之於虛榮，但又對自己欠缺自信，會病態地對客套話很有反應。你想讓他們怎麼著，都是辦得到的，但前提是即便他們從小曾經受到虐待或沒有經過你的訓練，你都不好當他們（不分小商人還是富商巨賈）是**豺狼虎豹**，而要當他們本性是**家禽家畜**來對待之。覺得商人在道德上輸給從政之人，是一種錯誤。要是你把他們操到有如受虐家畜一樣，表現出臭臉、執拗、驚懼等情緒，那國家的重擔就無以由市場去分攤，到了那個份上，輿論的風向也會隨之轉向。

——約翰．梅納德．凱因斯（1938, 607，語氣以粗體加重處為作者觀點）

世間有一種常見的謬誤是官僚體系不如民間企業具有彈性。這一點或許在細節上屬實，但當大規模的調整不能不做之際，中央的控管會彈性得多。去函政府機關，可能要等上兩個月才能收到回信，但相較於此，由私人企業所主導的產業可能要花上二十年，才能對需求的下降完成調整。

——劍橋大學經濟學教授瓊．羅賓森（Joan Robinson; 1978, 27）

「一九五〇與六〇年代，我們需要錢做基礎科研的時候，你們人（指創投）都在哪兒？現在推動（這個產業）的科學發現，幾乎都是當年做出來的。」

——保羅．伯格，一九八〇年諾貝爾化學獎得主

（由奈爾．韓德森與麥可．史拉吉於一九八四年引用）

（Quoted in Nell Henderson and Michael Schrage, 1984）

導　論

再一次，把格局放大

Thinking Big Again

放眼全球，包含開發中世界在內的大大小小國家，都眼巴巴地盯著美國，想要複製美國經濟的成功模式。而在這麼做的過程當中，他們看到的是自由市場機制的力量如何優於歐洲或前蘇聯那種看似老掉牙、由國家力量帶動的計畫經濟體制。但你表面上看到的美國，並不是真正的美國。美國這個小政府、自由市場信條的傳教士，已經有幾十年的時間都在做一件事情，那就是導引龐大的公共投資方案挹注科技與創新，而科技與創新，才是從過去到現在，美國經濟發光發熱的根基。從網際網路到生物科技，再從生物科技到頁岩油的開發擷取，美國都是由創新帶動成長的領頭羊——他們勇於投資在創新週期中最不確定的階段，並樂於在有所成後讓企業跳上來搭便車。世界各國若真想模仿美國的成長模式，他們應該學習的不是美國說的那一套，而是美國做的那一套：國家的角色要大，而不是小，要增加，而不是減少。這當中很重要的一堂課，在於我們該學著針對國家的投資去進行組織、引導、評估，目標是讓這些投資滿足有策略性、有彈性，有目標性（或者說「任務導向」）等條件。唯有滿足這些條件，最優秀的腦袋瓜才會覺得替國家做事是件光榮的事情。

需要理解上述事項的，不只是美國以外的其他國家，美國自己也要有所體悟，因為在美國，主流的政治論述已危及到未來創新與經濟成長所需的資金挹注。二〇一三年，美國政府撥給基礎研究的預算支出，已經跌破了十年前的水準——而且以目前國會在公共預算上的僵局來看，跌勢恐怕還沒結束。

與其只是靜靜地討論相關預算不足之處，也就是量，我們必須要更積極地去論辯預算的實際組成，也就是質。包括如何在關鍵的領域進行策略性的投資，比方說研發、教育與人力資源的組建這些可以增加未來的ＧＤＰ（Gross Domestic Product，國內生產毛額），進而讓債務占ＧＤＰ比例下降的投資，以及如何透過討論釐清改革方向，以便讓上述投資促成的成長不僅更加「聰明」（創新），而且還可以更加「普惠」與「永續」，都是我們應該透過討論去辨明的問題。

隨著二〇一六年美國總統大選即將來臨，這些問題都具有相當的迫切性，主要是若這些問題能在大選中獲得充分的討論，則現行一攤死水的論辯就會質變。現在的美國，亟需政治人物以逆鱗的勇氣去挑戰民粹的論點，把國家的願景勾勒得更加大無畏。唯有如此，美國才能以更積極而活躍的角色定位孕育未來的經濟成長。包含中國在內的開發中國家裡，公部門都投入了動輒數十億美元的預算在嶄新綠色科技的開發上，他們期待的是這些綠色產業可以成為未來的經濟成長引擎。另外美國也可以從自身的歷史中獲得啟發。一九六一年，有位美國總統（譯按：甘迺迪）擘畫了充滿雄心壯志的太空之行，準備冒險將人送上月球。今天誰有這樣雖千萬人吾往矣的勇氣，跳出來當美國的新甘迺迪，為國家擘劃出嶄新的願景？

因應今日社會上包含氣候變遷在內的種種挑戰，我們都需要遠見、需要使命感，更需要對國家在經濟發展中的角色重要性抱持信心。一如凱因斯曾在《自由放任的終結》（*The*

End of Laissez Faire, 1926, 46）中慷慨陳詞，「對於政府來說，重要的不是去做個人已經在做的事情，然後做得要麼好一點，要麼差一點；真正要緊的，是政府要去做那些眼下完全沒有人在做的事情。」但這，需要公部門展現遠見與自信——這兩樣如今愈來愈稀有的東西。這是什麼原因？

論戰開打

在經濟成長當中，公部門該扮演的是什麼樣的角色？在二〇〇七～二〇〇八年的金融危機之後，公共預算愈吹愈大，主要市政府需要用紓困手段去「拯救」私部門，於是在全球的範圍內，我們開始聽到一種聲音：一國的經濟要有競爭力、創新、有活力，則藥方應該是**更多市場，更少國家**。客氣一點的，會說政府的存在只是為了讓私部門的經濟運作更加順利，如此而已；過份一點的，會說政府作為一種拖死狗、手段粗魯與作風官僚的體制，對經濟發展只會礙事。相對之下節奏迅速、熱愛冒險的私部門走在時代前面，私部門才是經濟成長所需之創新來源。

按照這種觀點，矽谷等創新引擎的祕密應該在於其間的創業者與創投家。國家想要干預經濟，可以——但僅限於修理「市場失靈」或制定遊戲規則來提供一處公平的賽場。政府可以節制私部門來處理企業可能會加諸在大眾身上的外部成本（譬如汙染），也可以投資在基礎科學研究或欠缺商機的藥品研發等公共財上。惟對某些政治光譜上的右派而言，就連矯正市場失靈之舉都會是一種罪過，因為這樣的嘗試會導致「政府失靈」這種更糟糕的結果。

這些看法的共通點在於它們都假定國家應該只專注在被動地修復市場上，而不應該主動嘗試去創造或型塑市場。二〇一二年一篇《經濟學人》上的文章論及製造業的未來，就濃縮了這種常見的觀念。「政府判斷哪個企業或產業會成功的眼光一向很差，這點恐怕未來也只會每況愈下，畢竟同一時間，千軍萬馬般的企業家與東敲西打的發明家正忙著在網路上腦力激盪、互相比稿，然後宅在家裡把設計變成產品，最後以車庫為起點，將產品行銷全世界。」那篇文章說得煞有介事。「隨著市場革命風起雲湧，政府理應回歸基本：把學校辦好、培養更多技術嫻熟的勞動力，訂立更明確的遊戲規則，整好地讓各式企業可以公平競爭。其他的事情，就交給真正的革命分子來吧。」

本書的宗旨就是在拆解這種似是而非的假象——在保守派經濟學者、政客與媒體同聲歌頌下席捲全球，讓大家都覺得政府的重要性理應打壓、理應縮小。本書會專注在東尼・賈德（Tony Judt）所說的「論（述之）戰」（discursive battel）上：我們提出什麼樣的國家論述，會左右很多重要的事情。將私人企業描繪成創新的力量，而國家則被打成死氣沉沉不推不動的存在——有些打底的事情非得政府來處理，但你無法期許這沉甸甸的龐然大物能擔綱進步的火車頭——是一種自我催眠，一種自我實現的預言。我們要是繼續把國家想像成一個輔助者與行政者，然後要政府少作夢，那最後我們就會得到這樣的政府。然後這種沒有夢想也不主動的政府，又更方便我們去批評他們沒作為與沒效率。怎麼樣，是不是諷刺至極？

這本書要談的，或者說是要批判的，就是這種把政府抹黑成懶惰蟲，而私部門卻活潑可愛的人為假象，因為就是這種假象開了方便之門，讓經濟體系中的某些主體得以自我標榜是「財富創造者」，並打著這樣的旗號大肆萃取經濟價值——以「創新」之名行搜刮之實。事實上，美國歷史上僅見最大規模的資本利得稅暴跌，就發生在一九七〇年代尾聲，當時是「全美創投協會」（National Venture Capital Association）遊說成功，短短五年讓資本利得稅率從百分之四十腰斬到百分之二十（Lazonick and Mazzucato, 2013）。而他們得以如願以償，靠的正是創投才是正港創業者與風險承擔者的話術——一個我們後頭會徹底戳破的話術。

話說這條偏頗的故事線把部分經濟主體描繪成真正的創新者、財富創造者與風險承擔者，同時把其他人——包含國家在內——抹黑成財富的萃取者或只是單純的分配者。但這種作法其實有礙於公私部門之間建立充滿活性而饒富趣味的夥伴關係，但那才是我們今天需要的可能性。說得直白一點，編這種故事會打擊創新，擴大貧富差距。而且問題還不光是創不創新。這種故事還被用來當成推動小政府的理由，這包括愈來愈多的政府活動被外包出去給

「更有活力跟效率」的私部門，包括政府的人才不斷流失——愈來愈少資源被投放在政府內部能力與能量的建構上，也包括令人嚮往的「公共價值」被降格為「公共財」。要知道公共價值是一種令人嚮往的健全概念，而狹隘的「公共財」概念則只是用來圈出一塊需要政府稍微出手干預的區域（比方說基礎建設）。

擴大思考格局

這種政府是活屍一具，而私部門活力十足的傳統二分法在深植人心之餘，也真的是錯得離譜。為此，這本書會專注講述一個非常不同的故事：在靠著創新獲致成長的國家裡——與在這些國家的某些區域裡，比方說矽谷——歷史上的國家角色都不只是行政治理者或財富創造過程的監理者，而是關鍵的行動者，而且還是各行動者當中最奮不顧身的勇者，畢竟政府會去冒民間企業不敢冒的險。政府衝第一個的狀況不只發生在經濟學者稱為「公共財」（如基礎科學研究）的狹小領域裡，而是廣見於基礎研究、應用研究、商品化到創業初期籌資的整條創新鏈。事實證明這類投資（政府不是只會花錢，他們也懂投資）極具開創性，包括整副全新的市場與產業都可以由此誕生出來，要不然網際網路、奈米科技、生物科技、潔淨能源等市場是怎麼來的。換句話說，國家一直以來都不只是市場的「修理人員」而已，他們是創造與形塑市場的關鍵角色。事實上在本書篇幅比較長的第五章裡，我會提到讓 iPhone 出落地如此聰明過人的每一項科技，都得感激政府在基礎與應用研究上投入的資金。這當然不等於賈伯斯本人與團隊不是蘋果成功的關鍵，但要是我們不對蘋果成功故事中的「公共性」予以肯定，那未來我們就很難期待能吃到下一顆「蘋果」。

若這種會讓人類生活有所提升的公共投資是**果**，那「任務導向」的政策就會是**因**。任務導向的政策特色就是格局夠大：登上月球或與氣候變遷搏鬥。再次讓政府敢於夢想、敢於創新，並非只是要政府把更多納稅錢砸在各式活動上。真正的重點，在於從根本上重新思索國家在經濟體中的傳統角色。在這篇引言剩下的部分，我會說明這種思考能帶出何種結論。

首先，這意味著賦權政府擘劃科技演進的方向並預先進行相關的投資，也去主動創造市場而非被動去修補市場。不同於只想確認並挑選出贏家這種小家子氣的被動嘗試，預想並擘劃未來經濟發展與科技變化的方向，將足以拓寬科技商機的地景，但這需要國家創造出由有意願（但不見得勝券在握）的主體所形成的網絡，並由這些主體善用公私部門的夥伴關係來把握這些商機。第二，這意味著外界要放棄動輒以短視近利的方式去評價政府支出。相對於常見認為公私部門主體得在現存市場中角力或相互排擠的假定，公共投資獲得的評價高低應該要取決於其推動市場進入新領域的勇氣。第三，這意味著讓公家機關有空間去實現、去學習，甚至於去失敗！第四，正因為失敗是嘗試錯誤來推動市場進入新領域的一環，所以我們要思考如何讓政府與納稅人可以去分享潛在的獲利，而不僅僅是分攤可能虧損的風險。只有讓為政者破除國家在創新中的被動角色迷思，他們才有可能像凱因斯在另一個時代說過的，不再成為「某個報銷經濟學者的奴隸」。

以主動創造市場，取代被動修補市場

按照多數經濟學系所中所教授之新古典經濟理論，政府執政的目標只有一個，那就是單純以政策去修補市場失靈。在這樣的觀點下，一旦處理了市場失靈的根源——獨占納入控管、公共財獲得補貼、負面的外部性完成課稅——市場力量就可以重新接手，有效率地配置資源，進而讓經濟得以遵循成長之路前進。但這種看法忘記了市場幾乎是盲目的。市場不見得每一個動作都會考量到社會或環境，而是會顯現「路徑依賴」（path-dependent）的特性，亦即很多時候，市場不會選擇最佳解的路徑，而是會走一步算一步地摸著石頭過河。如能源公司就寧可從地殼最深處挖掘石油，也不願意發展潔淨能源。換句話說，我們的能源產業體系是走在一條確立於百年前的「碳密集」路徑上。這已經不單純是市場失靈的問題，而是原本就是個錯誤的市場會走不下去的問題。

經濟體在自由市場制度下這種走一步算一步的做法，是有問題的，特別是在這世界面對氣候變遷、青年失業、人口肥胖、高齡化與貧富差距擴大等弊病而四面楚歌的時候。要回應這些挑戰，國家與政府必須帶頭——國家與政府不僅得被動修復市場失靈，還得主動去創造與形塑（新）市場，並同時間去對現有市場進行監理。國家必須按科技與創新學者卡洛塔·裴瑞茲所說的將經濟導向新的「科技經濟典範」。一般狀況下，這些新方向不會自發性地產生自市場力量，而幾乎都是公部門運籌帷幄後的決策成果。

事實上，幾乎每一次過往的技術革命——從網際網路到今天的綠色科技革命——都少不了國家的大力推進。矽谷的科技自由主義者可能會大吃一驚地發現在資訊科技革命背後許多的創新裡，都有山姆大叔贊助的資金。很多人一提到政府放手讓天才企業家去發光發熱的經典案例，就會搬出 iPhone 這個劃時代的產品，但 iPhone 之所以會成為代表性的智慧手機而非智障手機，許多賣點都得感謝政府出錢。首先 iPhone 的運作少不了網路，而網路的前身 ARPANET 就是DARPA在一九六〇年代所資助的計畫，而DARPA又隸屬於美國的國防部。全球衛星定位系統（Global Positioning System，GPS）始於一九七〇年代的美國軍事計畫，代號為 NAVSTAR。iPhone 上頭的觸控螢幕技術是源於一家名叫 FingerWorks 的公司，而這家公司的創辦者包含由公家出資的德拉瓦大學（University of Delaware）內的一名教授，還有教授底下的一名博士候選人，話說這些博士候選人都領有來自美國國家科學基金會（National Science Foundation）與中央情報局的補貼。甚至於 iPhone 上的高EQ聲控數位助理SIRI，都可以上溯其「家譜」到美國政府：SIRI是由DARPA分拆出來的人工智慧計畫。

這樣的情況並不僅限於軍事與工業的複合體裡，醫療與能源領域中也看得到類似的案例。一如醫師瑪希雅．安傑爾（Marcia Angell，曾任《新英格蘭醫學期刊》〔*New England Journal of Medicine*〕編輯）所揭露的，不少最令人期待的新藥，其研發都可以追溯其根源到由納稅錢支應的NIH身上，而這是一間全年預算高達三百億美元的公家機關。同時間民營的藥廠則傾向專注在**研發**二字當中的發，而非研，不然就是僅就現有藥品小幅修改與行銷。

近期，雖然有迷思直指頁岩油氣的熱潮是由獨立於政府以外的創業家所誤打誤撞弄出來的，但美國聯邦政府依舊挹注了大量資金到徹底解除頁岩油蘊藏封印的各種科技上（Shellenberger, Nordhaus, Trembath and Jenkins, 2012）。一九七六年，摩根城能源研究中心（Morgantown Energy Research Center，現由美國能源部持有並營運）與礦務局（Bureau of Mines）共同推出了「東部油頁岩計畫」（Eastern Gas Shales Project），並由此計畫來示範天然氣可以如何從油頁岩層中被蒐集起來，而聯邦政府則拿天然氣生產所課的稅來開設了「天然氣研究所」（Gas Research Institute），並花了數十億美元在頁岩油氣的研究上。在同一個時期，桑迪亞國家實驗室（Sandia National Laboratories）做為美國能源部的分支也開發出了3D立體繪圖技術來應用在油頁岩壓裂法的作業上。

由國家資助能源創新的故事，時至今日仍持續在上演中。這包括政府不僅會投身再生能源領域，也會直接投資在「綠色」企業身上。特斯拉電動車（Tesla Motors）與SpaceX這兩家均以伊隆・馬斯克（Elon Musk）為首的企業，目前都乘著一波國家級的科技而春風得意。加總在一起，這些高科技新創所享受到的地方、州級與聯邦級資助，金額高達四十九億美元，而在形式上則包括補貼、減稅、工廠土建投資與補助貸款。國家同時還鑄造出需求——**創造出市場**——提供給這些新創業者的產品，這包括政府讓太陽能板與電動車的消費者獲得減稅與退稅的額度，並與SpaceX簽下總值五十五億美元的採購合約，外加太空總署與美國空軍方面也承諾採購五十五億美元。雖然部分這類政府奧援已經在近期成為了媒體文章的焦點，但有兩件事沒有獲得足夠的關注（Hirsch 2015）。首先，特斯拉電動車還另外受益於四點六五億美元由公家出資的擔保貸款；其二，特斯拉、SolarCity與SpaceX受益於美國能源部在多種尖端科技上的**直接投資**，這包括電池科技與太陽能板技術。還有NASA也在火箭技術上提供了直接投資，而這些也正是SpaceX目前在與國際太空站的生意往來上販售的火箭技術。惟上述事實都不值得我們大驚小怪——日後被私部門融入進突破性創新的各種關鍵技術，背後一直都有美國政府的身影。這些私部門的業者當然也透過對國家支持技術的進一步研發，在推進創新前出了一份力。同時很重要的一點，是民間企業為了朝向環境永續的經濟體前進，民間企業貢獻了一份轉型的力量。問題是我們在媒體上看不到公私部門平衡的報導，我們聽到的一面倒是創業者被神化的迷思。

事實上國家不僅在供應端扮演要角，國家在需求端上，亦即在新科技布署與擴散中，其重要性也同樣不容小覷。即便在私人市場看似扮演火車頭的案例裡，比方說汽車革命的過程中，也是政府建立了讓私家車得以普及的環境（規範新街廓、鋪設道路、建立駕照與交通規則等）。再來說到在工業量產的革命過程中，國家一方面投資在打底的各種科技上，一方面也投資在量產技術在經濟體中的擴散上。在供應端，美國自二戰以來的國防投資帶動了航太、電子、與材料科學上的長足進步。在需求端，美國政府在二戰後對郊區生活的補貼——包括造橋修路、提供房貸擔保與透過福利國家的政策去確保居民所得——讓勞工得以買房、購車，並對量產商品進行消費。時至今日，特斯拉的電動車在挪威賣得比在美國本土還多，主要是挪威政府推出了綠色商品的刺激消費政策，這代表挪威政府對需求端提供的支持。所以創業之路哪裡孤獨無助了？

所以說對執政者而言，問題不在於如何挑選出贏家。因為重要的領域都會有人幫忙挑！從網際網路到油頁岩壓裂技術，都是這樣冒出頭來的。政策辯論中真正重要的中心議題，應該是如何挑出廣義的大方向，然後讓由下而上的實驗可以在其中發生。但私人投資要願意跳進來，除非是大方向已經先挑選好，因為只有大方向確立了，企業才會對特定領域在未來的商機與成長性產生期待的心情。這樣的政策方向指引，仍會牽涉到一次又一次的失敗，但由供應端與需求端進行推動的好處，絕對值得人們拿出多一點耐心等待——因為這種政策指導所能創造的成長將是數十年的大格局。為此政府應該考慮的問題，是如何在樹立政策大方向時一方面兼顧民主的責任政治，一方面確實解決社會與科技發展上最迫切的挑戰。

公共政策的評估

確實，政府對於創新的支出往往沒有得到正確的評價。在主流的經濟框架下，我們習慣把市場失靈之處確認出來，然後提出相應的政府投資做為解決之道。在這之後，我們會大量臆測去狹隘地計算這些投資的價值：特定干預行為的好處能超過其抗衡之市場失靈與實施補救的成本總額（即可能之政府失靈成本）嗎？這樣的評估法失之於過於靜態僵固，而無法去好好地評估像創新如此充滿動態的題目。因為無法將前所未見但政府可能創造出來的經濟與科技商機納入考量，也無法考量到政府在這麼做時所甘冒的巨大風險，我們可以說這種評估法是虧待了、少算了政府所付出的努力。無怪乎經濟學者常動輒把政府貶低為私部門的無效率版本。

針對公共投資這種有所缺憾的測量方式，導致外界指控政府將手伸進特定產業，會產生「排擠」（crowding out）私人投資的效應。但事實是政府投資往往會創造出「群聚」

（crowding in）效應，意思是政府會刺激原本不會發生的私人投資，並在這麼做的過程裡把國民產出的餅做大，進而讓公私部門的投資人連袂受益。但更重要的是公部門投資不該只是把目標放在扮演經濟成長的火星塞，或許更應該把重點放在去做那些**沒有人設想到，所以也根本沒人去做的事情**。當年NASA在推動阿波羅計畫時，根本沒有私人公司會想把人送上月球。但事實上，阿波羅計畫的成功之處並不僅限於任務本身的成就，也造就了我們今天稱為資通訊技術革命中的許多突破。

目前私人企業像伊隆．馬斯克的 SpaceX 與亞馬遜負責人傑夫．貝佐斯（Jeff Bezos）的「藍色起源」（Blue Origin）公司都在取用太空總署的「技術書架」（並同時間從太空總署的採購合約中賺錢）來探索近地軌道與部分太空。我不久後將應太空總署委託出版一本與近地軌道經濟有關之著作，而一如我在該書中所強調的，這種新興經濟的一個風險在於我們一方面將太空探險的風險社會化，但卻再一次任由投資的報酬被私有化。這種作法會置未來的創新行為於險地，因為負責創新的公家機關竟什麼好處也分不到。

由此，想創造共生（且更為互惠的）一種公私聯手創新生態系，我們需要拿出新的辦法、新的量尺與新的指標來評估公共投資的成果。不以正確的工具去衡量公共投資，政府就難以得知自己是在重複別人做過的事情，還是真的在創造非經自己出手就不會出現的新局。欠缺正確量尺的結果是：投資太過狹隘，並受限於「路徑依賴」且由科技經濟主導的主流典範。要評估特定投資好壞比較好的辦法，是考量其各種類型的「外溢效應」，包括該投資是否能帶動新技術與新能力的創生，以及是否能導致新科技、新產業與新市場的崛起。比方說，政府在生命科學與醫療研究上的支出，主政者就比較應該跳過民間藥廠所看重的藥品研發，而把資金導向診斷學、外科手術療程、現代人生活方式變遷等經常被忽視的關鍵領域，要知道這些研究都有讓全人類健康同步提升的潛力。

建立充滿活力的公家機關

說起投資決策，政府所苦於的還有另外一個相關的問題：由於外界普遍認為他們應該專心在修復市場失靈上，所以政府經常發現自己即便想多做點別的，也找不齊需要的軟硬體。為了避免監理機構被企業挾持之類的問題發生，有一派想法於是認為國家必須與私部門劃清界線，井水不犯河水。這就是何以政府日益將關鍵的職能外包給私部門。但外包的時間一久，政府往往會失去重要的知識，進而無法制定明智的策略把特定的機關改造成可以吸引頂級人才的處所。這會創造出一個自我實現的預言：政府思考的格局愈小，其所能吸引到的專業人才就愈少；專業人才愈少，政府的表現就愈糟；政府的表現愈糟，外界容許其進行的思考格局又會愈小。要是美國政府內部的資訊科技能力可以強大一些，歐巴馬政府或許就不會那麼難以推出歐巴馬健保網站（HealthCare.gov），但要是歐巴馬政府沒有勉勵把東西做出來，那引發的可能又是進一步的外包。

為了能創造並形塑出新的科技、產業與市場，國家必須把自己武裝起來，而國家所需要的盔甲就是讓他們得以在政策上展現遠見與執行力的各種智慧。這並不是說國家的政策勝率要達到百分之百。事實上，創新過程本身就內建不確定性，因此敗多勝少是很正常的。重要的是政府得從失敗的投資中學到教訓，並不斷地精進自身的組織與執行。如經濟學者阿爾伯特·赫胥曼（Albert Hirschman）所強調的，政府決策過程具有繁雜的本質，所以公家機關必須接受嘗試錯誤的常態。政府必須如民間企業一樣關注商學院裡會出現的策略管理與組織行為等議題。惟在貶低公部門角色重要性的過程裡，外界很顯然不會在意政府有沒有愈變愈能幹，愈變愈聰明，畢竟他們希望看到的是一個小政府，甚或最好是個毫無存在感的政府。事實上，想要**讓原本不會發生的事情發生**，需要的不光是官僚技術（雖然這些技術如馬克斯·韋伯〔Max Weber〕所說也一樣很重要）[1]，而是也需要紮實的科技與產業技術。只有讓國家扮演的角色變得令人興奮，擁有這類專業的人才才願意接受招募，而政府也才能勾勒出相關領域中的發展地景（美國能源部能在二〇〇九年的經濟振興方案中扮演要角，又能同時找來得過諾貝爾獎的物理學家朱棣文〔Steven Chu〕擔任部長，說是巧合似乎有點太過牽強）。

風險與報酬

承認政府作為風險主要承擔者與創新者的積極角色，就意味著承認政府得承受巨大風險，得處於極度的不確定性，也因此有高度失敗的可能性。所以在此之前，我們必須讓企業與國家間達成一種特殊的交易，並透過這種交易去確認一點，那就是既然公部門經常在創新過程最凶險的階段投入最需要勇氣投入的資金，那公平的做法只能是政府不光得在賠錢的時候出來買單，也應該要有資格在賺錢的時候分一杯羹：也就是投資的風險與報酬要一併社會化[2]。如美國中小企業創新研究（Small Business Innovation Research，SBIR）計畫，就提供高風險的融資給那些民間創投基金根本不考慮的極初期創業者；事實上該計畫在提供資金給康柏電腦（Compaq）與英特爾的時候，這兩家公司都還只是新創的規模而已。同樣地，隸屬美國小型企業管理局（Small Business Administration）底下的各家小型企業投資公司（Small Business Investment Company，SBIC）也曾提供重要的貸款與補助給位於發展初期的企業，包括一九七八年的蘋果電腦（詳見第八章）。事實上隨著時間過去，業界對這類政府長期投資的需求有增無減，原因是私人創投愈來愈沒耐性，他們現在強調的是每一筆投資都要在三年內找到「出口」（通常是公開上市或直接轉售給別家公司），但貨真價實的創新往往得花費數十年才能有所成的事情。

我們在這要記住最基本的一件事情是早期科技投資的本質就是前景的不確定性，亦即某些投資會贏，但大部分投資會輸，正所謂一將功成萬骨枯。有一個網際網路（或其他美國政府眼光獨到）的成功故事，背後就有無數個（英法政府把錢扔進水裡的）協和號慘劇，那是一架中看不中用的超音速噴射客機。另外像代號「（美國）超音速運輸計畫」（Supersonic Transport project，SST），也就是波音二七〇七的研發工作，最後也是以失敗作收。再來就得說到索林卓與特斯拉這一對孿生兄弟的故事。二〇〇九年，索林卓這家太陽能板新創獲得了美國能源部五點三五億美元的擔保貸款；同一年，電動車廠特斯拉拿到同性質的貸款金額，共四點六五億美元。這之後的幾年，特斯拉做得非常成功，也因此在二〇一三年償清了債務。索林卓相對之下卻在二〇一一年申請破產保護，並在財政保守主義者之間成為了政府投資成績單滿江紅，老是「識人不明」的代名詞。當然如果政府的行為模式跟創投一樣的話，那勝率不高就是必然的現象。問題是政府像創投的部分只有勝率不高，只有失敗的時候要承擔後果這部分，但賭對時賺錢的部分可就跟創投不一樣了。有責無權的政府即便押對寶也賺不到幾毛。就這樣，納稅人乖乖替索林卓的失敗買單——但卻幾乎分不到特斯拉的豐碩成果。

有經濟學家會說國家已經透過課稅，取得了投資的報酬。但真相其實比這種說法複雜許多，因為大企業都是避稅高手。谷歌利用國家科學基金會的資金，發展出其改變遊戲規則的革命性搜尋演算法，但在賺到錢後，他們卻把部分獲利灌到愛爾蘭，藉此減少要繳給美國的稅款。至於英雄所見略同的蘋果則利用了美國各州競相降低企業成本的作法，討到了便宜：二〇〇六年，總部設於加州矽谷庫比蒂諾（Cupertino）的谷歌跑去內華達州的雷諾開了一家投資子公司，目的也是節流。所以說光想用增加富人稅來抑制貧富差距，並從中創造現金給州政府去投資在創新與經濟活動——像是法國經濟學家湯瑪斯·皮凱提（Thomas Piketty）就這樣建議——是會有所不足的。我們需要的提案得更加大膽，更有創意。

要解決這個問題，不光是要把漏洞補起來而已。美國與西方各國的稅率已經連降了幾十年，其根源就在於莫名其妙跑出一種私部門是唯一財富創造者的錯誤論述[3]。另外為了促進創新而提供的減稅動機，也讓政府收入縮水，但我們很少聽說有創新是少了稅務優惠就做不出來的[4]。另外資本的機動性也達到前所未見的高點。某國政府即便資助一家企業在前，也不見得能對其獲利課稅在後，因為業者很可能早就搬到海外了。而雖然稅金確實很適合用來支應社會的基本所需，像是教育、醫療服務與研究工作，但稅決計不可能讓企業或特定科技的直接投資完成成本的回收。如果國家被要求要進行這類投資——這在金融市場日益短視的現在頻率可能愈來愈高——那麼國家就應該要獲准用偶爾的獲利去彌補必然的虧損。

要是美國政府能持股特斯拉，那索林卓部分的虧損就可以補起來，且還有剩。特斯拉領到政府貸款的那一年，該公司以每股十七美元的股價掛牌上市，而到了債務清償完畢的那一年，特斯拉的股價是九十三美元。到了二〇一三年，特斯拉的股價更是突破了兩百美元（目前也僅略低於兩百美元；二〇一九年五月二十四日收盤價是一九〇點六三美元）。美國政府持股私人企業的做法，或許不見容於資本主世界裡的許多角落，但考量到政府其實已經廣泛投資於私部門裡了，讓其就順應自然地從中獲利，好像也是順理成章的事情（就算是財政上的保守派也應該會覺得這個想法很誘人吧）。公股或許不方便過半，但公股能以特別股的形式存在，藉此獲得優先收到股利的權利（當然在建立這種持股模式時，政治上的既得利益者是需要加以提防的）。公股藉此取得的獲利，將可以用於資助進一步的創新。當然，想要將創新的風險與報酬一併社會化，辦法不會只有這一種（詳見第九章），但此處的重點在於政治人物、經濟學者與媒體報導常不分青紅皂白地在公部門投資失利時急於口誅筆伐，卻不見他們在事情順利時不吝給予獎賞。

長期經濟停滯並非無法避免

今天我們所身處的經濟遲滯，被某些人（如美國經濟學者賴瑞・桑默斯〔Larry Summers〕）稱為「長期性停滯」（secular stagnation），意思是經濟成長在此間會無可避免地長期趨近於零且看不到轉機。但這種多少有點末世氣息的經濟學診斷，錯失了這底下根本的病灶。經濟停滯的主因不是我們沒有可供獲利的科技商機，也不是因為欠缺本質上有效的需求（如人均所得水準下降）；經濟會停滯，其根本原因關乎國家或政府的作為——或者應該更精確地說，是國家的**不作為**。

要讓經濟停止飄入長期性的停滯，我們需要同時以智慧／創新性成長與普惠性成長為目標的政府政策。這需要國家放大格局。惟出於我前述的理由，政府想這麼做的難度是愈來愈高了。國家作為一種單純輔助者、行政者與監理者的概念，最早於一九七〇年代開始廣為流通，但其真正再次流行起來，是在二〇〇八年的全球金融危機之後。放眼全球，主政者對於導致金融系統熔毀的是私人債務與投機行為這點視而不見，反而把準星對準公共債務。這些政治人物主張削減政府支出可以刺激民間投資。由此在過去有著科技創新實績的政府機構——如美國的DARPA與國家衛生研究所——反而遇上了預算縮水的命運。在美國，政府預算的「財政扣押」（sequestration），即所謂「自動減支」流程，在二〇一一年由民主黨的總統與民主黨控制的參議院聯手簽署入法，而這將導致從二〇一三年到二〇二一年，聯邦研發經費遭砍九百五十億美元。在歐洲，歐盟的「財政協定」（fiscal compact）要求成員國將財政赤字降低到GDP的百分之三以下，而這排擠到的便是各國的教育與研發支出。

除此之外，我們還觀察到產業界的金融化進程，包括愈來愈多非金融企業都在庫藏股的買回上投注愈來愈多資源——目的是炒高公司股價、選擇權價格，還有高階主觀的身價——

而這又排擠到了他們對於人才與研發的投資。一如拉佐尼克（Lazonick, 2014）在其著述中所言，近十年來有將近四兆美元被《財星》五百大企業花在買回庫藏股上。在藥業與能源業當中，不少這些買回庫藏股的企業大戶都宣稱他們這麼做，是因為產業裡找不到「好的投資機會」，但這說詞自然與事實不符，因為有目共睹的事實是公家機關正將百十億的資金投入再生能源與藥品創新上。所以問題不只出在企業的短線主義或短視近利，而是也在於我們沒有設法讓政府與企業之間達成適當而雙贏的「交易」。

長此以往，日益膽怯（且時而被撙節政策推著走的）公部門與日益金融化的企業界湊在一起，迎接我們的自然會是長期性的經濟成長停滯。但這一切都由得我們選擇，我們是有回頭路可以走的。

世說新語

創新固然不是國家的主要工作，但凸顯國家潛在的創新與積極性格——其在某些國家裡扮演社會上**創業者**角色的歷史能力——或許會是想要捍衛其存在與規模時，最有效也最進取的一個辦法。改變我們討論國家的方式，不光是要改掉表面的遣詞用字，而是要從理論與論述的根本上，去重新觸及國家的角色與結構。

關於賈德所說的「論戰」，我的解讀是我們必須開始使用新的字眼來講述國家的事情。「群聚」效應的英文 crowding in 可表示「簇擁大家進入某處」，而這用法在為公部門辯護之餘，字面上仍是與在英文中帶有負面含意的 crowding out——也就是「排擠」效應——在做對比，所以這還是會讓人想到政府投資有可能在**競逐同一批有限儲蓄的過程中排擠民間投資**。如果我們想要形容一件正向又有遠見的事情，我們應該要選擇的是積極進取而非被動採取守勢的字眼。相對於透過國家修正「市場失靈」去分析國家的積極角色（不少正確看到許多市場失靈狀況的「進步」經濟學者，都強調這一點），我們有必要用理論為國家建立一個塑造／創造市場的角色——這會比較吻合卡爾・波蘭尼（Karl Polanyi, 1944）的著述看法，因為波蘭尼強調的是資本主義「市場」從一開始就在很大程度上受到國家行為的塑造。在創新這件事情上，國家發揮的效果不僅是將企業投資「簇擁進入」市場，更是讓企業迫不及待、躍躍欲試地「一擁而上」——主要是政府可以為企業創造出願景、使命與方案。

本書要提供的，正是談到國家時一種新的論述與思考模式，其目的是擴大我們的視野，讓我們知道政府的能力及於何種境地——本書擔下的是賈德的「論戰」之責：政府不是有如聖經故事裡「利維坦巨獸」（Leviathan）[5]那樣的惰性官僚巨靈，而是嶄新企業投資的催化劑；政府不是市場的水電工，而是市場的雕塑家與創造者；政府不光只是給私部門分散風險用，而自身也歡迎挑戰，承擔風險，因為風險裡就有成長的契機，所以雖千萬人吾往矣。

本書架構

本書的結構鋪排如下：

第一章的開始，我們首先要與國家是台官僚機器的既有形象硬碰硬，因為國家其實可以有衝鋒陷陣的形象。相對於透過「市場失靈」的尋常角度去理解國家的定位——把國家當成市場服務不足處的OK繃——我們會把國家與政府的創業冒險精神介紹給大家。國家手中並沒有魔杖，自然不可能揮一下就讓風險消失無蹤，但國家可以披掛上陣，承擔風險，然後在這過程中形塑市場、創造出市場。而正因為經濟學家提不出字眼來描述國家的這種角色，所以我們既無法用不受限的眼光去看待國家過去的實績——像是國家在矽谷做出的貢獻，也無法適當地在思考國家未來可以扮演的角色——像是政府在「綠色革命」等領域中的潛力[6]。

第二章會提供進行討論的背景，包括我會帶大家看經濟學家如何理解創新與科技在經濟成長中的角色扮演。相對在前一個世代，科技進步會在經濟模型中被視為是某種由外部獲得的東西，但現有廣泛的文獻顯示真正讓經濟獲得成長動力的，正是創新的速率與方向性。這一章會並陳兩種非常不一樣的框架來供讀者理解國家在創新型經濟成長中的角色——兩種都是根據國家如何修正「失靈」狀況所樹立的框架。其中第一種是循**「市場失靈」**這條路去理解事情，此時國家只是單純地針對卡在私人與社會利益之間的隔閡來進行補救；至於第二種理解則是走**「創新系統」**一途，由此我們會以一種更為整體性的眼光來看待研發支出，主要是在研發支出所身處的這個系統裡，知識不光會被生產出來，它還會被在經濟體中進行擴散。惟即便是在這第二種理解框架裡，國家主要的任務仍是在修理失靈，只不過修理對象從「市場失靈」變成「系統失靈」——而由此導出的結論是國家透過「環境的創造」在「促進」創新。這些框架，都讓政府增加創新支出獲得了合理性。惟在同一時間，這些框架也讓特定的迷思得以延續下去，原因就在於政府作為風險主要承擔者的角色沒有獲得重視。這些迷思，講的是創新與成長之間的關係，是中小企業擔綱的角色，是專利權在知識經濟中的意義，是創投真正熱愛風險的程度，也是創新投資究竟對各種形式的減稅優惠敏感到什麼程度。

第三章針對國家有如創業者一般去擔任主要的風險承擔者與市場的形塑者，提出了一種不一樣的觀點。這種觀點，並不是要來取代前述兩種框架所提點的觀點，而是要將其補全。就因為第三章的觀點遭到忽略，所以才造成了奠基在「市場失靈」觀點上的政策會在本質上顯得更為受限，在動機上更由意識型態驅動。這一章的案例會取材自製藥產業——多數革命性的新藥都是靠著公家而非私人的資金開發出來。我另外也會檢視創投在生命科技產業中是如何「乘浪而來」，搭起了國家投資的便車。

第四章會以實例詳述說明「創業型國家」的重點，包括我們會一起來回顧美國近代的產業政策史，也會由我來說明雖然普遍的印象並非如此，但美國政府其實一向都在新科技的發展與商品化上，展現了高度的積極性與創業精神。創業精神表現在國家身上，可以呈現出各種型態。第四章會以四例——DARPA的創立、SBIR計畫、一九八三年的《孤兒藥法案》（*Orphan Drug Act*），以及近期的奈米科技發展——來說明這一點。本章所述是奠基在「發展型國家理論」（Theory of Developmental State）的概念上（Block 2008; Chang 2008; Johnson 1982），並更進一步去聚焦在這一路以來，公部門所願意吸收並肩負起的風險類型。

相對於第三與第四章看的是產業，第五章則會以一家眾所周知的公司——蘋果（電腦）——做為重點。我們要來看看蘋果的歷史，因為大家只要一提到市場的力量有多好，「車庫發明家」有多有才華，最常被拿出來講的例子就是蘋果，彷彿蘋果完美詮釋了熊彼得口中那股「創造性的破壞」力量[7]。對於這一套想法，我要做的事情是「翻轉」。蘋果絕對不是市場憑一己之力獲致的成果，差遠了。蘋果從無到有的成功，可謂從早期就依賴極具耐性的公共資金，同時蘋果的產品上也用了不少國家出錢研發的科技。先不說通訊科技（第四章會提到），iPhone 之所以能成為「智慧」手機的鼻祖，是因為有上網、衛星定位、螢幕觸控與聲控助理SIRI等功能，而賈伯斯固然無疑是一位名不虛傳的天才，但這也改變不了iPhone／iPad 帝國得以奠基的技術是由國家出錢研發的事實。比起主流討論的說法，國家出資研發技術才對應了更符合實情的科技與經濟變化。考量到國家在推蘋果等公司一把時所扮演的關鍵角色，我們實在很難不好奇輿論在爭辯蘋果避稅手法的議題時，怎麼都不太有人覺得這事兒應該提。蘋果應該乖乖繳稅，不只是因為有所得就要繳稅天經地義，也是因為沒有別人比蘋果更證明了企業需要兼具規模與耐性的公共資金去持續投資在科技上，才能讓像賈伯斯這樣的企業家在政府提供的基礎上做出成績來（Mazzucato 2013b）。

進入第六章，我們要看的是網路之後的下一個「大物」：綠色革命。今日的綠色革命處於政府主導下，就跟過往的資訊科技革命如出一轍。二〇一二年，中國宣布了在二〇五〇年之前讓風電裝機量達到十億瓦（GW）的計畫。這相當於把美國整套電力基礎建設都換成風力發電。美國夢跟歐洲夢還看得到這麼大的格局嗎？答案似乎是否定的。在許多國家，政府聽到的都是外界要他們去一邊涼快，需要「補貼」私部門或給予投資優惠的時候再出來就好。我們因此不再有夢，不再有二十年前那想讓網路成為民眾日常的雄心壯志。這一章會介紹全球哪些國家在綠色願景上是領導者，這些國家的政府扮演著什麼角色，由公股銀行提供的「耐心型」融資又扮演著什麼角色，為什麼有如催化劑的早期風險性投資能浮現出來讓設定的夢想得以實現。

第七章會聚焦在「創業型」、冒險型政府在推行特定潔淨科技時扮演的角色，並以風力發電和光伏（太陽能）面板發電舉例說明。是國家出錢，特定的公家機關出力，才讓這些重要的潔淨科技湊齊了朝終點線跨出第一步所需要的衝勁、願意冒險的早期資金，還有體制面的環境。相對於第五章強調的是創業型美國政府在帶領資訊革命披荊斬棘與為生技產業奠定根基時的角色扮演，第六章要強調的是DARPA的姊妹機構ARPA－E（隸屬美國能源部）在引領再生能源創新上的表現，還有就是德國、丹麥與中國等國家在調度綠色革命，令其朝更多經濟體擴散的貢獻。

第八與第九章的重點在於一旦我們接受了國家作為風險主要承擔者的定位——而不單單是「市場修理工」或「條件創造者」，必然會浮現的下一個問題就是這樣的定位有沒有反映在「風險－報酬」的相對關係上。在許許多多的實例中，公共投資都成了對企業的大放送，在個人與法人當中製造了許多大富翁，但不論直接或間接都鮮少讓經濟體或國家獲得應有的報酬。最能明顯看出這方面端倪的，莫過於藥業，因為藥業裡有太多公家出錢研發的藥品，最後反倒是出錢的納稅人買不起，因為太貴了。資訊科技產業也不遑多讓，有不少國家冒險投資的成果，最後都成了私人企業得以賺大錢的肥沃土壤，而且這些企業到頭來還會把這些獲利放到「安全」的地方，因為他們不願意繳稅給政府來作為一種基本的報答。分開來講，第八章會再度以蘋果為例來進行說明。第九章則會以更宏觀的角度來探討這個問題，並主張時值政府大砍預算來減少赤字的此時，我們更應該認真地討論如何讓國家確保公共性的風險投資可以取得直接報償，畢竟避稅的難度真的不高（如皮凱提〔二〇一三年〕的建議）。

國家的投資具有不確定性，有很高的失敗率。但一旦成功，我們得知道將所有利益歸於私人是一件天真又危險的事情。確實，金融業因為造成目前的經濟危機，大舉將投資利益中飽私囊，然後又透過政府紓困來將風險社會化等行徑而遭受到的批評，正好代表了現代資本主義失效時一種普遍而不受歡迎的特色，而我們沒有理由讓這種特色成為常態。

第十章作為結論，反思的是這本書的核心論點——國家應該要扮演主動積極與具有創業精神、敢於冒險的主體——並非都能在現實中落實，更經常是一個不被採行的可能性。這種「可能性」要有實現的一天，首先我們必須將現行的成見推翻，這包括我們對政府內部的期望要改變（鼓勵公家部門發揮創業精神，要政府不要害怕失敗而要「歡迎」失敗），包括國家與創新體系中其他主體的互動關係要改（政府要接受自己具備更大的主動性；很多時候政府的責任不光是「輕碰」一下或「給予動機」，而更應該是「用力推下去」）。國家想要有能力推動、主導事情，得看他們能不能讓人才和專家獲得公務生涯的吸引。諷刺的是這最後一點，最容易在政府退居二線的國家裡變成問題，因為這些國家的政府只負責行政工作，而不以願景去展現領導力。除非我們去挑戰這眾多的經濟發展迷思，並揚棄傳統上認為國家就應該如何如何的固有看法，否則我們將無望把二十一世紀的結構性挑戰處理好，也無法創造出長期永續普惠成長所需要的科技創新與組織演進。

整體而言，這本書提供了大致完整的說明，供讀者在此間去理解公部門在風險投資活動中與尖端科技發展上的核心地位，而風險投資與尖端科技又是促進經濟成長與發展所不可或缺的要素。本書提供了與現下主流經濟政策操盤人非常不一樣的觀點來看待國家與政府，主要是現在的主政者大多不認為國家應該引領創新與生產的發展。本書另外挑戰了傳統的產業政策觀點，因為傳統的觀點錯誤地打壓了產業政策在引導與促進產業革命上可以發揮的空間。

我們需要的，是對資本主義中的創新分工（第一章會談到）與對公私部門在創新的創造、生產與擴散上應該扮演何種角色，有一款面面俱到的理解。這本書會選擇創新來加以關注，不是因為這是國家唯一可以或最有必要投資的東西。國家在保障公共醫療到公共教育等全體公民基本人權上該扮演的角色，以及在創造必要基礎建設與司法體系，以便讓經濟可以正常運轉上的角色，也至少都與投資創新同等重要。因此我把重點放在創新上，有一部分的理由是政府最常在這個點上因為其角色定位而招致攻擊。相對私部門在創新中的角色常被渲染放大，公部門在這當中的角色則常被貶低打壓。不論是在投資新科技，還是在提升市場功能，國家或政府都常被扣上一頂「你就是問題」的帽子。所以我們所面對的一項重要挑戰，就是思考經濟如何能真正地順利運轉，並重新為這個問題找到一個位在平衡點上的答案。只有先做到這一點，我們才能進一步去設計各種行得通的政策，而不會只是複製為意識型態服務的窠臼與成見。

註釋

1 作者註，比方說彼得・埃文斯（Peter Evans）與詹姆斯・勞區（James Rauch, 1999）的研究就顯示，排除人均GDP與人力資本等起始條件的影響之後，用人唯才，且長期穩定並提供績效獎勵的韋伯式國家官僚，會有助於經濟成長的展望。

2 作者註，雖然「社會化」對美國大眾帶有負面的意涵，主要是這個詞彙讓人聯想到社會主義的政權，但此一概念其實並不需要背負滿滿的價值觀。事實上在二〇〇八年金融危機不久所出版的《失控的未來：揭開全球中產階級被掏空的真相》（*Freefall: America, Free Markets, and the Sinking of the World Economy*）書裡，身為諾貝爾獎得主的美國經濟學家史迪格里茲（Joseph Stiglitz）就批評了美國的資本主義不應把金融投機行為的獲利私有化，且同時把累積自金融危機的的虧損社會化（亦即拿納稅人的錢去為銀行紓困）。另外安德魯・哈爾丹（Andrew Haldane）身為英國央行——即不怎麼具有社會主義色彩的英格蘭銀行（Bank of England）——之首席經濟學者，也批評了金融體系不該促成「風險的社會化」暨投資報酬的私有化。

3 作者註，我曾批評過英國工黨不該跑來湊熱鬧，為這種觀點背書，主要是在二〇一五年大選後，不少人認為工黨敗選是因為他們沒有用力擁抱「財富創造者」（商界）。線上全文：http://www.theguardian.com/science/political-science/2015/jun/15/a-new-wealth-creating-agenda-for-the-labour-party.

4 作者註，稅務誘因的發放對象是宣稱曾經在過往投入研發或創新的企業。就這層意義去解讀，稅務獎勵其實無法刺激新的研發行為，因為這些稅務優惠獎勵的是已經成為過去式的研發——而企業很善於將和發明八竿子打不著、也沒有任何創新成果的活動，統統說成是研發投資。詳見第二章內文對於專利盒政策的批評。

5 利維坦為《舊約聖經》中記載的一種怪獸，在本書中用來比喻強勢的國家。

6 作者註，當代政治經濟學者如張夏准（Ha-joon Chang; 2008）與卡門・萊恩哈特（Carmen Reinert; 2007）都專事經濟政策的歷史研究，而兩人也當然論述了政府在推動「追趕」過程或在積極進行反週期施政時所扮演的角色。但這些論述所對應的政府定位比較不是創業型的風險承擔者（接近第一投資者），而是創業態度上比較被動的最終投資者。

7 作者註，熊彼得（1942 [2003]）所謂的「創造性破壞」是由創新去改變現況的過程，由此引入新產品或製程的企業將可在市占率上有所成長，而抗拒改變的企業則會遭逢市占率下降。

第一章

從危機意識型態到創新勞動力的分工

From Crisis Ideology to the Division of Innovative Labour

政府一直以來都極不善於挑選贏家，這一點未來也只會每況愈下，畢竟由創業家與技術宅所組成的大軍會在網路上交換設計心得，在自宅就將點子轉化成產品，然後以車庫作為他們行銷世界的基地。隨著這場革命進行得方興未艾，成燎原之勢，政府就應該謹守基本的本分：辦好學校、培養有技術的勞動力、釐清遊戲規則、提供公平的場地給各行各業的成員。至於真正的比賽，就交給革命分子去擔心吧。

——《經濟學人》（2012）

盱衡寰宇，我們耳聞的盡是國家理應力行精簡，為危機後的復甦創造條件。這當中的假設是讓國家在後座待著，我們就能順利為私部門解除創業精神與創新能力的封印。媒體、產業界與主張「自由放任主義」（Libertarian）的政治人物都會像看到有槍可以撿一樣，利用這種對自己有利的反差，讓活躍、創新、有競爭力、閃耀革命色彩的私部門，對比遲滯、官僚、充滿惰性而「礙事」的公部門，藉此形成一種簡單的二分法。這種風向不知已經被帶多少遍，以至於許多人已經接受這是一種「常識」。由此甚至很多人相信關於二〇〇七年的金融危機，乃至於情勢急轉直下後的全面經濟危機，這筆帳得算在政府債務，而非私部門中「金字塔債務結構」的頭上。所謂金字塔，其實也就是不斷找下線的「老鼠會」行為。

另外，語言的力量也不容小覷。在二〇一一年的三月，英國首相大衛．卡麥隆（David Cameron）承諾要與政府中的「企業之敵」宣戰，他指的是「政府部門中的大小官僚」（Wheeler 2011）。這樣的發言，是配合英國政府當時的「大社會」（Big Society）執政主題。具體而言，「大社會」政策是要把提供各種公共服務的責任由國家身上移開，然後交到獨立自主或透過第三產業來集體作業的個人手上——理由是這種免於國家影響力的「自由」，可以強化公共服務的體質。這當中使用的語言，包括所謂的「自由學校」（free school，相當於美國的「特許學校」〔charter school〕，相同處是皆為公辦民營，具有準體制外的色彩），暗示著讓學校獲得免於國家重手干預的自由，就可以達到讓學生覺得上學有趣，校務推行更有效率的效果。

放眼全球，公共服務被「外包」給私部門的比例愈來愈高，最常被搬出來的理由就是這種「效率說」。但其實只要外包出去後，就鮮少有人會仔細檢視這麼做究竟省下了多少——更別說「品管」這一環付之闕如，後續的成本也高得離譜。近年有一項醜聞是二〇一二年倫敦奧運的維安工作外包給一家士瑞克保全集團（G4S）的業者，但該公司的能力根本不足以擔負此重責大任。最後士瑞克果然開了天窗，逼得英國政府叫英軍來代打，以確保倫敦奧運期間的治安無虞。事後士瑞克的主事者被「訓誡」了一番，但直到今天，這家公司仍舊在大賺其錢，而外包增加的趨勢也沒有改變。某些對外包說不的案例，像是英國廣播公司（BBC）選擇在內部自建網路廣播平台iPlayer，則確保了BBC仍舊是一個具有活力與新意的組織，並能藉此持續吸引頂尖人才，維持其在廣播與電視兩方面的高度市占率——這在不少國家是各公廣集團只能夢想的事情。

這種把國家視為企業之敵的看法，也是一個常被知名商業媒體所援引的觀點。像《經濟學人》就經常說政府是「霍布斯流的利維坦巨獸」（Hobbesian Leviathan）[1]，最好是能夠待在車後頭（Economist 2011a）。該刊物提出的經濟成長藥方，包括政府應該專注於創造更自由的市場，以及讓創意得以茁壯的環境，而不要太想自己去主導什麼事情（Economist 2012）。而在一份以綠色革命為題的特刊裡，《經濟學人》更是挑明地說出了本章開頭的那段引言，亦即政府應該「謹守基本的本分」，像是辦教育、做研究，然後把其他的事情交給「革命分子」——也就是民間企業——去操心。但一如我們會在第四到第八章所談到的，這種革命的靈魂其實反而很難在私部門中看到，由此真正得去高風險領域冒險犯難的，其實是國家。

常見於軍火、醫藥與石油業的企業遊說團體在纏著國家要特定好處之餘，還長年很愛主張企業應該免受國家濫權干預，免得勞權、稅務與監理等手段會讓他們的經營能力窒息。保守派的亞當．史密斯研究所（Adam Smith Institute）認為英國的監理者數量應該減少，以便讓英國經濟可以「體驗創新與成長的爆發力」（Ambler and Boyfield 2010, 4）。在美國，茶黨運動的支持者被團結在一股想要限制國家預算，並推展自由市場的慾望下。大藥廠如我們在第三章會談到，是公部門資助研究很大的受益者，而他們也是最愛嚷嚷著要減少監理與減少干預，並自詡是非常創新的一個產業。

歐元區的光景

而此時在歐元區，有一說認為葡萄牙、義大利與希臘等「周邊」歐盟國家的所有弊病，都來自於有一個「揮霍無度」的公部門，而忽視了證據顯示這些國家的公部門其實相當沉寂。這些周邊國家政府比起德國等幾十年來進行許多策略性投資的「核心」歐盟國家，其實並沒有什麼作為（Mazzucato 2012b）。

意識型態的力量，就是這麼強，強到歷史都可以輕易被捏造。二〇〇七年開始出現的金融危機裡有一個很獨特的面向，那就是雖然事情擺明是起源於（以美國不動產市場為主的）私人債務過高，但很多人仍被誤導，相信政府債務是最大的戰犯。確實在許多國家，政府對銀行紓困與後續經濟衰退引發稅收減少，共同造成了公部門的債務水準升高（Alessandri and Haldane 2009），但由此引伸出金融危機或後續的經濟危機是果，而公債為因，未免也過於牽強。事實上，問題的關鍵不在於公部門支出的多或少，而在於這些錢是怎麼花，花在什麼地方。以義大利而言，該國近十五年的經濟成長會如此之低，有一部分原因不在於政府沒把錢花在刀口上，而在於政府沒把錢花在正確的地方，包括像教育、人力資源與研發工作上，政府等重要的領域上，都沒有投入足夠的資源。所以即便危機前的赤字比率並不算高（約百分之四），義大利的負債占GDP比重一直向上爬，這是因為其作為分母的GDP成長始終趨近於零。

當然你要說低成長而高國債的國家，我們也找得到，所以到底是先有蛋還是先有雞在這裡是一個有高度爭議的問題。確實，近期關於卡門．萊恩哈特（Carmen Reinhart）與肯尼斯．羅格夫（Kenneth Rogoff）之著作內容（Reinhart and Rogoff; 2010）的爭議，顯示了這個爭議的熱度有多高[2]。惟在這爭議中最令人震驚的，不僅是他們（發表在一流經濟學雜誌上）的統計工作被發現做得不正確，更是外界有多不浪費時間就相信了他們的核心結論：國家負債占GDP比達到百分之六十以上，經濟成長就會受到影響而下降。他們的這個推論成了不容質疑的教條：撙節必會（也足以）把經濟成長找回來。但也有不少國家的負債比更高，但經濟成長卻穩定發展（加拿大、紐西蘭與澳洲都是——但這些國家都被萊羅兩人視而不見）。更顯而易見的是重點絕非公部門的規模大小，而是公部門花錢的哲學。要是把錢都花在無用的公文或回扣上，那其效果絕對不會等同於將錢花在更具功能與效率的醫療體系上，也不會等同於把錢花在優質的教育或可以推動人力資本或未來科技成形的劃時代研究上。確實，經濟學者發現對於經濟成長具有重要性的變數——如教育與研發——都所費不貲。所以歐洲的弱國在高負債比纏身之餘，並未將很多錢花在這些領域（也因此造成作為負債比分母的GDP持續向下），就不應該讓人覺得意外了。而同時間被強加在這些國家身上的撙節方案，更會讓已經很糟糕的狀況雪上加霜。

而在這當中就存在一個自我實現的預言：我們愈是詆毀國家與政府在經濟中的角色，也就愈不能讓政府壯大，成為一個能有所貢獻的角色，而政府愈弱，他們能吸引到公務體系的頂級人才也就愈少。美國能源部擁有在美國政府裡最高的研發預算，也同時擁有在經濟合作發展組織（OECD）國家裡數一數二高的人均能源研究支出，然後又同時能吸引到諾貝爾獎得主的物理學家朱棣文來擔任部長，你真的認為只是巧合嗎？對政府發展胸無大志的國家會更容易受到裙帶關係的侵蝕，且各部會在專業表現上乏善可陳，也是巧合嗎？當然專業不能解決所有的問題，但專業人才願不願意來，確實是一國的公家機關中究竟重不重視專業的觀察指標。

國家挑選贏家vs.輸家挑選國家

我們老是聽到有人說國家在經濟中的角色應該受到限制，因為國家真的很不善於挑選贏家。不論是在挑選新科技、挑選經濟產業或是挑選特定的企業上，政府都被徹底看扁，但持這類看法的人忽略了一點，那就是在許多這些國家失敗的案例當中，政府想做的事情其實比不少民間企業所嘗試的要困難得多：這些政府有的想要讓成熟產業的榮光多閃耀一會兒（如協和號的實驗或是美國超音速運輸計畫），又或者有些政府是想積極催生出新的科技與產業（如網際網路、資訊科技革命）。

在這些如此困難的領域中作戰，本來就不會有特別高的勝算。但不斷攻擊國家在社會上扮演高效率創新主體的能力，只會讓我們愈來愈容易一看到國家偶爾失敗就對其火力全開，同時我們也會忘了要設計出精確的工具來公允評估公共投資的效益。事實上公部門主導的創投，就與私人創投的狀況大相逕庭。政府會願意投資風險高出很多的領域，提供較長的耐心，並對未來回收抱持較低的預期。所以就定義上而言，政府投資的處境原本就比較艱鉅。但公私部門創投在被比較報酬率時，卻鮮少有人把這一項差別納入考量。

諷刺的是，國家既無法主張自身的立場，也無法用他們確實選對的贏家（從網際網路到蘋果電腦）來為自己辯護，而這也讓他們更容易因為像超音速運輸計畫等偶爾的失敗而被砲轟。更糟糕的是，政府每次被罵都會變得更加軟弱，更加怯懦，更容易被尋求公共資源來作為私用的遊說團體脅持，或者被像鸚鵡般的名嘴拿來當成反例，到處宣揚經濟動能起源於何處的各種迷思。

一九七〇年代，資本利得稅在美國創投業代表的遊說之下大幅降低（Lazonick 2009, 73）。遊說團體向政府說創投家資助了網路與初出茅廬的半導體業，並說沒有創投就沒有創新。也就是說，同一批主體先是享受了政府大手筆投資的達康（dot.com）革命浪潮，得到利益之後又成功說服政府替他們減稅。這過程就等於政府用來資助創新的金庫，很諷刺地被靠公共創新起家的人給掏空。

再者，因為對自己的角色扮演失去信心，政府愈來愈容易被關於創新與創業精神從何而來的迷思給綁架。大藥廠會嘗試說服政府自己受限太多的國家監理與繁文縟節，但同時間他們又不能少了由政府出資進行的研發工作。中小企業的組織也在各國說服了政府說他們集體獲得的資助不足。但其實在許多國家裡，中小企業獲得的公家資源還多過警察！但他們卻沒有創造出相應的就業機會與創新來合理化這些公家資助（Hughes 2008; Storey 2006）。要是國家能更理解是自身的投資帶動了谷歌、蘋果與康柏電腦等頂尖企業的崛起，那政府或許就更能有自信為自己說兩句話。

但國家本身並不具備稱職的行銷與公關部門。想像一下若歐巴馬總統能讓民眾知道美國政府在眾多尖端新藥的研發上投注了多少資金（第三章會談到），那他在為健保法案奮戰時的結果會多不一樣。這並不是說政府得進行什麼政令宣導，而是國家應該要提升民眾對科技發展史的認知。在醫療上，國家一路以來所做的事情不是插手干預，而是主導創造與創新。但很遺憾的是流傳在外而被眾人買單的說法，卻是大藥廠在創新，公部門在干預。把這段（複雜的）歷史釐清，讓黑白能夠分明，有很多種層面的重要性。比方說現行的藥品不論有沒有收取政府的補貼，都賣得非常貴，但這高藥價又被藥業以「研發成本高昂」的說詞順利合理化。讓真相得見天日不但有助於政府將政策設計得更好，也有利於市場體系運作得更順暢。

強調國家是具有創業能力的主體，自然不是為了要否定私部門的創業活動，畢竟像谷歌之屬的公司就曾經以新興公司之姿為新產業提供動能與衝勁，而私人創投也是民間重要的投資資金來源。問題是，我們不可以讓創業成為私部門的禁臠，不能讓創業故事裡的所有戲分都被私部門壟斷。矽谷與生技產業的崛起的功勞，分別被歸給了才華洋溢如臉書的小型高科技公司，以及駐於美國波士頓或英國劍橋的小型科技公司大軍。另外像歐洲之所以會在經濟發展上落於美國之後，也常被說是因為歐洲的創投產業沒有美國發達。

美國高科技產業中的一個個實例，常被援引解釋何以我們需要少一點國家介入與多一點市場運作：這一派認為讓局面稍微倒向市場那一邊，歐洲版的谷歌就會自然而然誕生。但請問有多少人知道讓谷歌爆紅的演算法出自美國國家科學基金會的公家補助（Battelle 2005）？又有多少人知道在創投介入前就為生技產業打好基礎的「分子抗體」，其實是由屬於公部門的英國醫學研究委員會（Medical Research Council，MRC）實驗室所發現？有多少人意會到眾多最創新的美國年輕公司都領過公家創投如SBIR計畫而非私人創投的錢？

這些案例，提供了我們寶貴的教訓。因著這些案例，所以我們的討論格局不能僅限於由政府來扮演刺激需求的角色，也不能只是擔心著如何「挑選贏家」。應該要主張，我們需要一個有方向、主動積極，且具有創業精神的政府，一個有能力承擔風險，有能力將各經濟主體整合成高度網絡化的系統，進而集私部門的菁英力量來在中長期創造國家與國民公益的政府。出任帶頭的投資者，扮演催化劑來啟動經濟主體網絡化，進而讓產業知識得以散播出去的，本來就是國家。作為知識經濟的創造者，而不只是知識經濟的輔助者，國家原本就有這樣的能力，也早已不缺這方面的實績。

我們需要由國家來發動創業的主張，並不是什麼「新」的產業政策，因為事情本來就是這樣在運作的。弗列德・布拉克（Fred Block）與馬修・凱勒（Matthew Keller）（Block and Keller; 2011, 95）解釋得很好，國家對於產業運作的指揮若定，始終被「隱藏起來」，而這主要是為了避免右派保守人士的反彈。政府在電腦、網路、醫藥生技、奈米科技與新興綠色科技等產業發展史上的樞紐角色，早已不乏有目共睹的證據。在這種種案例當中，國家都展現出敢於思考的勇氣。即便在種種不利的條件下，國家還是敢於思量那不可能的選項：創造新的科技商機；率先投入第一筆必要的大額投資；推動去中心化的經濟主體網絡來執行具有風險的研究；最終讓產業發展與商業化的流程以銳不可擋之勢，如火如荼地展開。

超越「市場失靈」的觀點

願意承認國家具有重要角色可扮演的經濟學者，常使用「市場失靈」這種特定的框架來說明自己的主張。從這樣的觀點出發，市場「並不完美」的事實被認為是一種例外而非常態，但市場既然不完美，國家就有插手的空間，也就有角色可以扮演——惟這角色並不太有趣就是了。市場的不完美，可以出自幾種原因：首先，私人企業不願意投資在基礎研究等領域，理由是基礎研究的成果會變成人人皆可用的公共財（亦即基礎研究的成果會化身為一種正向的外部性），所以對私人企業而言無利可圖；再者，私人企業並沒有將其造成的汙染成本納入產品訂價計算（汙染屬於負向的外部性）；第三，特定投資的風險高到不是單一家公司可以悉數承擔（進而導致不完全市場的發生）。考量到這種種不一樣的市場失靈，政府受期待要扮演的角色會包括以公共資金挹注基礎研究、對造成汙染的企業徵稅，還有就是投注公共預算到基礎建設的計畫上。這種框架固然有其效用，但卻也無法解釋政府在進行相關投資時所展現的的遠見與策略。確實，政府會促成網路的發現與奈米科技產業的崛起，其動機並不是因為私部門想要什麼東西但找不到足夠的資源去進行投資，而都是因為政府早在私部門還搞不清楚狀況之前，就在這兩個領域上擘畫了某種願景。事實上即便在政府已經將這些新科技介紹出來之後，私部門仍沒有膽子輕易嘗試投資。比方說像網路的商業化，都還看得到政府出手支持；私人創投開始資助生技或奈米科技業者，也是這兩種技術現身多年之後的事情了。在這與其他的眾多例子裡，國家都儼然展示出了最為積極的「動物本能」（animal spirits）。

當然有很多反例可以證明國家一點也不是什麼創業的生力軍。畢竟對國家而言，發展新科技與支持新產業，並不是惟一重要的事情。但承認政府在某些案例中表現出的創業精神，會有助於充實政策擬定的思慮，因為過往的政策思維都太常局限在國家作為市場失靈的修正者或創新的輔助者的角色定位，彷彿創新一事永遠是私部門的專利，只有「活力十足」的私部門才做得到。這個路數的成見不勝枚舉：國家惟一該做的事情就是輕推一把，讓私部門走向正確的方向；減稅有用，因為企業會因此增加投資意願；移除投資障礙與削弱監理是必要的作法；中小企業——只因為小——就被認定有彈性、有創業精神，應該獲得直接間接的奧援；歐洲經濟的核心問題只出在「商業化」不足。以上列舉的這些成見，全部都是迷思。這些迷思混淆了創業行為與創新思維的源頭，也阻礙了政策去有效地刺激出企業無心去獨力嘗試的創新類型。

顛簸的風險地景

一如我們會在下一章進一步解釋的，出身演化經濟學傳統的創新經濟學者李察・尼爾森與希尼・溫特（Richard Nelson and Sidney Winter 1982）主張我們需要有各種創新的「體系」，才能讓新的知識與創新滲透、散播到整個經濟體裡，而這些創新體系在產業、區域與國家層級的成形，則既有賴於不同經濟主體（企業、金融機構、研究與教育單位、公部門基金、中介機構）之間存在朝氣蓬勃的連結，也有賴於組織與機構間發展出橫向的連結（Lundvall 1992; Freeman 1995）。但即便在此一主張中也被忽略的，則是各主體在「顛簸」與複雜的風險地景上，究竟都扮演著什麼樣的角色。現行創新政策中的許多錯誤，都是起因於把對的主體放在地景中錯誤的（時／空）位置上。比方說，我們若期待創投可以在今日的新經濟產業（如潔淨科技產業）中擔綱早期高風險階段的資金來源，就未免太天真了。在生物科技、奈米科技與網際網路的案例中，私人創投加入的腳步就足足比公部門完成關鍵階段投資的時點要晚上十五到二十年不等。

事實上，歷史顯示風險地景上這些由高資本密度與高技術與市場風險所定義的區域（特定產業不分時點或新興產業的初期），私部門對其都是避之唯恐不及，所以說我們需要公部門（多元管道）的大筆資金，也需要公部門提供願景與領導力，才能讓這些領域的創意順利起飛離地。大部分的科技革命與不同階段的長線經濟成長，背後都有國家的身影，而這也是何以我們需要「創業型國家」來承擔風險、創新願景，而不能讓國家甘於只修復市場失靈而已。

不理解不同主體所各自扮演的角色，會讓政府更容易被特殊利益團體脅持，任由這些團體用意識型態與話術去包裝他們欠缺證據與論述支持的角色定位。創投業者固然會用力遊說政府降低（前面提過的）資本利得稅率，但低稅率並不是他們投資在新科技上的理由。他們會投入資金，是因為他們評估風險已經在政府數十年的投資之後降至可接受的水準。若我們不能更正確地去理解創新過程中各主體在想什麼，在做什麼，那隨之而來的風險便會是讓公私部門可以共榮的共生創新體系，在不知不覺中淪為寄生式的創新體系，當中私部門將可以像水蛭一般從國家身上吸血，但同時間自己卻一毛不拔。

創新生態系的比較：共生vs.寄生

把創新體系稱呼為「生態系」，已經是現在很常見的做法了。確實，不少創新方面的專家與官員，都很喜歡將生態系一詞掛在嘴上。但既然是生態系，我們要如何確定這當中是一個公私部門共生的關係，而不是一個放任私部門予取予求的寄生關係呢？我們要問的是，來自國家與政府更多的投資，究竟是會讓創新生態系裡的私部門投資變少，進而拿保留盈餘來挹注短線獲利（如透過庫藏股的買回），還是會讓私部門的投資變多，進而讓人力資本的形成與研發工作等風險性領域獲得更多資源，最終帶動經濟的長線成長呢？

通常像這樣的問題，會被框進「排擠」的概念裡。排擠效應作為經濟學裡的一種假說，其表達的是公共投資的危險性在於它會用罄原本可以被私部門拿去進行自身投資計畫的儲蓄（Friedman 1979）。凱因斯學派反對這種看法，他們不認為國家投資會排擠私人投資，他們強調這種說法只有在資源利用率達到百分之百時才會成立，而這是一種幾乎不曾發生過的情形。惟本書所提出的議題呈現出一種不一樣的觀點：企業型國家會投資在私部門即便有資源也不會去碰的領域，而外界忽略的正是國家在如此衝鋒陷陣時所展現的勇氣與遠見。讓企業投資裹足不前的不是經濟體中的儲蓄不足，而是企業自身的勇氣不足，用按凱因斯學派的說法是「動物本能」不足——那種做生意就是這麼回事的平常心。確實，公司層級的研究已經顯示推動產業進入行為（某家公司決意進軍特定產業）的動力，並不是當下看得到的獲利，而是未來的科技趨勢與市場商機（Dosi et al. 1997）。而這類的商機都牽涉到國家的投資金額高低。

但要是私部門潛在具有的投資勇氣，果真是因為公部門跳進來把位子給占了而有所減損呢？與其在「排擠效應」的框架下去思考這個問題，我主張我們必須採用的思考框架，應該是**如何去建立一個公私部門間可以強化共生而壓抑寄生行為的夥伴關係**？問題不在於國家資助了過多創新，進而讓私部門的雄心壯志遭受打擊。真正的問題，在於主政者不夠有志氣，沒有勇敢地去要求私部門做為合作夥伴得一起拿出相應的勇氣迎接挑戰，然後政府才願意提供一定的支持。現行的實際狀況是大型研發實驗室一間接著一間關閉，研發支出中「研」的部分也在持續減少，如「企業研發經費」（business expense on R&D，BERD）就在英國等國家呈現下探趨勢（Hughes and Mina 2011）。雖然政府與業界的研發支出呈現正相關（前者拉動後者），但主政者得拿出勇氣還是很重要的——同意投資特定產業需要勇氣上，要求這些產業中的企業成員得承諾跳下來與創新同進退，也需要勇氣。近期由麻省理工學院完成的一項研究認為美國現在少了像 Xerox PARC（蘋果與微軟的作業系統都用上了他們的圖示使用者介面）與貝爾實驗室（Bell Labs）這類高度獲得公家機關預算加入資助的企業實驗室，而這類實驗室的缺席也正是美國這台「創新機器」面臨到挑戰與威脅的一項原因（MIT 2013）。

這樣的問題，也同樣出現在公部門研發投資增加而私部門投資支出減少的產業當中，比方說製藥。根據拉佐尼克與圖倫（Lazonick and Tulum; 2012）所說，美國國家衛生研究所在近十年花了將近三千億美元（二〇一三年花了兩百九十三億元），藉此來加深對研發當中「發」這部分的涉獵。這意味著他們吸收了藥品開發上大部分的成本（如臨床試驗），而藥廠[3]的整體藥品研發支出則愈來愈少，甚至有不少家業者直接讓旗下的研發實驗室關門大吉。當然，整體的研發支出在數據上仍有所增加，原因是「發」的部分愈來愈貴。為這掩蓋了一個根本的問題。雖然部分分析師解釋研究經費的減少是因為研發的生產力偏低（多投入研發經費並不能相應換來更多的研究發現），但也有瑪希雅．安潔爾（Marcia Angell; 1984 & 2004）之屬的分析者坦言大藥廠怠惰研究該罵。她認為數十年來，大部分位於最尖端的新藥都是出自公家實驗室，私人藥廠更忙於成分大同小異的「仿製藥」（me-too）與行銷（見第三章有更多細節）。近年來，各大藥廠的執行長也承認他們決定縮編——甚至裁撤研發實驗室，他們體認到在「公開」的創新模式下，大部分的研究成功都會被小型生技廠或公立實驗室所取得（Gambardella 1995; China Briefing 2012）。大藥廠於是把重心轉到結盟工作上，透過結盟的模式將其他地方生成的專業知識「整合」進來，而不再投注資源到內部的研發上。

金融化

一個（我們在第九章會再細究的）大問題，是研發經費減少與私部門的金融化趨勢並駕齊驅。這當中的因果關係或許不易證明，但不可否認的是在大藥廠削減研發費用當中的研究預算時，他們也同時增加了買回庫藏股的資金規模——買回自家股票可以炒高股價，而股價會帶動股票選擇權的價值，進而提升高階主管的身價。比方說在二〇一一年，除了六十二億美元的股利發放外，輝瑞大藥廠（Pfizer）還另外買回了價值九十億元的自家股票，相當於該公司淨利的九成，也相當於其研發經費的百分之九十九。事實上從二〇〇三年到二〇一二年，輝瑞分別花了相當於七成一與七成五的淨利在庫藏股與股利上（Lazonick 2014, 55）。安進（Amgen）作為全球數一數二大的生技藥廠，已自一九九二年起每年買回庫藏股，總金額截至二〇一一年達到四百二十二億美元，包含二〇一一年就買了八十三億美元。自二〇〇二年以來，安進的庫藏股成本已經每一年都超越該公司的研發經費，只有二〇〇四年例外。而在一九九二到二〇一一年期間，安進的庫藏股成本相當於其研發費用的整整百分之一百一十五，或是其淨利的百分之一百一十三（Lazonick and Tulum; 2011）。大藥廠愈來愈不肯花錢在研發上，反而庫藏股愈買愈多的同一時間，國家則在這方面支出愈來愈多，而這項事實所導致的結果，就是醫藥創新的生態系變得愈來愈偏向寄生而非共生關係。這根本和排擠效應扯不上關係，這是私部門在搭公部門的便車，是藥廠在吃國家的豆腐。庫藏股的實施可以激勵公司股價上漲，讓經營層、經理人還有大股東坐著數鈔票。但炒股不能創造出價值（創新的重點就在創造出價值），反而會成為價值萃取的幫兇，讓股東跟公司派搭國家創新的便車而坐享其成。在第九章，我會更仔細去探討價值萃取的問題，並提問創新的投資報酬該不該與該如何分配給員工與政府，畢竟他們在創新過程中也同樣具有重要貢獻者與利害關係人的身分。

很可惜的是，同樣的問題似乎仍持續出現在新興的潔淨科技產業裡。二〇一〇年，美國能源創新委員會（American Energy Innovation Council，AEIC）作為一家民間的產業協會，向美國政府要求將潔淨科技的預算支出到每年一百六十億美元，另外還要拿十億美元給ARPA－E（Lazonick 2011c）。另一方面，該委員會當中的各家企業成員一共在二〇〇一到二〇一〇年間花了兩千三百七十億元買回庫藏股。AEIC主要理事所隸屬的母公司，在二〇一一年的淨利總額為三百七十億美元，而他們總計支出的研發經費大約一百六十億美元。這些公司會認為他們龐大的資源仍不足以將潔淨科技的創新發揚光大，要麼證明了國家才是創新的主力，要麼證明他們就是很討厭冒險——當然也可能以上皆是。

庫藏股買回的問題並非個案，而是已經非常氾濫：過去十年間，標普五百（S&P 500）企業花了三兆美元買回庫藏股（Lazonick 2012）。其中最大手筆的回購者（尤其是那些石油業者與藥廠）宣稱他們這麼做，是因為市場上欠缺新的投資機會。但事實上在許多耗資最大（資本最密集）且市場與技術風險均高的投資案裡，包括醫藥與再生能源領域的新商機投資，跳下去的都是公部門（GWEC 2012）。這就讓我們不得不去質疑「開放創新」（open innovation）模式是否正成了一種失效的模型。隨著大企業益發倚賴與小公司跟公部門的結盟，我們感受到的是大公司（用市場噱頭去）追逐短線獲利的趨向愈來愈明顯，長期投資則愈來愈不是他們所愛。我會在第九跟第十章繼續討論這個問題。

如今「新」產業政策回歸到檯面上的討論，眾多國家都開始嘗試其經濟的「再平衡」，這包括要疏遠金融業，親近實體經濟中的各行各業。這種「再平衡」究竟會導致什麼樣的後續，是我們現在比起任何時候都更該問的問題（Mazzucato 2012a）。相對於有人認為我們需要各類型的公私部門夥伴關係，並由此去培育創新、創造經濟成長，我在此主張（並會在第八與第九章詳述）的是我們未來在建立公私合夥關係的時候要更加小心謹慎，我們要設法讓參與者在計畫中的利害關係更深，而且要避免讓經濟金融化造成的問題再現：風險的社會化與回報的私有化。

說起我們為何需要重新思考公私部門之間的互動關係，還有政策擬定的過程如何重於結果，我們都可以在土耳其經濟學者丹尼．羅德里克（Dany Rodrik; Rodrik 2004）的著作中看到很多重要的強調與說明。他把重點放在公私部門要透過各類型的探索過程來相互理解，特別是關乎兩造各自面對的機會與限制（Rodrik 2004, 3）。他認為這代表問題不在於政策工具的類型（研發稅額扣抵 vs. 補貼），也不在於要選擇哪一個產業（傳產的鋼鐵 vs. 科技的軟體），而在於政策如何能夠培育出**自我發現**的過程，進而讓自我發現的過程催生出創意與創新。我同意羅德里克認為我們需要培育探索與嘗試錯誤等流程的整體觀點（嘗試錯誤本就是「經濟變遷之演化理論」的核心信條，這我下一章會詳談），但我也認為科技變遷的歷史教會了我們一件事情，那就是在這過程中選擇特定的產業，也絕對是很重要的事情，像是若沒被DARPA欽定為發展重點，網際網路恐怕到現在都還不會出現；而其他的技術也可依此類推，包括由美國國家科學基金會所選中的奈米科技（兩例都會在第四章討論）。還有更重要的是綠色革命在確定被國家看中並提供奧援之前，還不會有起飛的一天（詳見第六、七章）。

回到凱因斯（1926）關於政府扮演要角的基本論點，我們要問的是：水平與垂直的政策工具可以如何讓原本不會發生的事情成真呢？研發稅額扣抵的問題不在於它們是有因人設事之嫌的特定政策工具，而在於它們的設計不正確，所以無法增加私人的研發投資。證據顯示鎖定研發要做些什麼事情，而不要把重點都放在從事研發可以拿到的收入（稅額扣抵），會明顯更有助於私人投資的增加（Lockshin and Mohnen 2012）。把錢投進特定領域如生命科學（製藥是其中一環）的問題，不在於該領域是否是特意被挑選，而在於把錢投進去之前，我們沒有先透過改造讓產業失能的狀況不要那麼嚴重。當這麼多家生科公司都在專注自家股價，而沒有去設法強化其研發當中「研」的部分時，光是拿錢去補貼他們的研究並無法創造出羅德里克（2004）正確呼籲我們該追求的相互理解，反而會讓問題與局面更加惡劣。

註釋

1《利維坦》（*Leviathan*）是英國政治哲學家湯瑪斯．霍布斯（Thomas Hobbes）於一六五一年出版的一本著作，全名為《利維坦，或教會國家和市民國家的實質、形式、權力》（*Leviathan or The Matter, Forme and Power of a Common Wealth Ecclesiastical and Civil*；一譯《巨靈》、《巨靈論》）。利維坦原為《舊約聖經》中記載的一種怪獸，在本書中用來比喻強勢的國家。

2 作者註，在二〇一〇年發表於《美國經濟評論》（*American Economic Review*）的一篇論文中，經濟學家卡門．萊恩哈特與肯尼斯．羅格夫主張較高的外債毛額占ＧＤＰ比重，會顯著連結到較低的ＧＤＰ年增率。這篇論文固然影響力甚大，且充實了撙節政策的理論基礎，但在二〇一三年，其他經濟學者檢視了這兩位的作品，且證明了他們在方法論上有其瑕疵，且其研究所引用的資料並不能支持其諸多結論。

3 作者註，此後書中提到藥廠皆為民間藥廠，而「大藥廠」（Big Pharma）則專指國際型的藥廠。

第二章

科技、創新與成長

Technology, Innovation and Growth

電腦時代席捲了世界每一處角落，唯獨錯過了統計生產力數據的地方。

——勞勃・梭羅（Robert Solow; 1987, 36）

在論及世界經濟的特刊當中，《經濟學人》（2010a）是這麼說的：

> 一份聰明的創新議程，簡單來說，會跟頂尖富國政府所偏愛的模樣出入甚大。這份議程會比較涉及解放市場，讓市場自由，而較無關乎選出贏家；會比較涉及創造出正確的條件讓冰雪聰明的點子浮現，而較無關乎對綠色環保等工作的承諾。但要推行這樣的政策需要勇氣與遠見——而正展現出這兩項特質的富國可以說鳳毛麟角。

《經濟學人》的這種觀點獲得學術界部分「前進」學者的背書，他們也主張國家的角色應該局限於創造「創新的條件」就好：

> ……（我們）接受國家有重要的角色要扮演，而這角色就是確保市場狀況能夠達到「剛剛好」的平衡，一方面能觸發創新，一方面能創新者在投資資金的尋求上又不會苦於巧婦難為無米之炊（Lent and Lockwood 2010, 7）。

這種觀點對國家的要求，不外乎只要求國家做好一件事情，那就是修復市場失靈，此外不要做多餘的事情——基礎科學、教育與硬體基礎建設，是少數他們認為政府應該投資的三個領域。關於國家最「適才適所」的角色為何，並不是現在才出現的新議題，但這卻是一個我們想要釐清，就得先知道創新在創造經濟成長有何助益，並由此去飽覽學術文獻的議題。

超過兩百五十年前，亞當．史密斯在論及「看不見的手」時，主張資本主義市場在不受干預的狀況下會自行調節，期間國家的角色僅限創造基本的基礎建設（學校、醫院與公路），並確保私人財產與經濟主體間的信賴關係（一種道德規範）能獲得培養與保護（Smith 1904 [1776]）。雖然亞當．史密斯在政治與哲學上的背景，意味著他的書寫不應如常見地被簡化為自由放任的經濟學立場，而是比自由放任要深刻許多，但無法否認的是他確實認為資本主義的魔力在於其有能力在不受政府強制力介入的狀況下，自行組織生產與分配。

相對之下卡爾．波蘭尼的劃時代作品（他有法學博士學位但一般被視為經濟學者）則顯示出市場自我調節是一個未獲市場歷史淵源支持的迷思：「通往自由市場之路能夠獲得開闢並保持開啟，是因為由中央進行組織並控制的持續性干預行為有顯著的增加。」（Polanyi 2001 [1944], 144）然後他又接著說：

> 要讓亞當．史密斯所謂「單純而自然的自由」相容於人類社會的各種需求，是極其複雜的一種追求……就像與預期相反地，省力機器的發明並沒有減少，反倒還增加了人類的用處，自由市場的引介也絕不會消滅我們對控制、監理與干預的需求，反

倒是這三樣東西會顯著擴大其涉獵的範疇。行政者必須時時保持戒備，方能確保系統的自由運作（來源同上）。

由此按照波蘭尼之見，市場經濟的崛起與維繫，恰恰有賴於由國家施加的限制條件。再者，波蘭尼的著作具有革命性之處，在於其凸顯出國家與市場的區隔與對立是一種迷思：至為資本主義的市場——國家市場——正是被國家「打鴨子上架」地硬逼出現。一定要說的話，只有誕生早於資本主義的那些比較地方性或比較國際化的市場，才跟國家的關係沒有那麼近。但資本主義作為一種常被認為由市場推動的體系，已經從第一天起就強烈地嵌在了國家裡，受國家的力量形塑（Evans 1995）。

凱因斯認為資本主義市場不論其起源為何，都需要不間斷的監理，畢竟資本主義的本質並不穩定。凱因斯宣稱資本主義的穩定有賴於讓GDP算式中的四個支出項目（合而為總需求）之間保持平衡，它們分別是：企業投資（I）、政府投資（G）、消費支出（C）與淨出口值（X－M）。極端波動性的一個關鍵來源，被發現存在於民間企業的投資上，而民間企業投資之所以會如此不穩定，理由是其完全不是一個利率與稅款的單純函數[1]，而是取決於「動物本能」——**關於經濟或特定產業的成長前景，投資人根據直覺所做出的假設**（Keynes 1934）。在他看來，這種不確定性會讓投資不足與投資過度持續輪流出現，然後在乘數效應的推波助瀾下造成嚴重的景氣起伏。根據凱因斯的看法，除非不穩定的私人投資可以被較多的政府支出平衡掉，否則消費與投資的下滑終將導致市場崩盤與經濟蕭條。事實上在凱因斯主義於二戰後進入經濟政策的擬定之前，崩盤與蕭條也確實是民眾生活中頻繁出現的一環。

凱因斯學派強力主張我們應該運用政府支出去促進需求並穩定景氣。而某些經濟學家在喬瑟夫・熊彼得（Joseph Schumpeter; 1883-1950）著述的啟發下，又更進一步要求政府要撥出資源投入到能增加國家創新能力的特定領域上（這點我後面會細談）。政府對於創新的支持，可以表現在對研發、基礎建設、勞工技術的投資上，也可以表現在對特定科技與企業的直接或間接援助上。

在政治光譜上的左側，對生產力的投資一直不如直接把錢用在教育或醫療上的福利國家（welfare state）制度來得風行。但福利國家體制想要生存下去，就不能不先有一個具生產力的經濟體當作後盾，因為唯有經濟能產生出獲利和稅收，社會福利才不會巧婦難為無米之炊（Nordhaus and Shellenberger 2011; Atkinson 2011）。進步的所得重分配式政策，固然可以從根本上確保經濟成長的果實獲得公平的共享，但這些政策本身並不能造就經濟成長。貧富差距固然會傷害經濟成長，但只是縮小貧富差距並不足以創造經濟發展。左派凱因斯主義者所廣泛欠缺的，是一個經濟成長的腹案。我們得先有經濟成長，左派才會有東西可以分派，而經濟如何成長的答案，或許就在於把凱因斯跟熊彼得的「教誨」集結起來（Mazzucato and Wray 2014）。而這，也就是何以本書的最後幾章會強調我們需要進一步理解何以創新跟貧富差距往往會併肩同行，還有我們為何需要把經濟成長的風險跟報酬重新整隊。唯有重新思量上述的問題，我們才能為現代資本主義中一個非常要不得的現象劃下句點，那就是風險的社會化與報酬的私有化——這是一個不限於在金融圈，而是在科技、石油與醫藥業裡都不少見的歪風。

整體而言，凱因斯的財政支出主張與熊彼得的創新投資觀點，當中確實一直存在著斷點。而這兩者間之所以欠缺連結，一大原因是凱因斯主張「政府無用論」，意思是國家干預經濟主要是基於暫時性的財政支出，而形式則不拘（所以即便用以工代賑的形式雇人去礦坑裡挖寶，也無所謂）[2]。確實在現代經濟學裡，我們仍欠缺此一「個經－總經」之間的連結。但就實證經驗上來看，這種連結是存在的。事實是不僅生產性的投資能創造成長，而是只要支出能更有方向性地導向一九八〇年代與一九九〇年代的IT革命與或許未來年月中的綠色革命，那麼凱因斯主義的乘數效應都能隨之轉強。一如經濟學者葛雷格里·塔賽（Gregory Tassey）所主張的：

> ……最高層級的問題，是能挹注生產力的投資長期性不足（如科技、硬體、人力、

組織等資本）。增加房屋需求確實能對該產業的供應鏈產生乘數效應，但這種效應一遇上諸多產業中的硬體科技投資或有助於生產力之軟體投資，以及這些投資其所能產生的槓桿，就會相形見絀。同樣重要的是由科技供應鏈所創造出的就業機會，待遇相當優渥——但我們必須設法讓科技的生命週期中的每個階段都有這樣的待遇。（2012, 31）

凱因斯專注的重點是我們需要由國家進行干預，藉此維持經濟的穩定，並免經濟危機，而避免經濟危機於我們當代顯然也是很有意義的問題[3]。但為了理解這類政府投資的來龍去脈，我們首先必須有不同視角的經濟成長理論的完備基本認知，再來我們必須確立科技與創新在推動經濟成長中所扮演的角色。

科技與成長

雖然經濟成長與國家的財富是亞當．史密斯以降經濟學者最關心的事情，但在一九五〇年代，莫塞斯．阿布拉莫維茨（Moses Abramovitz; 1956）與勞勃．梭羅（Solow; 1956）表示了先進工業國家如美國有九成的經濟成長，都無法以資本與勞動力投入等傳統做法來解釋。

想當然耳，有人認為這些無從解釋的「殘差」（residual）若不是因為生產要素增加，則必然反映的是生產力的增長。但即便到了今天，經濟學者間仍爭論不休著哪些要素在創造經濟成長中的地位更關鍵。這個爭論慢慢被移植到政治上，而不同看法間的激烈政爭，也動輒使人遺忘了這些成長理論背後的假設與根源。

經年累月，經濟學家一直在做的一件事情，就是要將成長弄成一個模型，新古典學派所發展出的第一個成長模型，出現在洛伊．哈羅德（Roy Harrod）與埃弗塞．多瑪（Evsey Domar）的作品裡（Harrod 1939; Domar 1946），但真正以成長理論獲頒諾貝爾獎的，是勞勃．梭羅。在梭羅的成長模型中，經濟成長被呈現為一個生產函數，當中若「其他條件」不變，則產出（Y）是實體資本（physical capital，K）之數量與人力資本（human capital，L）的函數。惟包含在這「其他條件」裡，就有科技的變遷。

$$Y = f(K, L)$$

實體資本與人力資本增加，會讓Y的位置沿著生產函數的曲線移動，而來自函數外部（而無法解釋）的科技變遷，則會讓曲線整體上移，進而讓實體資本與人力資本都獲得更具生產力的應用。當梭羅發現九成的經濟產出變動無法用資本與勞動力去說明時，他便稱呼這當中的「殘差」（差額）是「科技的變遷」。對於什麼樣的社會條件可以支持技術變遷，阿布拉莫維茨知道的要比梭羅還多，他曾稱呼過這種「殘差」是「人類無知的指標」（Abromovitz 1956），而這種說法也廣為人知。

如果一個模型有其缺陷，其描述之應變數有九成得不到解釋，那我們早就該將其捨棄，然後另起爐灶了。確實，幾十年來有不少學者如瓊安．羅賓遜（Joan Robinson）（Harcourt 1972），都曾做過這樣的主張。羅賓遜等人非常看不慣生產函數架構。但最終這個陳舊而飽受抨擊的模型並沒有遭到揚棄與撤換，只是被外加了一個名為「科技變遷」的「違建」上去。梭羅的理論（1956）由此變身成為了所謂的「外生性經濟成長理論」（exogenous growth theory），因為「科技變遷」這項變因被從外部嵌入，成為了所謂的「時間趨勢」，寫作 A（t），性質上與「人口增長」接近。於是這道函數就變成了：

$$Y = A(t) f(K, L)$$

隨經濟學者們日益意會到科技在經濟成長中扮演的角色重要性，如何將科技納入成長模型中也就成為了一項嚴肅的課題，而這也就催生出了「外生性」或「新成長」理論。新成長理論將科技定義為**研發投資函數或人力資本形成投資**的**外生性結果**（Grossman and Helpman

1991）。相對於梭羅的模型假定規模的邊際報酬率會持平或遞減（每一額外單位資本的使用，其帶來的報酬會愈來愈小），亦即「規模報酬遞減」，人力資本的增加與科技的導入則會創造出「規模報酬遞增」，亦即隨著規模變大而增加報酬，而規模正是成長的引擎。源自於各類積極行為（如邊做邊學）的報酬率增加，會有助於解釋何以特定的企業或國家總會表現得比較突出——亦即經濟學上所謂的「追趕效應」（catch-up effect）有時並不會出現。

新成長理論固然以合乎理性的論述為政府投資提供鋪好了道路，但政府投資並沒有因此倏地冒出來。這是因為科技新知仍被視為是企業取之於內部的東西（內源性之物），而不是概念變成商品所須的一種外在體制。惟儘管如此，科技變遷與經濟成長之間日益受到強調的關聯性，確實間接帶動政府裡的執政者去重視科技與人力資本的投資，希望從中能收獲經濟成長的果實。而此一發展的結果，便是我們看到政府推出以創新為核心的成長政策來發展知識經濟，而「知識經濟」一詞，強調的便是投資在知識創造上來促進經濟競爭力的重要性（Mason, Bishop and Robinson 2009）。研究顯示出企業市值與企業創新能力（表現在研發經費跟專利數量上）之間，存在著直接的關聯，而這些研究也成為知識經濟政策的後盾（Griliches, Hall and Pakes 1991）。

演化經濟學與創新體系

在他們劃時代的作品《經濟變遷的演化理論》（*An Evolutionary Theory of Economic Change*; 1982）裡，李察・尼爾森（Richard Nelson）與希尼・溫特（Sidney Winter）主張生產函數框架（包括外源性或內源性者）其實並不適合用來理解科技的變遷。以喬瑟夫・熊彼得（Joseph Schumpeter; 1949, 1942 [2003]）的作品為基礎，這兩人提出了生產（與經濟變遷）的「演化理論」。此一理論深入了生產函數的「黑箱」來嘗試理解創新如何產生，又是如何影響競爭與經濟成長。演化理論並不似（標準成長理論中）具有「代表性主體」（representative agent）的假設，而認為有持續不斷的分化程序在企業之間進行，由各企業按其內部的做法與能力來演化出不盡相同的創新能力。這種視角的競爭，其內涵是由兩種流程來攜手推動演化，一邊是能在企業之間持續創造差異性的流程，一邊是能依照這些差異性去蕪存菁的競爭篩選流程。至於這種演化的結果，便是只有某些企業能夠存活下來並成長茁壯。

這種理解方式不倚賴「報酬遞減」的法則通往某個平衡點，也不假定有能代表「平均值」的公司，而是專注在讓報酬率隨規模產生動態的增加（比方說透過做中學，或透過保羅・大衛〔Paul David〕在二〇〇四年所描寫的「路徑倚賴」等動態），也專注在有哪些不同的流程會讓長期存在的企業間產生恆久的差別。這麼一來會產生一個問題是：**能存活下來並持續成長的都是哪些企業？**篩選的結果並不見得都能符合我們對「適者生存」的想像，這一方面是因為報酬遞增的效應（先行者優勢會讓卡到位的人生存下來），也是因為政策可能對不同類型的企業大小眼。另外這也可能是因為篩選的過程在商品市場中是一種情況，但在金融市場中又是另外一副光景，而這兩種情形可能彼此矛盾（Geroski and Mazzucato 2002b）。

但最重要的是，這種視角下的創新是跟著企業走的東西，也是具有高度不確定性的東西。演化式與熊彼得流的企業行為與競爭行為研究，導致了一種「創新系統」式的政策觀點。這種觀點中的重點，是要去理解不同類型的企業是如何在產業、區域與國家層級的系統中找到自身定位。在這種系統的觀點中，重要的不是研發的量，而是研發成果如何在經濟體中獲得分配，而這一點，也往往會反映出政府在影響分配時所扮演的關鍵角色（Freeman 1995; Lundvall 1992）。熊彼得派的經濟學者不認同內生性的成長理論，是因為內生性成長理論推定研發可以被模型定義為一種樂透，當中只有特定量的研發投資可以創造出特定比率的成功創新。這些經濟學者認為事實上，創新就是一種真正意義上的「奈特式不確定性」[4]，亦即一種無法用正常（或任何一種）機率分配來模型化的機率，而這就與內生性成長理論所隱含的想法有所牴觸了，因為內生性成長理論往往會在博奕理論的基礎上完成研發的模型化

（Reinganum 1984）。透過凸顯科技創新背後的強烈不確定性，以及創新、成長與市場結構間顯著的回饋效應，熊彼得派學者強調的是科技進步與成長中的「系統」成分[5]。創新系統被定義為「公私部門共組的機構網絡，其中的活動、互動會促成新科技的啟發、輸入、修整、散播」（Freeman 1995），或者是「在具經濟效用之新知的生產、擴散與使用過程中，進行互動的各種元素與關係」（Lundvall 1992, 2）。

這裡所強調的重點不在研發的存量上，而在於知識的流通上與知識在經濟體中的擴散上。體制的改變，看的不是靜態分配效率（static allocative efficiency）的表現，而是要去看這改變有沒有促進科技上與結構性的變遷。這種視角既不能說是總經的巨觀觀點，也不屬於個經的微觀觀點，而是一種比較折衷的「中觀」（meso）經濟學角度，其中個別公司會被視為是廣大企業網中的一部分，並在網中與其他公司合作或競爭。創新體系可以在性質上隸屬於科技、企業、區域、國家與全球的不同層級。從中觀經濟的角度視之，這個網路（而非個別公司）才是外界進行分析的基本單位。這張網路的組成分子會包括顧客、包商、基礎建設、供應商、各種創新能力與功能，還有這些組成分子之間的雙向聯繫或關係。重點是，產出創新的能力是集體性活動的一環，而這些集體性活動就發生在由各主體間的聯繫與關係所構成的網路當中。（Freeman 1995）。

從基礎科學、大型研發，再到應用與最終的創新擴散，這一個個步驟中所產生的並非

「線性」的因果關係。實際上，創新網路裡充滿了存在於市場與科技之間、應用與科學之間的回饋迴路。在線性的創新模型中，研發系統被視為創新的主要來源，而這也強化了經濟學家用研發統計數據去理解成長的做法。而在這種較為非線性的看法當中，教育、訓練、設計、品管與有效需求的角色也都同等重要。再者，非線性的模式也比較有能力去理解創新過程中不可免的機緣巧合與不確定性。有了非線性的觀點，我們就比較方便去理解歷史上不同經濟強權的興衰起伏。比方說，這解釋了何以德國可以靠著國家支持的科技教育與訓練體系，在十九世紀崛起成為經濟大國（Chandler 1991; Freeman 1995）。另外這也解釋了何以美國可以靠量產技術跟自主研發，在二十世紀崛起成為經濟強權（Chandler 1991, 1993）。美國與德國崛起的理由並不相同，但他們的共通點在於兩國都專注在創新體系的發展上，而沒有只狹隘地去看研發經費的增加或減少。

想在這裡描繪一個整體的觀點，我們可以來比較一下一九七〇與一九八〇年代的日本經驗，還有蘇聯所歷經的狀況（Freeman 1995）。日本的崛起，可以解釋為新知在日本較為水平的經濟結構中流通的結果，而這經濟結構是由內閣中的通商產業省（簡稱**通產省**，現已改制為**經濟產業省**）、學術界跟企業研發單位所構成。在一九七〇年代，日本常態性花ＧＤＰ的百分之二點五在研發上，而蘇聯則花超過百分之四。但事實證明日本的經濟成長要狠甩蘇聯幾十條街，而這是因為日本的研發資金讓五花八門的產業雨露均霑，不像蘇聯獨厚軍工業與航太產業。在日本，研發、生產與科技輸入活動之間在企業層級有強大的整合與聯繫，而在蘇聯，研發、生產與科技輸入之間基本上是各自為政。還有很關鍵的一點是蘇聯沒有開放讓企業把國家研發出來的技術商品化。在日本，你看得到使用者與製造者之間的強韌連結，而這一點你在蘇聯看不見。日本還會透過給企業管理層跟基層勞動力的誘因來鼓勵創新，而不會只專注在與科學相關的部會上。查默斯・強森（Chalmers Johnson; 1982）認為「日本（經濟）奇蹟」在本質上就是「發展型國家」（Developmental State）理論的體現[6]，或者也可以說是透過通產省刻意而有目標的產業政策，去對日本經濟進行統籌規劃的成果。惟拉佐尼克（Lazonick; 2008, 27-8）補充說「想理解發展型國家理論對日本的貢獻，我們就不能不去看豐田汽車、新力（索尼）與日立等企業的成長」；日本除了政府對產業的扶植以外，日本重要企業內部的「策略、組織與財務」也是讓公司得以「從**創業型企業**轉型為**創新型企業**」，並成功「越級打怪」與先進國家對手一決雌雄的關鍵。同樣重要的，還有銜企業之命前往西方學習科技的日本人。這些人學回來的東西，還有他們在美日企業間建立起的關係，都由不得人小覷。這些日本公司取得了美國（祕而不宣）的「發展型國家」經驗，並將這些知識轉給其他日本業者，由這些業者發展出內部流程來複製西方科技，最終青出於藍而勝於藍。在一九五〇年代，日本財團成為第一批從AT&T（貝爾實驗室）取得電晶體授權的外國公司，由此日本與奇異電子、IBM、惠普電腦、全錄等西方企業都建立起了聯繫。電子等特定產業成為了日本著力甚深的重點，而日本企業在組織上的創新，包括用「即時生產」（just-in-time）與「全面品管」（total quality）生產系統來克服閒置產能的浪費與在日本天然資源的稀缺，都被極為成功地應用在該島國廣大的各式經濟產業中。

表一比較了日本與蘇聯的創新系統。在這個脈絡下，我必須強調的是通產省的產業政策不只是今日不少產業政策反對者很愛拿出來打的「挑選贏家」而已。日本的做法是在統籌產業內的改變、產業間的連結、企業間的連結，還有分屬公私部門的空間，並藉此來讓成長可以透過全面性但又有針對性的方式發生。相較於美式比較垂直、比較沒有彈性，勞資關係也比較緊張的「福特」生產模型，日本模式可以說造就了知識與能力在經濟體中更紮實的流動，而這也讓水平結構且更具彈性的日企獲得了某種優勢。雖然政治上處於光譜的兩端，但美蘇經濟的生產模式都同等地「僵固」，也同樣遭到日本模式凌駕其上。

區域性的創新系統是把焦點放在文化、地理與體制面的鄰近性與方便性上，然後藉此在不同的社經主體間創造交易。專注在工業區與在地創新系統上的創新環境研究，已經證明了區域中的傳統與特定的社會體制因素會在國家層級上影響到科技的變遷。特定因素在此可能包含地方行政機關、工會與家族企業，像義大利的工業區裡就看得到這樣的案例。

表一：國家級創新體系的對比：1970 年代的日本與蘇聯

日本	蘇聯
國內研發經費毛額（GERD）占國民生產毛額（GNP）的比重高達百分之二點五	極高的GERD／GNP比重（約百分之四）
軍事或航太研發支出極低（不到研發總經費的百分之二）	極高比重的軍事與航太研發（占研發比重達到七成以上）
企業層級的整體研發經費比重甚高；大比例公司獲得研發融資（約百分之六十七）	企業層級的整體研發比重偏低，企業獲研發融資的比例僅不到一成
研發、生產與技術輸入在企業層級上的整合程度極高	研發、生產與技術輸入各自為政；體系與組織間的連結偏弱
強勁的使用者——生產者與包商網路連結	行銷、生產與採購間的連結甚弱或根本沒有
企業層級含勞資雙方都有強勁的創新動機	勞資雙方的反向誘因所抵銷
在國際市場上體驗到激烈競爭	軍事競賽除外，相對不涉及國際貿易的市場競爭

資料來源：Freeman (1995)

註：國內研發經費毛額（GERD）是特定國家在特定年分裡花在研發工作上的所有資金總額。

在系統失靈之外

國家的角色不只是透過國家級的實驗室與公立大學來創造知識，更是要動員資源讓知識與創新得以廣泛地在經濟中的各產業裡擴散出去。而為了達到這個目的，政府會號召現有的創新網路，或是協助發展新的網路來將各式各樣的利害關係人聚攏起來。因此相對於去修復「市場失靈」，演化經濟學家與創新學者所強調的是國家在修復「系統失靈」上的角色扮演（Woolthuis et al. 2005）。近期有研究工作定義了「系統失靈」是特定創新系統在執行其核心功能時的效率不彰，而所謂核心功能包括培育創業活動、促進學習、知識擴散、市場形成，以及動員資源等等（Hekkert et al. 2007; Negro et al. 2007）。

擁有可以發揮動員資源、培育創業、協助擴散科技等作用橫向垂直網路的這種功能正常、國家及創新系統是不夠的。換句話說，注重「系統失靈」雖然會比狹隘的只注重「市場失靈」還要有見地，但仍可能會遭到誤導。由此國家在帶領工業發展進程的時候，還需要發展出策略優先處理特定領域的技術升級。這類政府行動所尋求的並不是要處理特定類型的創新體系失靈，也不是要經手市場失靈，而是要設法創造並形塑市場與體系的樣貌。

此一版本中的國家或政府角色，已經在諸多國家間獲得共識，而這些國家都是鎖定科技先進的國家想迎頭趕上。關於這所謂「發展型國家」的概念，現有的研究文獻已然汗牛充棟，而當中所描述的國家角色不僅積極進行於凱因斯式的需求管理，也引領著工業化的發展過程。像這類發展型國家最典型的案例，就是東亞的各經濟體，這些經濟體通過計畫與積極的產業政策，順利在科技與經濟上「追趕上」西方先進國家（Amsden 1989）。在工業化較晚的國家中，政府本身就帶領著工業化的進程。這些政府承擔起發展的功能，包括鎖定特定產業進行投資，也包括設置貿易壁壘來保護特定產業，讓本土業者有時間做好外銷的準備，最後還會出手協助廠商覓得海外市場。以在日本為例，查默斯．強森（Johnson; 1982）就強調過通產省如何努力協調各日企在嶄新國際市場上的發展。這除了體現在針對特定科技的投資（挑選贏家），也體現在擬定商業策略，藉此贏取特定國內外市場的作為。再者，日本政府透過日本央行與（由日本郵儲系統出資的）「財政投融資方案」（Fiscal Investment Loan Program）來統籌金融體系。

張夏准（Chang; 2008）針對南韓與其他近期崛起的新興經濟體提出了類似的描寫。中國也採取了具有針對性的工業化策略，只在其國內各產業準備好與人競爭後才加入世界貿易組織，而沒有加入成為國際貨幣基金所支持的工業化策略一環。中國的策略凸顯出《華盛頓共識》協議（Washington Consensus）[7]的弱點，主要是華盛頓共識協議否定了國家與政府在主要美德英等工業化國家發展中所扮演的積極角色（Chang 2002; Reinert 2007）。

既然有強力的證據顯示國家可以透過投注資源稱霸特定產業，並藉此有效落實具備針對性的追趕政策，那何以大家不接受國家可以在新科技與新應用的發展上扮演更大的角色，而不需要只是拿錢資助基礎科研並提供礎建設來支持私部門的活動呢？

關於創新推手與無效創新政策之迷思

經濟學是如此強調創新在經濟成長中的重要性，造成了自一九八〇年代以來的主政者開始擴大視研發與專利等變數是創新的指標，也因此是經濟成長的先行指標。比方說歐盟的「里斯本議程」（Lisbon Agenda; 2000）與其目前的「歐洲二〇二〇」（Europe 2020）策略（EC 2010）就設定了歐盟要投資GDP的百分之三到研發上的目標，此外歐盟還伴隨推出了其他鼓勵知識在大學與企業間流通的政策——外加鼓勵金融市場與大小創新企業間強化連結的政策。

雖然經濟合作發展組織的成員國仍持續在研發經費上有甚大的高低差距（見圖一），但真正有趣的是在金融危機受創最深的歐洲國家，那些後來陷入主權債務危機的國家，也正好就是那些研發費用最低的國家。這當然並不代表他們的問題可以全部推到研發密度偏低這一點，但這當中絕對有一定的關聯性。事實上以義大利而言，該國偏高的負債占GDP比（二〇一一年為百分之一百二十）並不是肇因於國家太愛花錢，而是因為錢沒有花對地方。義大利的財政赤字長年都算相對溫和，超支僅約百分之四。但因為義大利對能強化生產力的研發與人力資本發展都沒有投入足夠的投資，所以才造成其經濟成長率低於其負債的利率，也造成其負債占GDP比例中的分子增速高於分母。歐盟各國在能創造長期成長的領域上支出多寡不一，部分解釋了何以他們受晚近經濟危機影響的程度高低不一。對於如何達成經濟成長的理念分歧，也說明了何以在遇到要「守望相助」的時候各國很難團結。德國民眾覺得德國的稅金不該被拿去為希臘紓困，但他們認為希臘人是歐盟敗家子的想法是錯的。歐洲整合計畫要成功所必須要的改革，不僅包括「結構性」的改變（增加繳稅意願，改革勞動市場），也包括更重要的要增加公私部門在研究與人力資源形成上的投資，藉此來催生出創新。在目前歐洲「財政協議」（fiscal compact）的效力之下，要讓各改革政策獲得支持可說難如登天，因為「財政協議」只限制了歐盟國家的支出在GDP的百分之三以下，卻沒有點名有哪些支出可以透過創新與資本性投資帶動未來的經濟成長（Mazzucato and Shipman 2014）。

雖然低度研發支出是一個廣見於歐洲邊緣國家的問題，但同樣屬實的是即便某國的研發支出低於平均，這也不見得會成為一個問題，前提是該國所專長的產業並非那些有賴研發進行創新的產業（Pierrakis 2010）。比方說英國的專長是金融服務業、營建業與文創產業（如音樂），而這些領域都相對較不需要基礎研發。甚至以服務業為主，有很多的產業研發需求是零。但這些產業又往往雇用大量的知識型勞工創造、吸收與分析資訊。在其他條件相同的狀況下，若這些產業占GDP的比重能降低一點，那經濟體要達到研發費用占GDP比不到百分之三的目標（歐盟的《里斯本議程》跟現行的「歐洲二〇二〇」都有這種要求）就會比較容易。問題是符合這個研發支出上限，該經濟體的成長表現就能比較優越嗎？這要看前述的重點產業能對經濟體做出何種程度的貢獻，要看這些「低科技」的產業能否提供重要的服務去強化其他產業的價值創造能力，又能否透過其服務強化家戶作為消費者的福祉？還是他們會像金融服務那樣只專注在從經濟體中萃取價值，也不管萃取價值的過程會掏空其他產業的創新條件（Mazzucato and Lazonick 2010; Mazzucato and Shipman 2014）。

這些過度簡化的支出目標所遭遇到的一個問題，是它們會讓人忘記在不同產業裡、甚至在相同產業的不同企業裡，研發支出都存在很大的差異。這些支出上限目標還會掩蓋住同樣是創造卓越的經濟表現所需，政府與企業所做研發投資在互補水準上存在顯著的差異。

上述的國家創新系統觀點，強調了中介組織在系統研發所創造新知的擴散上，扮演何種要角。研發型創新政策一個更大的問題在於其欠缺一點理解，那就是互補性資產[8]必須存在於企業的層級上，才能讓科技創新得以順利進入市場，而這些資產就包括基礎建設或行銷能力。

關於由創新帶動的經濟成長，外界存在眾多迷思。這些迷思常是基於從研發、中小企業，到創投業者與專利權等創新重要推手的錯誤推定。以下我們會對針對這些迷思進行簡要

圖一：經合組織成員國之國內研發經費毛額（GERD）占其 GDP 比重，
1981～2010 年資料

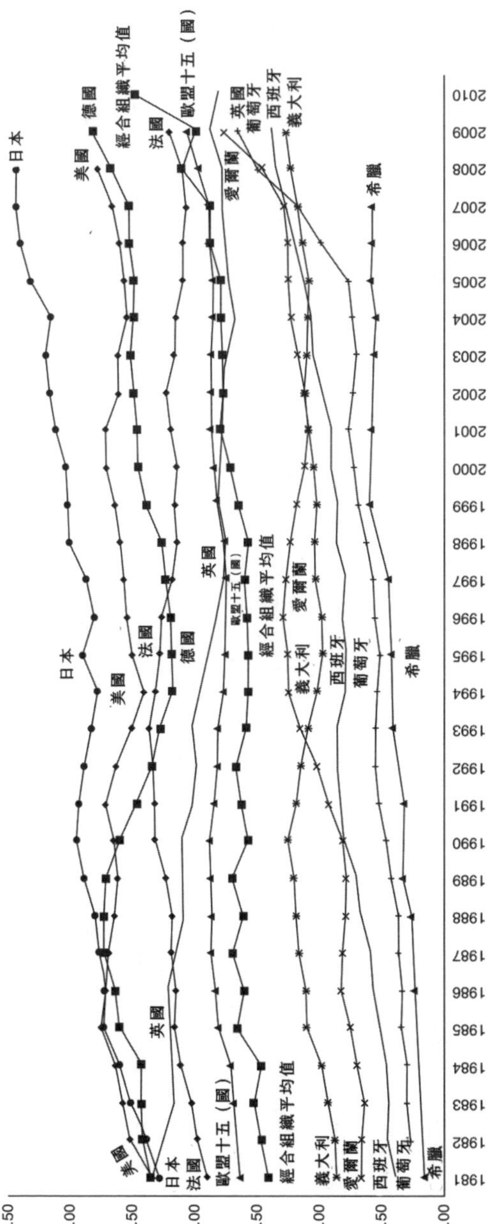

資料來源：OECD (2011)

的探討，我稱呼它們「迷思」，但其實更貼切的說法或許是造成無效創新政策的錯誤假設。

迷思一：創新必然來自於研發

來自各陣營關於創新經濟學的文獻，往往假設在研發與創新間存在直接的因果關聯，而創新與經濟成長間又存在著直接的因果關聯。雖然上述的創新體系與演化經濟學的文獻都堅決反對線性的研發模式（Nelson and Winter 1977; Kline and Rosenberg 1986; Freeman 1996），但多數創新政策仍鎖定企業、產業與國家層級的研發支出。惟極少研究能證明大小企業的創新能真正增加其成長的表現——換句話說，創新與成長的宏觀模型（不論是「新成長」理論模型還是「熊彼得派」的模型）都看不出具備強勁的實證「微觀基礎」（Geroski and Mazzucato 2002a）。某些公司層級的研究發現研發對成長有正面的影響（Geroski, Machin and Toker 1992, 1996; Yasuda 2005），但也有其他的研究顯示這種影響並不顯著（Almus and Nerlinger 1999; Bottazzi et al. 2001; Lööf and Heshmati 2006）。甚至某些研究還發現這當中的影響屬於負向，但這一點並不值得驚訝：若一家公司不具備必要的互補性資產，那研發支出就只會是一筆單純的成本而已（Brouwer, Kleinknecht and Reijnen 1993; Freel and Robson 2004）。

由此一項很基本的工作，就變成了我們必須要確認有哪些企業專屬的條件必須存在，才能讓研發支出對成長產生正面的影響。這些條件無疑會隨產業變動。如裴琳・丹米瑞（Pelin Demirel）與瑪里亞娜・馬祖卡托（Demirel and Mazzucato; 2012）就發現在藥業裡頭，只有那些連五年拿到專利（穩定專利者）與對外結盟者能通過研發支出達成大小不等的成長。藥業中的創新政策因此不能光是悶著頭投入研發，而是還必須要考量到不同公司的不同特質。艾力克斯・考德（Alex Coad）與瑞卡・勞－尼可森（Rekha Rao-Nicholson）（Coad and Rao; 2008）發現只有成長最速的企業可以從研發支出中受益（這指的是英國國家科學技術藝術基金會〔National Endowment for Science, Technology and the Arts，ＮＥＳＴＡ〕在其二〇〇九年報告中所指認出的前百分之六企業，即所謂「關鍵百分之六」〔The Vital 6%〕）。

馬祖卡托與史都華・派瑞斯（Stuart Parris）（Mazzucato and Parris; 2011）發現研發支出與快速成長企業之間的關係，只成立於產業生命週期中的特定期間，也就是競爭格外激烈的階段。

迷思二：小就是美

知道了創新對於成長的影響會因為企業類型的不同而有異，我們就應該重新思考對於常見所謂「小公司」（對成長、創新與就業）都很重要的想法，因為這些想法造成我們用很多不同的中小企業政策意欲提振創新與創造成長。艾倫・休斯（Alan Hughes; 2008）的研究顯示，在英國的中小企業直接間接收到近九十億英鎊的政府支持，比警察部門得到的資源還多。這筆錢有花在刀口上嗎？中小企業的光環主要來自我們把規模與成長混為一談。關於這一點，現在最有力的證據所能凸顯的不是中小企業在經濟體中的角色，而更是年輕高成長企業的重要性。比方說英國國家科學技術藝術基金會的研究，就顯示出對英國的經濟成長而言最重要的企業，是為數不多的一小群快速成長的企業，而這一小群企業在二〇〇二到二〇〇八年間扮演了英國就業增加的主力（NESTA 2011）。雖說許多高成長的企業確實是中小企業，但也有不少中小企業不屬於高成長的企業[9]。促成創新與就業的爆炸性快速成長，往往源自於已經存在並成長了許多年，而已經達到起飛階段的業者。這會是一個問題，是因為不少政府都用政策提供中小企業在稅務等各方面的優惠，他們以為這樣就能促進經濟創新與生產力。

雖然關於中小企業能創造就業機會的說法很多，而且主政者也愈來愈重視這一塊，但這基本上是沒有根據的迷思。隨然就定義上而言，中小企業確實能創造就業，但中小企業容易倒閉，而它們一倒閉就會反過來造成就業機會大量折損。約翰・賀提萬格（John Haltiwanger）、隆恩・賈敏（Ron Jarmin）與哈維爾・米蘭達（Javier Miranda）（Haltiwanger, Jarmin and Miranda; 2010）的研究發現在企業規模與經濟成長之間，確實看不出存在有系統性的關聯。更多的效應是源自於企業的年齡：年輕的公司（如新創）多能對就業的淨額與毛額做出更大的貢獻。

生產力應該是我們關注的焦點，而中小企業往往在生產力上遜大企業一籌。確實在近期的證據顯示某些注重中小企業的經濟體，譬如印度，在生產力的表現相對較差。如謝昌泰與（Chang-Tai Hsieh）與彼得．克里諾（Peter Klenow）（Hsieh and Klenow; 2009）的研究就顯示以「總要素生產力」（total factor productivity，TFP）而言，印度與美國之間存在四到六成的差距，而其原因就是印度將產出錯置到過多生產力偏低的中小企業上。由於多數的小型新創公司都以失敗作收，或至少無法成長到所有權人／經營者不只一人的階段，因此以補助、軟性貸款（低利政策）或減稅等形式來扶助中小企業，經常會導致資源高度浪費。雖然這種浪費在創新過程中是一種必需的賭注（Janeway 2012），但起碼我們該要用對「高成長」創新公司的真實認識來盡可能導引這類賭注，而不應該概括接受中小企業一概很有價值的「民間傳說」——因為這種「傳說」想當然耳不具實際上多大的意義。

尼可拉斯．布隆（Nicholas Bloom）與約翰．凡．瑞南（John Van Reenen）的研究（Bloom and Van Reenen; 2006）認為在中小企業的生產力遜於大企業，其原因在於前者的管理較差，而且容易受到家族與裙帶關係的干擾。再者，中小企業給的平均待遇較低，勞動力中較少技術性的員工，教育訓練做得較不完備，額外福利較差，而且經營不善而倒閉的機率也比較高。布隆與凡・瑞南認為英國有眾多的家族企業，且其管理表現明顯遜於美德等國家（2006）。這一點的原因固然很多，但肯定脫不了干係的一點是英國的扭曲稅制給予了家族企業在遺產稅上的優惠。

有人因此解讀認為以重要性而言，企業的成長性勝過其規模，而政府該做的就是透過扶持創新的政策來提供成長的條件。對此布隆與凡・瑞南（2006）認為與其提供減稅等優惠，真正該用以支持中小企業的做法是「確保公平的經營環境，並以此為目標去排除企業不分大小會遇到的進入門檻與成長障礙，落實市場競爭政策，並強力抗拒大企業與其代理人所進行的遊說」。但如我們會在第三章與第五章所講到的，通常最能創新的公司，也恰好就是那些受益各類公共直接投資最深的企業，由此規模與成長之間的關聯性也變得更加千頭萬緒。

在政策影響上，與其直接施捨金錢給中小企業，然後希望它們能夠有所成長，比較好的做法是提供合約給已經展現出雄心壯志的年輕企業。與其丟錢給企業，然後希望他們能創新出什麼，還不如直接把需要創新的科技交給他們處理。整體而論在一個這麼強調減赤的時代裡，只考慮其規模就直接把補助與優惠提供給企業，也不從證據上去思考這麼做會產生的影響，實在是說不過去（Schmidt 2012）。

迷思三：創投熱愛風險

被主政者誇大的除了中小企業與研發的重要性，還有另外一樣東西，那就是創投業者在創造成長性上的潛能。特別是在與知識相關，資本密集性與科技複雜性都偏高的產業裡，創投的角色更是會被放大。

創投是一種針對有高成長潛力的企業進行早期投資的私人股權基金，這包括創投往往會以「種子資金」（seed funding）或後期成長資金的形式進行投資，以便在新公司成功上市或被收購後獲取高報酬。創投填補了新創公司的資金空缺，因為新創業者往往難以從傳統金融機構如銀行手中取得融資。這類公司因此必須仰賴（含親朋好友在內的）「天使投資人」、創投或私募基金來做為資金來源。這些另類的資金來源，尤其對想進軍現有產業的知識型企業或對想建立新產業的新公司，有很高的重要性。

風險資本在企業成長的種子階段可謂相當稀缺，原因是早期投資的風險甚高，畢竟在這個階段裡，新技術的發展潛能與商機都還高度不確定（見表二）。但到後期的風險就會大幅降低。

圖二顯示一般認為創投最常介入的時間點，是「發明－創新」的階段（也就是表二中的第二與第三階段）。現實中的狀況發展，並不會如此處圖表中所顯示的如此線性，而是會不斷地繞著迴圈反覆。不少新創公司會在科學新知或工程技術突破與成功商業應用之間的過

表二：不同投資切入點所對應的虧損風險（%）

投資切入點	虧損風險
種子階段	66.2%
新創階段	53.0%
第二階段	33.7%
第三階段	20.1%
橋接或上市前階段	20.9%

資料來源：Pierrakis（2010）

圖二：創投投資的各個階段

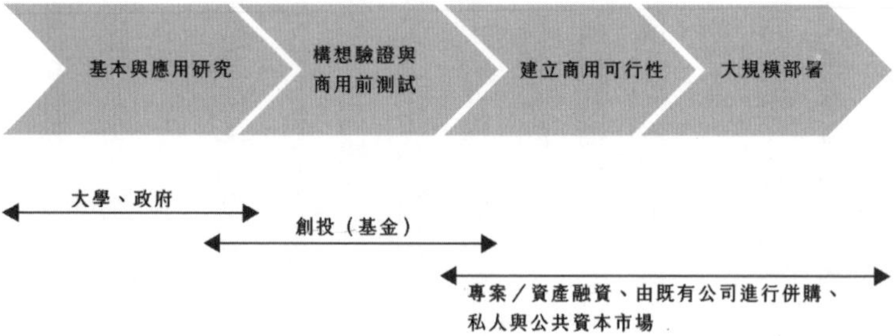

資料來源：Ghosh and Nanda (2010, 6)

渡期陣亡。所以圖二中第二階段通往第三階段的過程，經常被稱呼為「死亡之谷」。

圖二中沒有顯示的，是一次又一次、甘願冒最大風險的都是公共創投資本，而非私人。以在美國，美國商務部的SBIR與「先進技術計畫」（Advanced Technology Program，ATP）等政府計畫提供了早期科技公司所獲融資總額的百分之二十到二十五

（Auerswald and Branscomb 2003, 232）。所以說政府不僅在圖二所示的早期研究中扮演要角，更在商用可行性的建立階段不可或缺。菲利浦．艾德格．奧爾斯華德（Philip Edgar Auerswald）與路易斯．布蘭斯康（Lewis Branscomb）（Auerswald and Branscomb; 2003）宣稱政府投資早期科技業者的金額等同於天使投資人的投資總額，也相當於私人創投投資金額的二到八倍。

創投基金傾向投資成長性較高、技術複雜性較低，資本密集度也較低的潛力股，主要是資本密集度一高，就代表創投的成本會顯著變高。由於在成長的高風險階段有非常高的失敗機率，因此創投基金的投資組合裡往往有各種不同的標的都是只有在尾巴部分才會有極高的報酬率——那是一種非常扭曲的報酬率分布。

雖然多數創投基金的結構都有十年的生命週期，但實務上他們往往會盡可能提早獲利了結出場，而他們賺的主要是管理費與高報酬的紅利。盡早獲利了結可以讓他們的成績單好看，進而有助於他們後續資金募集。這麼一來，你就會發現創投基金偏好投資商用可行性可以在三到五年間建立完成的案子（Ghosh and Nanda 2010）。雖然這樣的案子偶爾確實會出現（如谷歌），但更多時候你是找不到這種案子的。像今日的生物科技或綠色科技的案例中，因為其基礎知識仍在初期的探索階段，所以創投這種對短線的偏好會有礙於科學探索的進程，畢竟科學研究需要較長的時間框架，也需要較大的容錯空間。創投在美國能夠成功，多半是因為具備了幾項特質，這包括不離不棄的金主或財源、另外就是要有專業的管理技術與具有可行性的組織架構（Lazonick 2012）。

所以我們面對的問題除了在至為關鍵的初期種子階段欠缺創投資金的投資以外，還有一點是創投真的進來了，他們與科研團隊也無法同心同德，主要是他們各自盤算不一樣的目標。以在生技產業裡而言，愈來愈多的研究者對創投模式的科研計畫多有批評，他們認為投資人的投機心態會衝擊到創新的根本（Coriat, Orsi and Weinstein 2003; Lazonick and Tulum 2011; Mirowski 2011）。有個問題很大的狀況是多由創投支持的生技公司最終什麼都沒有做出來，但卻為他們背後的創投業者賺進了數以百萬計的獲利，只因為這些公司在資本市場中的賣相不差。為此我們不得不去質疑創投在支持科學發展上的角色扮演，還有創投對於經濟成長會產生的效應。對於專利跟創投資本的強調，並不能讓我們對長期性的風險創新有正確的理解。事實上，蓋瑞・皮薩諾（Gary Pisano; 2006）認為股票市場從來就不是設計來處理研發事業會衍生出的治理挑戰。菲力普・米羅斯基（Philip Mirowski; 2011, 208）對**由創投所支持的生技公司模式**有以下的形容：

> ……成功商用化的科學研究，但看不到任何對應的產品線；高度倚賴早期階段的創投資金投入與後期的ＩＰＯ；源自或頂替了學術研究，並以合併或收購作為最常見

的尾局；其設計基本上就是要促成將研發工作從強烈想擺脫自有研發能力的大企業中外包出去。

這種模式的問題一直是「科學商用化的進程」似乎完全沒有生產力，也沒有創造出任何產品，最終有害於長期的科學發現與成果。

相對於此的另外一種想法是由威廉・甄韋（William Janeway, 2012）提出。他認為股市中的投機行為是創新所必須。但他口中所謂資本主義中的半天然元素，其實本體是斧鑿斑斑之政治運作與遊說結果（Lazonick 2009）。那斯達克（NASDAQ）的出現，提供了新創科技公司一個可以取得資金，又可以隨時出場的投機市場。少了在一九七一年成立的那斯達克，創投就無以在一九七〇年代崛起成為一個定義明確的產業。創投與那斯達克同步出現，是政策場域遭到「脅持」的結果。另外一個甄韋沒有強調的元素是創投獲得「獎賞」的程度，相對於其所冒的風險可以說是大到不成比例。甄韋自己的創投公司「美國華平投資集團」（Warburg Pincus）在一場他承認是跟在政府屁股後面「割稻尾」的遊戲裡，賺進了數以百萬計的美金。雖然他說投機是一個必要的階段，但他並沒有正面回答一個問題，那就是創投賺取這麼高的報酬究竟合不合理，也沒有回答創投是不是在搬石頭砸自己的腳，因為創投大力遊說（透過降稅）來讓政府的荷包變瘦，而政府沒錢，自然就沒辦法資助創新來讓創投繼續搭便車。

迷思四：我們活在知識經濟裡——不信你看那麼多的專利！

就像有人有「創新靠研發」的迷思，很多人也誤會專利在創新與經濟成長中的角色。比方說，當主政者看到製藥產業中有那麼多專利，他們想當然耳認為那是一個非常創新的產業。但這種專利數據的成長，反映的並不是創新的成長，而是專利法規的改變以及專利成為商戰戰略一環的結果。在IT產業中，專利的存在已經不再是為了發展與保護自行研發之技術，而已經變成了在公開系統中交叉授權，藉此自他處購入技術與相關專利的手段（Chesbrough 2003; Grindley and Teece 1997）。這導致IBM等大企業的研發預算下降，但專利數反而上升的現象（Lazonick 2009, 88-9）。不去認清這樣的發展態勢，我們就很容易會被專利表現的數量給誤導。

專利數量的等比級數成長，以及這些專利與實質「創新」（新產品與新流程）漸行漸遠，是因為各種不同因素所發生。首先，可以申請專利的創新種類範圍擴大了，現在的專利申請已經可以涵蓋公家出資的研究、上游的研究工具（而非產品或製程等研究成果），乃至於現有研究目標（如基因）的「發現」（而非發明）。一九八〇年的《拜杜法案》（*Bayh–Dole Act*）放行公家出資的研究去申請專利，而沒有規定這些拿公家錢做出來的技術要留在公共領域。結果便是鼓勵了生技產業的崛起，因為多數新創的生技公司都是大學實驗室的分拆公司，而大學實驗室的錢基本上都來自於政府資助。再者，創投經常靠專利來判斷要投資哪一家公司，這一點意味著專利對於企業意欲籌資時的戰略價值較以往更高。凡此種種因素，都造成專利數量的成長，但其中多數專利都是濫竽充數，價值低落（不少專利都鮮少被其他專利所引用），而且從這些專利所衍生出的新藥等創新（見第三章圖五）也寥寥可數。我們必須從引用數等細節去鑑別出專利中的真貨，否則亂槍打鳥只會造成浪費金錢的風險非常之高（關於這點，後面我們會提到專利盒的問題）。

研究者主張近期在專利上的不少趨勢，像是以「研究工具」為標的的上游專利數量增加，已經造成創新比率不升反降，主要是這類上游專利阻礙科學界開誠布公、共同向前探索的能力（Mazzoleni and Nelson 1998）。這種效應尤其不利於開發中國家的科學家想要複製已開發國家之實驗的努力。無法在現有的科學基礎上出發，將有損於開發中國家「追趕」已開發國家的能力（Forero-Pineda 2006）。

雖說大部分專利的含金量不高，且專利在創新過程中的角色扮演尚無定論，但各國政府仍持續在政策面上假定專利與高科技研發間存在密切的關係，且必須要由政府提供誘因，好讓專利可以持續帶動創新與經濟成長。二〇一〇年十月，英國財政大臣喬治·奧斯朋（George Osborne）宣布要於二〇一三年實施所謂的「專利盒」（patent box）政策，由此企業所得只要能回溯到某種專利，就可以適用百分之十的低稅率。這種政策思維自然是出於現下政府普遍認為投資與創新可以輕易地透過稅率去操縱。性質近似的政策也於近期在荷蘭問世。

英國智庫財政研究所（The Institute for Fiscal Studies，IFS）就明言反對這種政策，他們主張這種政策唯一的效果就是（大幅）減少政府稅收，而不會對創新產生任何刺激作用（Griffith and Miller 2010; Miller 2013）。他們認為在稅制上給予研發的優惠，便足以反制關乎研發的市場失靈現象，並認為專利盒政策無法準確地對應到研究上，理由是專利盒政策鎖定的是源自專利技術的企業所得，而不是研究或創新本身。再者，他們堅信專利盒政策會增加稅制的複雜性，並需要耗費大量的執法成本來確保所得暨成本跟專利之間的正確對應關係，免得有不肖企業會濫用這樣的獎勵機制（Miller 2013）。此外，想創造出可申請專利的技術，是一件充滿不確定性而且曠日廢時的事情，由此專利盒政策的吸引力將遭到抵銷。近期，歐盟執委會中負責擬定成員國行為準則的部門就發布了一項代表官方立場的意見，內容是說英國的專利盒政策有違反歐盟關乎企業稅行為準則之虞，主要是該行為準則的宗旨在於預防有害的稅務競爭（Miller 2013）。在國際合作益發普遍的此時，無人能保證可獲得獎勵的額外研究會發生在推出專利盒政策的特定國家中——要知道除了英國，推出類似專利盒政策的國家還有十個（Miller 2013）。整體而言，大同小異的智財權盒子機制在設立與監控成本高昂之餘，也無法保證為所在地的國家帶來確切的好處（Evers et al. 2013）。最終，專利盒政策只能造成幾種惡果：所得朝申請得起專利的大企業重新分配、莫須有的新科技專利被大量申請，甚至是專利戰爭的爆發。而這幾種後果都不是創新的朋友，而是創新的殺手。

迷思五：歐洲的問題全出在「商用化」上

常有人認為歐洲在創新上最主要的劣勢，相對於美國，是在於前者欠缺將創新技術「商用化」的能力（見圖二），而這又是因為知識的「傳輸」存在問題。事實上，歐盟的問題無關乎研究所知的流通遲滯，而在於歐盟企業的知識存量較低。至於歐洲知識儲量低，則是因為其公私部門在研發上的支出太低。相對於在美國，研發費用占GDP比重是百分之二點六，而這個比例在英國僅有百分之一點三。至於在義大利、希臘與葡萄牙等在歐債危機中受創最深的國家中，研發費用占GDP比重還不到百分之零點五（Mazzucato 2012b）。

就算美國真的比較善於創新，那也不是因為其大學與產業間的聯繫比較健全（事實上也並非如此），更不是因為美國大學分拆出較多新創公司（這點同樣並非事實）。美國在創新上比較領先，只是反映了美國有較多研究機構在從事較大量的研究，而這一點有助於提升整體勞動力的技術水準（Salter et al. 2000）。再者，美國的研究經費是雙管齊下，一邊給大學裡的理論研究，一邊給企業裡處初期階段的技術發展。歐洲的大學得蠟燭兩頭燒，所冒的風險就是做出不適用市場的技術。

我要說的是：歐洲大學的研究品質並無問題，產學之間的合作也沒有問題，事實上產學合作在英國還比在美國來得頻繁。同樣沒有問題的還包括由大學來育成新創企業的模式，且這一點也是在歐洲比在美國常見（惟這些新創業者本身的品質是存在蠻大的疑慮，Salter et al. 2000; Nightingale 2012）。若歐洲企業果真欠缺創新能力，那其技術轉移政策就會像是緣木求魚，沒有多大意義。

整體而言在關於創新經濟的研究文獻裡，我們經常會看到有人討論「歐洲的矛盾」（European Paradox）——這種臆測的內涵是歐盟國家其實是全球在頂級科研產出上的領導者，他們落於人後的是將研究優勢轉化為創新商機的能力。喬凡尼・道希（Giovanni Dosi）、派翠克・李雷納（Patrick Llerena）與毛洛・希洛斯－拉比尼（Mauro Sylos-Labini）（Dosi, Llerena and Labini; 2006）認同以上觀點，並提出證據表示歐洲的弱點並不如眾口鑠金所言的是科學園區的欠缺或產學互動不足，而在於科研系統體質偏弱跟企業的創新能力不足。政策面上，歐洲比較不強調「網路化」，而比較強調用政策措施強化「前沿」研究。或者換句話說，歐洲比較不強調大學與企業間的分工，不強調由大學專心做高階的研究，而由企業進行技術的發展。

另外一個比較常被提及的觀點，是歐洲欠缺足夠的投機性股票市場來誘發創投投資（Janeway 2012）。雖說歐洲的創投產業確實有不足之處（Bottazzi and Da Rin 2002），也確實歐洲少了個可與那斯達克相提並論的投資平台，但這種觀點仍忽視了美國那過度投機的投資模式，是如何因為想用庫藏股等財務花招炒短線，而反而扯創新的後腿。這裡的問題出在圍繞著創投／股市的角色與創新來自何處的分析，有一種意識型態，而這種意識型態阻礙了投機與投資透過時間來達成兩者間永續性的「健康平衡」。

迷思六：企業投資需要少一點稅，少一點官僚

創新當中確實存在**研究**這項元素，但理論研究與商用開發間並不存在線性的關係，就像創新與經濟成長間也不存在絕對的因果關聯。科學前沿的向前推進很重要，經濟體要發展出節點與網路來促成知識在組織跟個人之間輸送也很重要，但這並不理所當然地等於我們該對個別企業補貼研發活動，然後認為那是納稅人的血汗錢最好的花法。雖然從事研發得付出成本是一則常識（見迷思一），但關於研發稅務減免之有效性的質化研究，不分企業大小，都不太能體現出減稅對做成研發決策時的正面影響力。換句話說，企業不會因為可以減稅而投入研發，而只會在啟動研發後領到一筆錦上添花的現金[10]。在現行的研發租稅低點制度下，很多國家都有一個潛在的問題是減稅的好處沒有對應到創新的義務。企業享受減稅，卻不用承諾透過減稅來實踐額外的創新。事實上，企業只需循例行的產品研發計畫，照表操課即可。所以假以時日，隨著「創業型國家」的建立，更有效率的做法應該是要取消研發

減稅，直接把預算用來委託企業把需要的新技術做出來。近期荷蘭政府的作法是推出一種不對應研發衍生所得（這東西很容易變成一場迷糊仗），而直接訴諸並觸及研發人員——結果顯示這確實能更有效地創造出舊制度生不出來的「額外性」（additionality）（Lockshin and Mohnen 2012）。

更為整體地去看，凱因斯曾強調企業投資（特別是創新方面的投資）是「動物本能」的函數，而動物本能代表的是投資人對未來成長展望的直覺。而會影響這股投資衝動的東西與其說是繳稅的多寡，還不如說是一國科學基礎的強弱、一國信用創造基礎穩不穩固，還有就是教育品質與人力素質的良窳。一九八〇年代的減稅並未創造出更多的創新投資，而只是影響了所得的配置，擴大了貧富差距。出於同樣的緣由，幾乎等同於稅務優惠天堂與監理弱化特區的「企業特別區」（enterprise zone），也完全不是創新集散地。我們還不如把錢省下來投資在管理得當的科學園區，想看到創新在那裡還有比較高的機率（Massey, Quintas and Wield 1992）。

在擬定創新政策之際，抗拒想訴諸各類減稅的衝動是一門很要緊的功課——包括上述的專利盒與研發稅務扣抵——除非確實有證據證明這些減稅手法可以促成原本不會出現的創新產生。主政者一定要慎防有企業抱怨「稅太重、政府管太多」，因為企業進行全球布局的目的地，不都是那些政府出錢出力去創造出環境，讓企業對景氣前景有信心，願意展現出動物本能的地方嗎？

在這一章裡，我們談到很多現行成長政策下的推定都不應該被視為理所當然。我們理應質疑這些推定。過去十年左右，執政者在找尋經濟成長分身的時候，看的都是他們可以量化、可以測量的東西，比方說研發支出、專利數目、創投投資金額與被認定與經濟成長息息相關的中小企業數，而在本章打破許多這些迷思之後，我現在要帶大家一起來思索一個最大的盲點：政府在創業、創新與成長等目標上，真的沒有角色可以扮演？沒有空間可以發揮嗎？

註釋

1 作者註，投資對於稅務的低敏感度，說明了何以一九八〇年代風格的「供應端」經濟學無法對投資乃至於GDP產生太大的效果，但對所得的分配卻影響深遠（即「涓滴效應」〔trickle-down effect〕的付之闕如）。

2 作者註，這指的是凱因斯幾近於在「反串」的說法：「若（美國）財政部拿塞著美鈔的舊瓶子，以適當的深度埋進廢煤坑，然後用在地市鎮的垃圾垃圾將表面填平，最後屢試不爽地放任經濟法則便會領著私人企業把美鈔重新挖出來（當然挖美鈔的權利，會由成功競標到那塊土地的廠商取得），由此再也沒有人需要失業，而且靠著這種發展的後續效應，社區的實質所得與資本財富，都多半可以變得比實際狀況好上很多」（1936, 129）。凱因斯的意思是在產能利用不足的時代，即便是這種橫看豎看都一點鳥用都沒有的行動，也可以讓經濟引擎轉動起來。不過本書的宗旨在於凸顯國家即便在像一九九〇年代這樣景氣熱絡的期間，也一方面透過公共支出而提供了重要的指向性給經濟發展，一方面率先投資在明明有用但私部門不敢越雷池一步的領域，增加了私部門的「動物本能」，讓他們敢於衝鋒陷陣。

3 作者註，確實，憑藉對此動態中的財務具備正確理解，而將凱因斯分析應用在經濟危機的理論上，是由海曼·明斯基（Hyman Minsky）發展出來的做法。明斯基（1992）關注的是資本主義裡在金融層面上的脆弱性，由此他強調的是金融市場如何引發經濟危機。金融泡沫遵循的是信用擴張的循環，而誇大的經濟成長預期則會迎來銀根緊縮，進而造成泡沫被戳破，以及資產價格的崩落。如同凱因斯，明斯基也相信國家在預防此惡性循環與穩定經濟成長的工作上，有重要的角色需要扮演。

4 在經濟學裡，奈特氏不確定性（Knightian uncertainty）悉指無法衡量期望值、無法計算發生機率，也無法預知的風險。由經濟學家法蘭克·奈特提出。

5 作者註，對於異端經濟學跟多重平衡（multiple equilibria）的強調，有賴於此理論分支去減少依賴「代表性代理人」（一般企業）之相關假設，也減少對唯一平衡的依賴，而這兩種東西都被新古典經濟學派捧在手心。與其使用源自於牛頓物理學的遞增微積分，源自生物學的數學概念（如平均均值偏差複製動態〔distance-from-mean replicator dynamics〕）更能在此處派上用場，因為後者可以直白地納入異質性〔heterogeneity〕與路徑依賴〔path dependence〕跟多重平衡的可能性來考量。詳見M. Mazzucato, Firm Size, Innovation and Market Structure: The Evolution of Market Concentration and Instability (Northampton, MA: Edward Elgar, 2000).

6 作者註，查默斯·強森（1982）是首先將「發展型國家」加以概念化的其中一名作者，當時他以日本為例，分析了由國家帶領的工業化發展。強森主張相對於（理論上）撒手不管而只以監理機制進行導引的美國式作法，日本的「發展型國家」政策則會對自身經濟進行直接干預，包括由相對獨立的國家官僚推動強勢的經濟計畫，並同時設法促成企業與政府間的緊密關係。在這樣的體制下，源自政府的支持、保護與規範將帶動民間菁英願意從事風險性的創業活動。進一步關於「發展型國家」概念的詳述所在多有，其中包括勞勃・魏德（Robert Wade, 1990）、張夏准（1993）、彼得・埃文斯（1995）、梅瑞迪絲・吳－康明斯（Meredith Woo-Cumings）（1999），以及張夏准與埃文斯（2000）。近期相對於強森（1982）的初始看法，弗列德・布拉克（2008）提出的見解認為美國其實是一種大多時候屬於「隱性」的發展型國家，而呼應布拉克看法的還有萊恩哈特（2007）與張夏准（2008）。

7 一九八九年，陷入債務危機的拉美各國亟需推動經濟改革，美國國際經濟研究所於是邀集國際貨幣基金、世界銀行、美洲開發銀行和美國財政部暨拉美國家代表在華盛頓商討對策，期間由經濟學者約翰・威廉姆森（John Williamson）起草的《華盛頓共識》以有系統的方式，提出了各種方針供拉美經濟參考，具體的手段包含以緊縮政策遏止通貨膨脹、削減公共福利開支、推動金融和貿易自由化、統一匯率、國營企業民營化、取消政府對企業的管制等。而此共識也獲得了世界銀行的支持。

8 Complemtary assets。有學者認為好的組織環境能夠吸引人才、留住人才，讓員工工作起來更加愉快、更能發揮出潛能，從而間接為企業創造價值，因此也算得上是一種資本——表現在組織、環境與人力資本配置優化上的無形資本。近年西方對高科技產業發展的研究，也顯示出決定一個國家、地區乃至企業科技發展成績的最主要的因素，並不是物質資源的質與量，而是與人力資本潛力發揮相關的經濟組織結構和文化傳統等社會因素。簡言之，影響人力資本價值的組織環境因素便是互補性資本，它能對物理性資本與人力資本產生支撐作用。

9 作者註，遑論規模偏小造成的統計學效應：一人的微型企業只要多雇用一人，員工人數的成長就是百分之百，而一間十萬人的大型企業就算雇用一千個人，員工人數的成長也只是百分之一。但究竟是哪一邊在宏觀的角度上更能有助於減少失業，豈非一目了然。

10 作者註，見英國稅務海關總署（HMRC）之An Evaluation of R&D Tax Credits (2010)，當中就有這樣的案例。

第三章

承擔風險的國家：從「去風險化」到「放馬過來吧！」

Risk-Taking State: From 'De-risking' to 'Bring It On!'

在近期出訪美國的時候，法國總統密特朗（François Mitterrand）繞道參觀了加州的矽谷，他希望能在那兒多了解一下是什麼樣的創新能力與創業衝勁，催生出了矽谷一帶有如點點繁星的新創體系。午餐時間，密特朗聽取了創投基金合夥人，湯瑪斯．柏金斯（Thomas Perkins）的發言。話說湯瑪斯．柏金斯所屬的創投，正是基因泰克公司（Genentech Inc.）之創始者。當著密特朗，湯瑪斯對投資人冒險投資創業者的勇氣大加讚揚。但話說到一半，以基因工程研究獲頒諾貝爾化學獎的史丹福大學教授保羅．伯格打斷了他。伯格問的是：「一九五〇與六〇年代，我們需要錢做基礎科研的時候，你們人都在哪兒？現在推動（這個產業）的科學發現，幾乎都是當年做出來的。」

——奈爾．韓德森與麥可．史拉吉

（Nell Henderson and Michael Schrage）

《華盛頓郵報》（1984）

關於哪些研究分別適合由公部門或私部門來做的辯論，最後往往會帶著大家去討論起研究工作的兩大特質。首先，是研究需要長遠眼光（尤其是說到「基礎」研究）；再來，是不少研究的投資都具有的公益性質（所以企業不容易從中獲利）。這兩項特質，正是研究應由公部門出資的理論基礎，也造就了研究領域存在市場失靈現象的經典主張（Bush 1945）。

比較不為人所知的一項事實，是出資的公部門最後往往不只是修正市場失靈，而是會多做很多事情。因為比較願意去參與「奈特式不確定性」的世界，而且也比較願意在科技發展初期就投資，所以公部門其實有能力創造出新產品與相關市場，像網際網路與奈米科技都還不是慣用語的時候，政府就已經參與且夢想這些可能性了。透過對新場域的設想與對新「任務」的設定（Foray et al. 2012），政府本身就在率領成長的過程發生，而非僅僅在當中提供誘因或穩定性。而回到東尼．賈德對於論述之戰——或說是帶風向比賽——的觀點，政府這種英勇的行為其實不太能透過「去風險」（de-risking）一詞獲得忠實的反映。國家的角色其實更像是藉勇氣與遠見去挑起風險、承擔風險——而不光是在替後來可以割稻尾的人分攤風險。如我在第一章尾討論過的，那是一幅政府在創新的動態分工中跳進顛簸的風險地域來進行投資的畫面。而為了避開第二章所介紹的那些迷思，我們有必要更清楚地把這裡所談論的風險類型標示出來，而這也就是這一章要做的事情。

風險的類型

創業就跟經濟成長一樣，也是經濟學當中一項很神祕的事情。創業，究竟是個什麼玩意？按照奧地利經濟學家熊彼得的說法，創業者是一個人或一群人，而他們有意願跟能力去把新點子或新發明轉為成功的創新。創業不光是外界普遍認知的開公司，而是要用該公司去生產新產品、新流程，或是為已經存在的產品或流程開發出新的市場。創業，依照熊彼得的書寫，是要用名為「創造性破壞」（creative destruction）的旋風全數或部分取代市場與產業中次等的創新，並在同一時間創造出新產品暨新的商業模式，並藉此摧毀固有業者的領先地位（Schumpeter 1949）。這麼一來，我們可以說創造性破壞就是挹注產業動能與促進長期經濟成長的大功臣。每項重大的嶄新科技，都會通往創造性破壞：蒸汽機、鐵路、電氣、電器、車輛、電腦、網路。這每一樣發明都以同等的力道一邊破壞一邊創造，也最終都促成了整體社會財富的增加。

對法蘭克．H．奈特（Frank H. Knight; 1921）與彼得．杜拉克（Peter Drucker; 1970）而言，創業就是冒險。創業者所從事的行為，就是賭上職涯發展與財務安全，也要冒險成就一個創見，也要為了一個成敗尚在未定之天的計畫投入精力與金錢。事實上，創業一如科技的變遷不光充滿風險，還內建高度的不確定性。奈特（2002, 233）針對風險與不確定性作了以下的思辨：

風險與不確定性在實務上的區別，在於在一群案例中，風險的結果分配是已知的……但這一點在不確定上卻非如此，理由是整體而言，我們根本沒有辦法（為不確定性）組成一群案例，因為不確定性所對應的情境具有非常高度的獨特性。

凱因斯（1937, 213-14）也強調了這兩者的區別：

提到「不確定的」知識，容我說明一下，我並非想區別已經確知的事情與僅僅是有可能的事情。比方說輪盤遊戲就沒有不確定性的問題……我指的不確定，比如像歐洲的一場戰爭前景具有不確定性，或是二十年後的銅價與利率具有不確定性，或是一項新發明是否會以及何時會過時作廢的不確定性……關於這些事情，世上都不存在科學基礎供我們在其上建構任何可計算的機率分布。我們就是不知道結果會如何，如此而已！

科技的變遷，可以非常清楚地說明什麼是情境具有獨特性。造就科技變遷的研發投資不僅要經年累月才能化身為具體的產品，而是就算產品做出來了，多數也都會以失敗收場。以在藥業中而言，源自研發計畫的創新會需要平均十七年，才能從起點走到收尾，而且一款藥平均得耗費大約四億零三百萬美元的資源，但失敗率卻依舊高得令人吃驚：每一萬種複合物，才有一種有辦法走到市場認可的階段，標準的**一將功成萬骨枯**。而且即便在有藥品研發成功的例子，那項成功的產品也往往不是一開始的目的，而是另外一種與原本設定毫無關係的東西——似乎冥冥中是一種柳暗花明[1]。這當然不代表創新只能靠運氣，因為創新靠的當然不是運氣，而是靠包含長線策略與投資方向性在內的努力。但不變的是相關投資的報酬率都高度不確定，因此無法以理性的經濟理論去思慮（如在第二章所討論過的，這就是當代熊彼得學派對內生性成長理論的一大批評，主要是在內生性成長理論的模型裡，研發是一種賽局理論式的決定）。再者，從事創新的能力在不同公司之間也有極大的差異，而這也是企業間環肥燕瘦各有千秋的一大原因。而也因為這種差異，所以我們幾乎沒辦法以「最適規模的企業」——即新古典學派微觀經濟理論最珍視的「代表性主體」——為中心，讓眾多企業呈現出常態分布。

　　創新過程的高風險特性以及很吃人品的「緣分」問題，正是追求獲利最大化的企業會縮減基礎研究投資的一大原因；把錢投資在應用型的研究上，這些業者能換來更大也更直接的報酬。基礎研究的投資，是「市場失靈」的典型案例：光靠市場產生不了足量的基礎研究，

圖三：美國研發資金來源（2008 年）

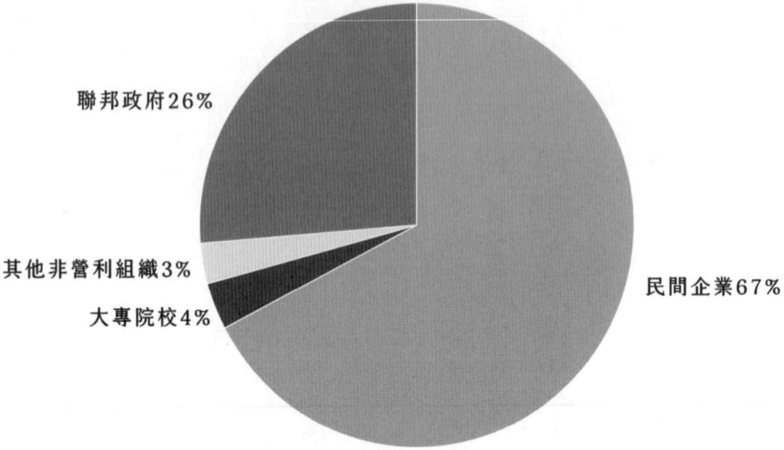

資料來源：美國國家科學基金會（2008）

逼得政府不得不介入。這也說明了何以不分在政治光譜上的何處，幾乎每個人都認同政府應該出錢辦理這些基礎研究（事實上政府也確實常這麼做）。以美國經濟為例，圖三與圖四顯示政府提供的研發經費雖然僅占整體金額的百分之二十六[2]，乍看之下遠不及私部門貢獻的百分之六十七，但如果我們把基礎研究獨立出來看，那政府的貢獻度就會一下子跳到百分之五十七，私部門反倒僅占百分之十八。

美國跟歐洲在這一點上的核心區別，在於兩者在公共研發預算用於「（整體）知識進展」而非「（個別）任務導向」研發的程度高低。各

圖四：美國基礎研究的研發經費來源（2008 年）

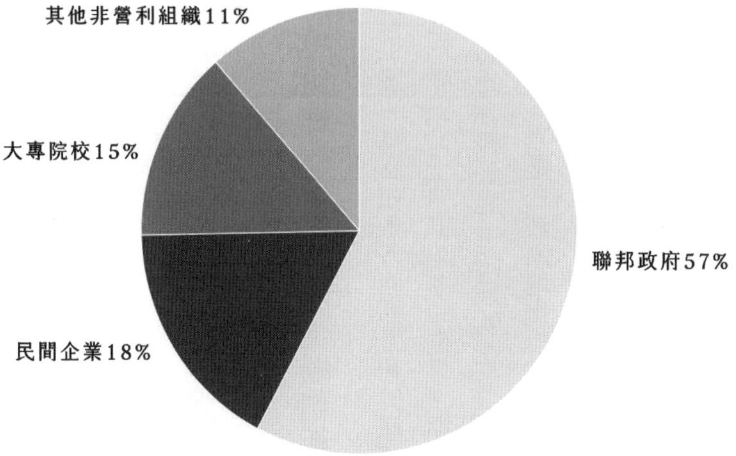

資料來源：美國國家科學基金會（2008）

種關於研發的市場失靈理論，比較有助於我們理解人類整體「知識進展」的研發狀況，而比較無法解釋「任務導向」型的研發現場（Mazzucato 2015）。任務導向型的研發投資會鎖定政府機關的計畫或目標，包括常見於國防、太空、農業、公衛、能源或工業技術等領域的企劃（Mazzucato and Penna 2015）。相對於投入人類整體知識進展的公共研發經費常占整體研發費用不到五成，投入任務導向研發的投資在二〇〇三與二〇〇四年的韓國、美國、英國、法國、加拿大、日本與德國都超過六成（Mowery 2010）。

大衛・莫沃里（David Mowery;

2010）認為想把從某個任務導向計畫中學到的東西，直接複製貼上到另外一個任務導向計畫上，是很危險的事情，原因是每一項計畫都有其專屬的參數與規格（像國防與公衛就如蘋果和橘子一樣，無法比較）。為了理解計畫間的差異，莫沃里認為「創新系統」會是比「市場失靈」更有效的切入角度。「創新系統」的視角更能考慮到不同產業與國家是以如何不同的方式在運型，也更能反映出每個任務是如何由不同的結構、體制、動機去獲得定義與執行。

由政府帶頭進行高風險的尖端創新

市場失靈的概念在各方面都不利於理解政府在創新過程中的角色扮演，一大關鍵在於其忽視了創新歷史上一項很基本的事實，那就是政府不僅不分應用或基礎研究地提供了資金給風險性最高的各種研究，而且就連最尖端、最劃時代的許多創新，經常都是出自政府的手筆，由此政府不光是在被動地修復市場，而是很積極地在創造市場（這一點我們會在第四章深談）。透過網際網路與奈米科技為例來觀察政府如何在當中扮演發展的火車頭，我們將能對研發與成長間的關聯，乃至於對公私部門之間的定位落差，都獲得更進一步的了解。

並不是每一項創新都能通往涵蓋全經濟體的成長。及於整個經濟體的成長，多半是起源於有某種新產品或新流程可以對經濟中的不同產業產生全面性的影響，像電力供應或個人電腦都屬於此例。這在總體經濟學者的口中，就叫做「通用技術」（general purpose technologies，GPTs）。通用技術有三項核心的特質：

- 通用技術具有普遍性，且可以擴散到許多不同的產業領域；
- 通用技術會與時俱進，使用者的成本會不斷降低；
- 通用技術會讓創新的難度降低，讓人得以更輕易地去發明或產生出新穎的產品或流程（Grossman and Helpman 1991）。

維儂・衛斯理・魯坦（Vernon Wesley Ruttan; 2006）認為大規模與長期性的政府投資，向來都是二十世紀大多數通用技術背後的啟動引擎。他分析了六種不同的科技複合體（technology complex），包括美國的**量產體系**、**航空技術**、**太空技術**、**資訊科技**、**網路科技**與**核能發電**，然後得出一個結論是政府投資是這些技術得以成形的重要因素。他尤其補充說若非政府大舉投資，否則核能發電很可能根本不會發展出來。不論看哪一例，新科技複合體的成功發展都不是給錢跟提供創新條件就可以得到的結果。同樣重要的還有設立專責機構來擘畫出「機會空間」（opportunity space），從事風險跟不確定性都最高的早期研究，還有就是對商用化的過程進行監督（Ruttan 2006）。稍後在第四章，我會以下一個大家高度期待中的通用技術——奈米科技——為例，說明這是個什麼樣的發展過程。

事實上說起美國政府在科技發展上扮演火車頭的案例，想如數家珍並不困難，如拉佐尼克（2013）就整理出美國政府以「發展型國家」之姿大展身手的各種案例。這包括在十九世紀時的美國曾把土地無償贈與民間企業來進行鐵路的建設並金援農業研究、二十世紀時的美國曾透過出錢出力領導過航空、太空與飛行器等產業的發展、二十一世紀的美國正針對生命科學、奈米科技潔淨科技等產業提供研發補助與其他內行的財務奧援。

珍妮·阿貝特（Janet Abbate; 1999）以廣泛而深入的研究，描繪出網際網路原本只是美國國防部一個名為ARPANET的小型內網計畫，全部加起來不過聯繫全美十二處研究基地，但最後卻茁壯成為聯繫全球數十億人、千百萬台電腦的龐然大物。史都華·萊斯利（Stuart Leslie; 2000）認為矽谷固然是區域發展一個很具吸引力跟影響力的模型，但要加以複製談何容易，原因是幾乎每一個對矽谷歌功頌德的人，都會在故事裡提到「自由奔放的創業家與目光遠大的創投家」，但卻隻字未提到矽谷成功的關鍵因素：**美國軍方在創造矽谷與維持矽谷能量上的重要角色**。萊斯利表示「矽谷能有現在的編制與規模，得歸功於冷戰時期國防政策的前提與考量下，集聯邦預算、企業策略、產學合作與技術創新於一身的發展模式」（Leslie 2000, 49）。惟僅便如此，矽谷的模式仍以創投革命成功的形象殘留在主政者的集體想像中，直到今日。實事上在一九九九年，美國國家研究委員會（National

圖五：新藥的分類

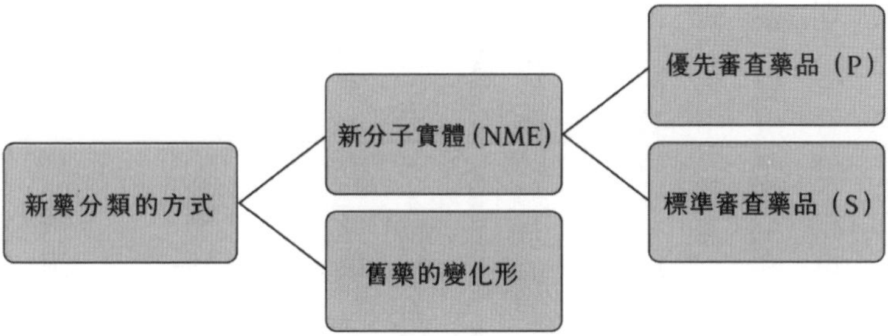

Research Council）之所以出具報告《金援革命：政府對運算革命的支持》（*Funding a Revolution: Government Support for Computing Research*），就是在嘗試要喚醒並肯定聯邦政府在推出並賦予電腦革命動能上所扮演的重大角色。我們下方會再繞回來討論這一點。

考量到美國政府在無數產業發展中扮演的領導角色，我們不意外地發現在一個比較個體經濟的層次上，弗列德．布拉克（Fred Block）與馬修．凱勒（Matthew Keller）（Block and Keller; 2011b）發現在一九七一與二〇〇六年之間，最重要的八十八種創新中有七十七種（重要的標準是《研發雜誌》〔*R&D Magazine*〕的年度獎項），也就是有百分之八十八完全依賴聯邦政府的金援，尤其但不限於初期的發展階段——而《研發雜誌》的頒獎對象還沒有把資訊科技的創新給考慮進去。

這些例子，都是我們想要理解公家出資研究時最基本的敲門磚。國家不光是把錢拿給打高空而無甚價值的研究，而是圍繞著重要的新科技在創造充滿潛力的願景。關於這一點，我接著要舉美國政府早期投資藥業與生技產業的明確案例來加以說明。

製藥產業：尖端vs.山寨

藥業的有趣之處，在於創新其間有一種前所未見的分工。大藥廠、小生技公司、大學、公立實驗室，這些角色共同組成了藥業的生態系。但其中公立實驗室與公立大學才是尖端新藥研究的主力，才是圖五中所謂「新分子實體」得以問世的原因。《新英格蘭醫學期刊》（*New England Journal of Medicine*）的前編輯瑪希雅・安潔爾（Marcia Angell; 2004）曾強烈主張，雖然藥廠表示他們高到令人退避三舍的藥價合理，是因為他們得負擔天價的研發成本，但其實論及多數真正有創新性的藥品——具有優先獲得審查資格的新分子實體，都來自公家出資的實驗室。民間藥廠所從事的，多半是跟風的山寨藥型（與現有配方大同小異的東西）研究，不然就是忙於（包含臨床實驗在內的）產品開發工作與行銷工作。這種反差，當然會讓人覺得諷刺至極，畢竟藥廠一天到晚在哀嘆政府對研究的監理讓他們喘不過氣。

經濟學者為了測量生產力，比較了生產要素的投入與獲得之產出。若以此為標準，那近幾年大藥廠在創新上的生產力都算是偏低。如圖六所示，美國藥品研究與製造商協會（PhRMA）

圖六：美國新分子實體的審核通過件數 vs. 美國藥品研究與製造商協會（PhRMA）成員的研究支出（1970～2004 年）

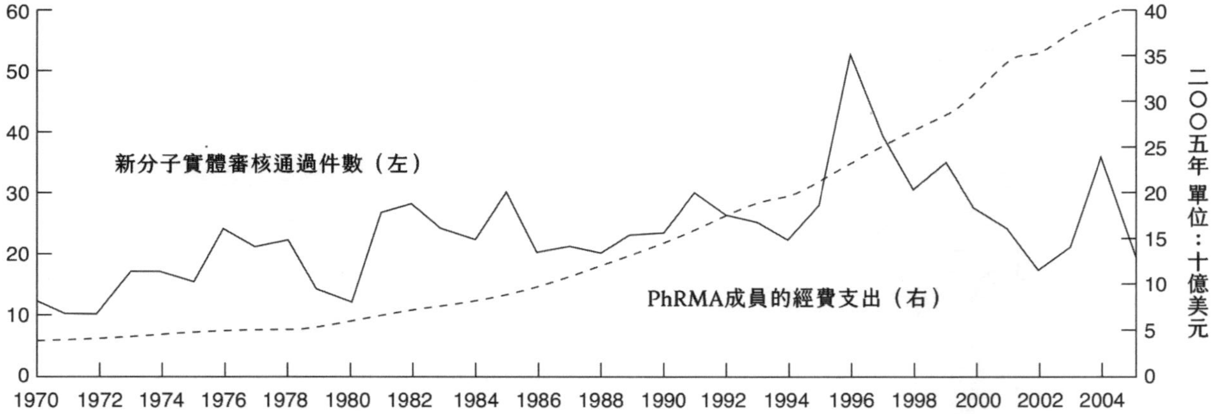

資料來源：美國國會預算辦公室（2006）

圖七：製藥業的新藥類型比重（1993～1994 年）

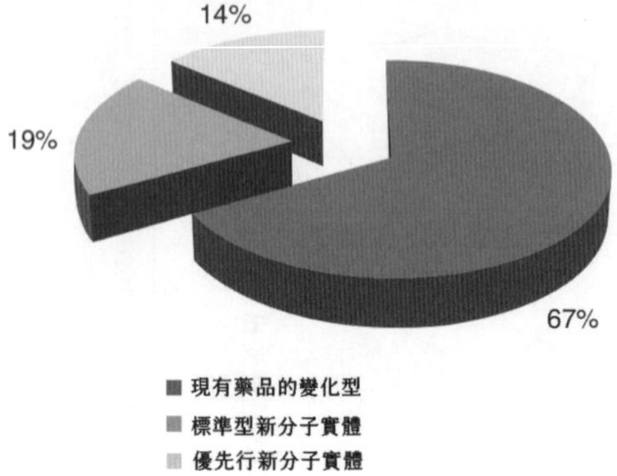

資料來源：Angell (2004)

成員在研發支出上有著指數型的快速成長，但以新分子實體為名的新藥數量卻沒有相應增加。這種描述也適用在專利上：雖然自從《拜杜法案》（1980）允許公部門出資的研究申請專利以來，專利的數目直線狂飆，但大部分的新專利都毫無價值可言（Demirel and Mazzucato 2012）。即便專利會根據所獲得的引用次數來給予加權（引用量被普遍視為專利「重要性」的指標），但整體的數據依舊乏善可陳，而這就代表重量級的專利屬於鳳毛麟角。

在美國食品藥物管理局（FDA）於一九九三到二〇〇四年間核准的一千零七十二筆專利當中，僅三百五十七比為新分子實體，剩下的都只是五花八門的山寨藥品。具有「優先審查」資格的新藥數量少到令人心驚膽跳，僅一百四十六種（即標示為P的新分子實體藥品）。圖七中我們可以看到被視為重要新藥的比重僅有百分之十四。

以本書討論所關心的部分而言，重要的是有高達百分之七十五的新分子實體可以追溯其研究根源至由公家出資，NIH的各實驗室，而不是民間企業的實驗室（Angell 2004）。相對國家資助的實驗室紛紛在風險最高的階段進行投資，民間大藥廠仍多傾向於以現有藥品的變化型來做為投資標的，藉此降低風險。這些藥品跟原有的藥品基本上大同小異，頂多是劑量配置稍有調整。

這種種的現況，都讓人在聽到英國葛蘭素史克（GlaxoSmithKline）藥廠執行長安德魯．維提（Andrew Witty）近期的發言時，有一種恍如隔世之感。維提說的是：「製藥是高度創新的產業……要是政府的所作所為可以支持創新，而不是壓抑創新，那藥業將可以帶人類醫藥進入下一個革命性世代（Economist 2010b）。」事實上這位安德魯．維提可以這樣大放厥詞，是因為公設實驗室以他大言不慚提起的「革命性」精神做出了七成五的尖端新藥，所以如安德魯．維提之流的執行長才能把時間都花在炒高自加公司的股價上（如透過買回庫藏股）。這種寄生關係能否長此以往，會是我們在第八與第九章要討論的課題。

生物科技：公家領頭衝，民間跟屁蟲

在英國，醫學研究委員會（Medical Research Council，MRC）每年會收到國會透過商業、創新及技能部（Department for Business, Innovation and Skills，BIS）所發給的「獎助金」。醫學研究委員會是由政府提供資金，但可以獨立選擇他們要支持哪些研究。該委員會與英國的衛生部、其他研究屬性的委員會、產業界等各利害關係人間都有密切的合作關係，而他們共同的目標就是要對英國國內的醫療與公衛需求有所掌握，並適時做出反應。單株抗生素能在英國發展成功，靠的就是醫學研究委員會在一九七〇年代的研究，而根據該委員會的資料顯示，各種單株抗生素就占了癌症、關節炎與氣喘等重大疾病之新藥療法的三分之一。

同樣的故事也發生在美國的製藥業中。美國藥業的成長並不如其所宣稱的扎根於商業金融上（如創投的投資），而是崛起於政府投資與支出的推動與引導之下（Mazzucato and Dosi 2006）。事實上，創投與大藥廠對於生技產業的濃厚興趣，本來就充滿了矛盾，畢竟生技本質上就是充滿風險且回收極為耗時的行業（Pisano 2006）。根據威廉·拉佐尼克（William Lazonick）與歐納·圖倫（Öner Tulum）（Lazonick and Tulum; 2011）所說，這個矛盾的問題有雙重答案：首先，早期進場的股東可以透過投機性的股票市場與願意參與

IPO的股市投資人，而獲得輕鬆獲利了結的出場機會；第二，政府大力支持與參與，在過去幾十年間發揮了讓生技產業蓬勃發展的效應。

事實上，美國生技產業的順遂發展，是政府率領相關知識基礎發展的直接成果。換句話說生技業的成功與茁壯，得感謝有政府在其中扮演關鍵的角色。關於這一點，史蒂文・瓦拉斯（Steven Vallas）、丹尼爾・李・克萊曼（Daneil Lee Kleinman）與迪娜・比斯卡提（Dina Biscotti）有非常精闢的說明：

……知識經濟並未由下而上地一股腦浮現出來，而是由產業政策默默地由上而下催生出來；政府與業界領袖異口同聲地呼籲政府出手干預來培育生技產業的發展，但同時間又虛情假意地說政府應該要放手讓「自由市場走自己的路」。

這段話的意思不僅是知識經濟受到政府的指引，而且還很驚人地點出了一項事實，那就是在政府率領生技產業向前的同一時間，業界的領導人就像雙面人，一邊私下要求政府插手各項事務讓產業發展更加順暢，一邊公開說自己支持自由市場機制，基本上就是裡子面子都要。主政者與一般民眾會對政府在經濟體系中的角色感到一頭霧水，業者的這種虛偽行為可以說居功厥偉。而關於這種存在於主政者與民眾內心的迷惘，弗列德・布拉克（2008）

無疑提供了一些解釋。布拉克認為美國政府實施著一種「隱性」的產業政策，但又澄清說美國的產業政策之所以隱晦不明，主要是因為主政者與主流媒體沒有將這些政策當成是公共事務來加以公開辯論。布拉克（2008, 15）宣稱那「就像失竊的信[3]，發展型國家就在近在眼前，但我們卻視而不見，而蒙蔽了我們雙眼的正是由市場基本教義派所成功推廣的意識型態」，那是一種在政黨辯論中常見的意識型態（如第一章所言）。考量到國際上各國政府正努力想要推動本國的經濟成長，並希望複製美國的成功故事，我們此刻的當務之急，比起從前任何時候，更是要去傳誦創新與經濟成長暨發展背後的「真實」故事，讓更多人知道真相。若是發展型國家的各組件都已經歷歷在目且處於運轉中，那何以否定其價值的邏輯仍可以以勝利者之姿，把話說得振振有辭呢？

在簡要總結其研究發現，並描述了政府在生技產業發展中扮演的強大角色之餘，瓦拉斯、克萊曼與比斯卡提強調了「聯邦研發支出之重大位移」的重要性，並補充「我們很難迴避的結論是知識經濟並非憑空而生，而是得有人去將之創造出來」（2009, 71）。雖然藥廠花了不少錢在研發生產，但這些民間投資能感覺研發工作事半功倍，仍完全是因為「有唾手可得的科學知識來自聯邦機構的間接資助或直接參與創造」。

從美國衛生研究院（ＮＩＨ）說起：造浪者vs.衝浪客

國家對於生技產業發的支持與參與，橫跨了為數眾多的各種形式，其中最重要的一點，得算是生物醫藥公司視之為命脈的雄厚知識基底，而這些知識主要來自政府投資而非企業研究。沒錯，這些知識基底得以成形，是因為有政府提供資金給基礎科學研究。而處於這些基礎科研最前線者，就包括ＮＩＨ與各項政府計畫。衛生研究院與各政府計畫都以投資的方式，參與了眾多業者得以為其成功奠基的關鍵科學進展。觀察拉佐尼克與圖倫（2011）所編纂的ＮＩＨ支出資料，我們不難看出這些資金對生技創新曾經多麼不可或缺。從一九三八年到二〇一三年，ＮＩＨ投入生命科學上的研究經費總計八千八百四十億美元（按二〇一三年幣值計算，並參考消費者物價指數予以調整）。在這段漫長的期間裡除了少數例外[4]，基本上ＮＩＨ的研究支出都會在名目上逐年成長，相較之下創投與股市投資的資金就顯得高度波動。

圖八顯示在一九三六到二〇一二年之間（以二〇一二年幣值計算），整體ＮＩＨ的支出是八千四百一十億美元，其中光二〇一二年的預算就達到三百零九億美元。由此，雖然民間企業始終鍥而不捨地遊說著減稅與減少監理上的「繁文縟節」，但最終他們還是非常依賴他們視為眼中釘的稅收資助。確實含英國在內等日益相信輕稅簡政可以促進企業成長的國家，

圖八：美國衛生研究所的預算規模（1938～2012年）

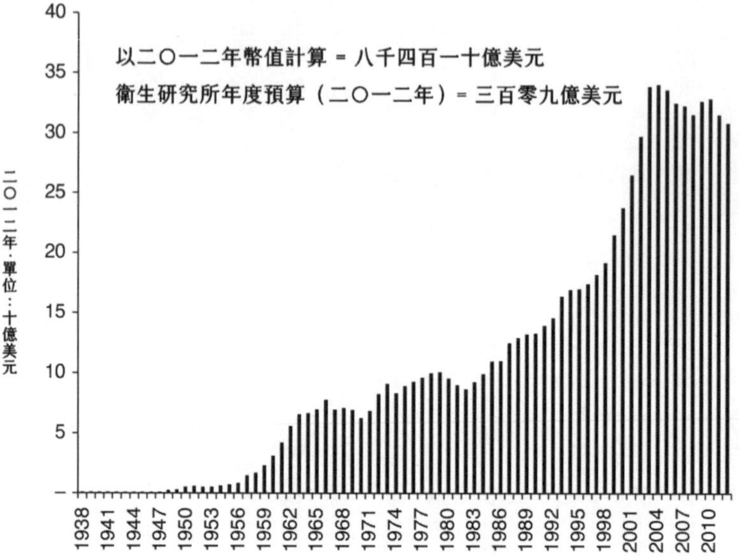

資料來源：美國衛生研究所預算辦公室（2011），1176

現在都嚐到了企業紛紛撤離的苦果，像輝瑞與賽諾菲這兩家藥廠就曾這麼做。

最令人驚訝的一點是自基因泰克以首家生技公司之姿成立於一九七六年以來的三十五年間，NIH資助醫藥生技產業的金額高達六千兩百四十億美元（統計至二〇一〇年）。在這些資料的佐證下，拉佐尼克與圖倫（2011, 9）認為美國政府透過NIH（也就等於拿納稅人的錢）「長期擔綱美國（與全球）醫藥界最重要的知識創造投資者」。這些知識基礎可謂「不可或缺」，因為少了這些知識，民間創投與公共的股權基金就沒有理由投入到生技產業裡。這些基金只是像衝浪者一樣站在浪尖上，而沒有創造出這些波浪。

透過由近五萬筆「競爭性補助」組成的體系，美國衛生研究院支持了超過美國各州暨全球共三千餘間大學、醫學院與各研究機構裡的三十二萬五千名研究者。這些補助合占該衛生研究院八成的預算，而該機構另有一成的預算用於直接雇用六千名員工在直屬的實驗室裡任職。衛生研究院在馬里蘭州的二十六處研究中心，堪稱生技產業中的科研主力——而且此一地位還在不斷地上升，因為衛生研究院體系下的研究中心與機構數目還在不斷上升。除卻這些「知識創造計畫」以外，政府支持的蛛絲馬跡還可見於美國幾乎每一款主要的生物醫藥產品裡（Vallas, Kleinman and Biscotti 2009）。雖然許多生技學者都不諱言政府在科學基礎建構上提供的龐大奧援，但整體而言他們仍沒有能好好的連起一條線，讓眾人知曉生技業的順利成長與其在投資人眼中的吸引力是**果**，而美國政府為了知識基礎的發展與維持而付出的長年努力為因。

所以何以生技革命成功的功勞，會被創投基金「贏者全拿」呢？公私部門對於生技產業的投資是怎麼一回事，已經在本章一開頭那段引用中由（一九八〇年諾貝爾化學獎得主）保羅．伯格完成了無懈可擊的說明。本質上，伯格的發言代表他意會到是國家主動帶來了私部門所欠缺的勇氣、遠見與資金，才得以為生技產業鋪好了發展到的坦途。或者更客觀公正地說，國家所做的事情是逕行投資新科技，好讓令人心生畏懼的不確定性有時間慢慢變成單純的風險而已。

本章的重點在於告訴大家，那就是國家在出手投資的時候，目標絕不僅僅是那些打高空、純理論，無甚應用價值的基礎研究。事實上，政府的投資標的涵蓋各種具有不確定性的「風險」投資，畢竟私部門在很多方面都比不上公部門來得有創業精神：私部門會閃避尖端而新穎的產品或流程，徒留最具不確定性的投資給政府嘗鮮。所以雖然純理論的研究是創新得以顯現的必要條件，但那絕對不構成創新的充分條件。確實，政府在創新中的角色並不僅止於進行基礎研究而已，而是要比這更加深入。由此進入到第四章與第五章，我會繼續檢視國家在創造知識經濟時火車頭角色。我會以蘋果電腦為例來說明一家民間企業可以如何從公家出錢的理論研究與讓商用化得以遂行的國家政策中，收割巨大的利益。

註釋

1 作者註，在眾多的歷史案例中，科學理論與說明都會出現在它們嘗試解釋的科技出現之後。萊特兄弟先把飛機飛上了天，空氣動力學才發展出來；蒸汽引擎先開始運作，熱動力學才獲得人類的理解。科技的腳步往往會稍微超前科學，而工業創新則提供了學術界可以去研究解決的問題。詳見 P. Nightingale, 'Technological Capabilities, Invisible Infrastructure and the Un-social Construction of Predictability: The Overlooked Fixed Costs of Useful Research,' Research Policy 33, no. 9 (2004).

2 作者註，還有一個重點在於在美國，某些公共研發資金的撥款，其期待是業界能投入相應的資金，或起碼公共資金能發揮吸引其他方面資金的進駐，而這也意味著許多所謂的「私人」或民間投資，其實起初都是由公共資金發動。

3 典出《失竊的信》（*The Purloined Letter*），由美國作家愛倫坡創作並發表於一八四四年的短篇小說，故事由一名無名女子的信被人竊取並遭到勒索說起，而分析的警長認為這信雖然看似銷聲匿跡，但其實應該就在唾手可得之處。

4 作者註，美國衛生研究院的（名目）研究支出在以下十年中下滑：1942、1952、1964、1967、1970、1977、2006、2011、2012，以及 2013。

第四章

美國版的創業型國家

The US Entrepreneurial State

自其開國先賢的時代以來，美國就始終糾結在兩項傳統之間，一邊是以亞歷山大・漢彌爾頓（Alexander Hamilton; 1755-1804）為首的行動主義政策傳統，另一邊是以湯瑪斯・傑佛遜（Thomas Jefferson; 1743-1826）馬首是瞻，其名言是「管得愈少的政府就是愈好的政府」之無為而治傳統。隨著時間過去，加上美國典型務實主義的調和，這兩派之間的對抗慢慢獲得了化解，其折衷之道是把面子做給傑佛遜派，讓他們負責發言，而把裡子交給漢彌爾頓派，由他們來掌理政策。

——艾瑞克・瑞納特（Erik Reinert; 2007, 23）

雖然美國給外界的普遍印象，是由私部門帶動財富創造的典型與縮影，但實際上以大手筆去冒險創業來激發創新的，一直都是美國政府。在本章中，我會舉四個關鍵的成功案例來進行說明：（一）DARPA：隸屬於美國政府的「防衛先進研究計畫署」；（二）SBIR：中小企業創新研究計畫；（三）《孤兒藥法案》（*Orphan Drug Act*，歐盟在二○○一年通過歐洲版的孤兒藥法案，其模仿之原型為美國在一九八三年通過的版本）；（四）美國國家奈米科技計畫（National Nanotechnology Initiative，NNI）。這四個例子的共通點，在於國家均主動出擊來塑造市場，藉此推動創新。從中我們可以洞察到的一個觀點，在於美國不只是一個具有創業文化、開公司是家常便飯的社會，它還是一個政府扮演創業者角色，在嶄新的尖端領域進行投資的國家。私人創投敬而遠之的地方，你會看到國家跳出來提供早期資金，同時國家還會指派私部門去從事高層次的創新活動，那盡是些若無官方政策目標提供策略與遠景，則根本不會發生的創新活動。

截至目前，我所主張的都是科技創新的程度高低固然是經濟成長中的重要因子，但研發支出、企業規模、專利數目與經濟體中的創新程度高低之間，並無顯著的線性關係。但確實比較確定的一點是創新有一必要的前驅物，那就是一高度網絡化的經濟體，且當中必須存在**持續性的回饋迴路**被建立在不同的個體與組織之間，以便知識可以獲得分享，並讓知識圈的版圖可以不斷擴張。

本章想嘗試說明的，是在於光有國家級的創新體系存在於知識的前沿是不夠的。隨著時間推演，我們希望得到更耀眼成果的前提是政府能在此一體系中扮演主角。這個主角的位置，不一定得屬於國家級的位階（雖然是也無妨），也不應該僅僅牽涉到對特定公司的長期補貼（押寶可能的贏家）。相對於此，國家可以透過其下各式各樣的機構或實驗室，發揮將新知快速投放出去的潛能，或是可以靈活運用其採購、委託與監理等功能來形塑市場，推動科技向前發展。透過這些方式，國家可以擔綱改變的催化劑與火星塞。

防衛先進研究計畫署（DARPA）

軍方以某種角色參與經濟成長與發展，並不是美國歷史上獨有的事件，而是在其他現代化國家也都看得到的情形。不過美國的特別之處，在於其有過為了贏得戰爭而進行科技發展的經驗，而這也足以讓有意提升創新政策品質的主政者，從中獲得很多甚具說服力的思考角度。

國家在DARPA模式中所扮演的角色，遠不僅是資助基礎科研而已。國家參與DARPA的內涵，在於以具有針對性的方式將資源投入特定的領域，在於打開新的機會之窗，在於在科技發展中撮合公私部門主體的互動，包括公私立的創投，也在於協助商用化的過程能走得更加順遂（Block 2008; Fuchs 2010）。

相對於市場基本教義派強調羅斯福總統的「新政」是美國經濟史上的轉捩點，布拉克（2008）認為二戰才是美國創新政策發展上正關鍵的時節。五角大廈（美國國防部）開始與原子能委員會與太空總署緊密合作，就是緊接在二戰之後。跨部門的橫向合作，促成了電腦、噴射機、民用核能、雷射與生物科技等技術的誕生（Block 2008）。而這一切的發生，背後的「領航員」便是先進研究計畫署（ARPA）這間美國國防部創建於一九五八年的官署，而它更為人所熟知的名字是在本書中不斷出現的防衛先進研究計畫署，縮寫為DARPA。DARPA所從事的，是在廣大的各種技術範疇中推動關鍵計畫的啟動[1]。不過真正帶動科技政策中的嶄新典範建立，功勞還是要歸給美國政府整體對於電腦領域科技發展的大力支持。

DARPA的成立，是為了讓美國在不同產業中能取得技術上的優越性，主要包括但並不限於科技相關，同時DARPA一向都具有濃厚的「任務導向」色彩。DARPA的年度預算超過三十億美元，員工人數兩百四十人，經常性開支不高因此營運頗具彈性。DARPA與美國政府的關係可謂若即若離，有所聯繫但又不是綁在一起。一路以來，DARPA成功地用四到六年的相對短約抵銷了相關的風險，並以此延攬了優質的計畫經理人才成為重要外援。DARPA的組織架構，就是為了像一道橋樑，架在長期理論性學術工作與美軍內部漸進式技術發展中間。

在靠著國家贊助與組織的科技發展打贏二次大戰之後，美國聯邦政府隨即實施了萬尼瓦爾·布希（Vannevar Bush）在一九四五年《科學，無邊的疆域：關於戰後科學研究計畫給總統的報告》（*Science, the Endless Frontier: A Report to the President on a Program for Postwar Scientific Research*）這份文件中的建議。萬尼瓦爾在報告中呼籲公部門要持續支持基礎與應用科研。政府與科學之間的關係，曾因為「曼哈頓計畫」（Manhattan Project，由美國主導，英國跟加拿大共同參與的科學計畫；該計畫促成了在二戰期間原子彈的發明與使用）而獲得進一步的強化，主要是物理學者在此間告知了主政者關於新科技在軍事上的應用與意義。以此為契機，美國政府開始覺得有必要去了解各門科技可以提供那些軍事上與商業上的潛在應用。

按照布拉克（2011, 7）的說法，這段期間有愈來愈多的公務員開始直接投身以下的幾樣工作：推進創新、召募研究人員、鼓勵研究者解決特定的問題、要求研究者達成特定的任務目標。而此一過程所帶出的結論便是：政府不但可以做這些事情，而且這麼做的目的還不必限於傳統上的軍事用途，而是連經濟與民生的用途都可以涵蓋。

一九五七年，蘇聯搶先發射了人類歷史上第一枚人造衛星「史普尼克號」（Sputnik，意為「旅伴」）進入地球軌道，而這引發了美國政壇一陣慌亂，大家擔心美蘇兩強的科技之戰，美國就要敗陣了。就是出於這樣的焦慮，DRAPA在一九五八年正式成軍。在DRAPA成立之前，美國軍方獨自控制了所有軍事研發的經費。而透過DRAPA的組成，一部分的軍事研發經費得以被指定撥給「藍天思考」（blue-sky thinking）——意思是**有如晴空萬里、天馬行空的各種想法**，而這些想法處於地平線另一頭之遠，恐怕十到二十年間都無法有成果顯現。依恃有這樣的授權，DRAPA得以自由自在地專注於推進創新科技，包括在策略上力求新穎。而此例一開，科學家與工程師們都紛紛跳出來提案，而他們的創新想法也在資金與其他方面獲得了支持（Block 2008）。

但單單給錢讓個人去做研究，不是DRAPA的作風。他們另外還拿錢去組建了諸多電腦科學部門，提供新創業者初期的研究奧援，挹注資源給半導體研發，支持人機介面的研究，並監督了網際網路的初步發展。這當中不少至為關鍵的活動，都完成在其成立於一九六二年，「資訊處理技術辦公室」（Information Processing Techniques Office）的手中。諸如此類的策略對一九六〇與七〇年代的電腦產業發展做出了重大貢獻，另外不少後來被融入個人電腦設計的科技，也都是DRAPA資助的研究者所開發出來（Abbate 1999）。

在此期間的另一項關鍵事件，是一九五七年一群科學家與工程師從由威廉·夏克立（William Shockley）（Block 2011）所創公司出走後，一個嶄新創新環境的誕生。這群常被合稱為「八叛徒」（traitorous eight）的科學家與工程師，後來共同創辦了飛兆半導體

（Fairchild semiconductor）這家推動了半導體技術發展前進而且持續不斷「透過經濟分裂的流程來拆分出新挑戰者」的新公司（Block and Keller 2011a, 12-13）。拉佐尼克（2009）對此補充企業分拆的文化，最早就是始於飛兆半導體——而飛兆本身所有的成長動能，幾乎都得歸功於軍事採購訂單。在一九五七年的那場反叛後，企業透過分拆來達成技術發展的業務模式，就在可行性與能見度上一夕爆紅，惟國家的參與與作為早期主要訂單來源的角色，仍是這種模式能夠成事的主因。總之一個新典範就此浮現，讓創意得以以前所未見的數量從實驗室進入市場。

在這之前，政府官員在推動科技快速進步上的著力點十分有限，主要是大型而且有權有勢的國防產業業者，仍很排斥與創新有關的需求與壓力。政府官員在推動科技突破上的另外一層局限，來自於較少有業者具備足夠的技術能力。一條充滿不確定性的嶄新科技路徑，當中必然伴隨著一定的風險，而都想避開這些風險的心情，讓民間國防工業業者集結起來，共同抗拒政府希望他們能進行創新的壓力。惟若是在由躊躇滿志的新創業者所組成的新環境裡，有意義的競爭還是很有機會在業者間被完整地創造出來。

關於這種新環境能提供的潛力，DARPA的計畫專員們不僅有所體認，而且也沒有令其白白浪費掉。由此DARPA的人員首先聚焦在中小型的新公司上，把大型國防包商看不上眼的小額資金丟給他們。這些小公司為了將來能夠存活，都知道自己必須努力創新。而由於加入競爭的都是比較新的小公司，加上企業分拆模式變得益發體制化，布拉克（2008）指出大公司也慢慢被打鴨子上架，開始追求快速的創新突破。有了這種新環境可資運用，政府開始以共主之姿動員大小企業、大學與政府實驗室裡的創新工作。DARPA具備的動態與彈性架構，對照起正式又官僚的其他政府計畫，使DARPA更能夠在創新網路中去把新獲得的影響力最大化，這包括他們能製造出更多貨真價實的企業競爭性。利用以其資金所建立起的創新網路，DARPA促進了新知在研究機構對手之間的流通。在DRAPA的鼓吹與幫助下，研究者得以利用工作坊的場合與同儕交換心得，順便也更新一下有哪些做法已經由其他人證明了是死路一條。DARPA的人員在產學之間扮演了撮合的積極角色，這包括他們會為大學研究者跟想開新公司的創業者牽線，會為新創業者跟創投資本家牽線，會去找較具規模的企業來從事技術的商用化，或是會協助業者去取得政府合約來支撐商用化的流程。

透過這種折衝協調功能的發揮，DARPA人員不僅在創新網路中建立起了不同主體間的聯繫，而且他們也沒忘了設法在特定領域中擴大科學家與工程師的人才庫。一個很好的例子是DARPA曾在一九六〇年代資助全美各大學成立新的新電腦科學科系。透過讓具備必要專業知識的研究者人數增加，DARPA便得以在足夠的時間後加快特定領域的技術發展速度。以一九七〇年代的電腦晶片生產領域為例，DARPA透過對南加大一家附屬實驗室的注資，吸收了把根據原始設計做出產品原型的相關成本，任何人只要能設計出優秀的新晶片，都可以到這間實驗室，讓自己的設計被做成成品。而這種廣納賢才的做法，也確實讓更多人加入了讓微晶片效能更快更好的設計行列。

個人電腦的誕生，也就發生在這個時期，這指的是在一九七六年，蘋果推出了人類歷史上第一台個人電腦。在這之後，電腦產業在矽谷的蓬勃發展與DRAPA在個人運算發展上扮演的關鍵角色，雙雙獲得了外界廣泛的注意，只不過後來有一種聲音跳出來宣稱矽谷是自由市場資本主義的經典案例，然後DRAPA的貢獻就被人忘記了。像不算太久前有一部紀錄片《風投這東西（陸譯）》（*Something Ventured*），雖然談的是矽谷的故事，但卻在八十五分鐘的片長中完全沒有提及國家扮演的角色（Geller and Goldfine 2012）。

另外在一九七〇年代，生技業的崛起讓主政者意會到DRAPA在電腦產業中的表現既非意外也非特例。去中心化的產業政策除了在電腦產業的蓬勃發展上提供了關鍵的環境與脈絡，也在生技產業的脫胎換骨上發揮了作用。

布拉克（2008, 188）歸納出DRAPA模式有四大特點：[2]

- 一系列相對較小的辦公室，通常駐有優秀的科學家與工程師，而這些據點往往享有不算小的預算自治權，可以由據點自行決定要支持那些具有潛力的創意。這些辦公室有相當的自主性，不用聽命行事。他們會主動出擊為線上的研究者設定議題，目標是培養出一個科學社群，能在大學、公部門與企業界展露頭角，並能專注在亟需克服的科技挑戰上。

- 資金會被提供給包含大學學者、新創業者、固有業者與產業聯盟在內的各式對象。不刻意去區分何謂「基礎」研究，哪些又是「應用」研究，畢竟這兩種東西之間的關係千絲萬縷。再者，DRAPA人員得到的指示是不妨對進度緩慢的資助對象抽銀根，然後將資源轉給更值得期待的其他團體。
- 由於其的宗旨是要生產出實用的新技術，因此DARPA的授權範圍可及於協助企業將產品商用化，意思是DRAPA可以提供企業的協助並不僅限於研究資助。
- DARPA有一部分的任務是要運用其監督者的角色來連結起創意、資源與人才，以具有建設性的方式讓身處於不同場域的研發人員可以產生關聯。

DARPA工作的重點，在於協助企業發展新產品，進行流程的創新。其關鍵在於政府要做為榜樣供企業模仿，讓企業學習什麼叫做「劍及履及」，包括由公部門官員去直接與企業合作，一起去確認那些創新之路最具潛能，然後啟動發展的進程。在這樣的過程中，政府將能夠吸引到頂尖的人才——也就是能創造出外界老說政府所欠缺之活力的專業人才。一如本書序文所言，這明顯是一則自我實現的預言，因為一個政府被罵久了，自然會失去自信與活力。

在第六章當中，我們會看到隸屬美國能源部的嶄新機構ＡＰＰＡ－Ｅ是如何嘗試成為綠能版的ＤＡＲＰＡ，複製ＤＡＲＰＡ在ＩＴ產業中的表現。

中小企業創新研究（ＳＢＩＲ）計畫

傳統看法認為自由市場是在雷根主政時期，美國一枝獨秀的經濟意識型態，但事實上在一九八〇年代，美國政府在ＤＡＲＰＡ去中心化產業政策的成功基礎上，做了很多事情，其中甚具代表性的一樣就是雷根在一九八二年簽署了法案，通過了縮寫為ＳＢＩＲ的中小企業創新研究計畫，而這也讓聯邦小型企業管理局與國防部、能源部與環保署等其他政府機構之間建立起了聯盟的關係。ＳＢＩＲ法案的簽署基礎，源自於卡特總統時期所啟動，由美國國家科學基金會（ＮＳＦ）執行的一個先導計畫。ＳＢＩＲ計畫要求研究預算達到一定規模的政府機構要指定一小部分（通常是百分之一點二五）的研究經費去扶植小型而非營利的獨立企業。由此一路以來，高度創新且受過該計畫幫助的新創業者，並不在少數（Lerner 1999; Audretsch 2003）。

此外，州級與地方政府機構與聯邦計畫的合作關係，也變成了一張更大的網路。比方說由州與地方政府出資的機構就被發展出來，協助企業向SBIR計畫申請計畫資金。SBIR計畫在這個新的創系體系中，填上了一個很獨特的位置，亦即很多投身科技創新的企業家一遇到有資金需求，第一個想到的都會是SBIR。憑藉對高科技公司每年二十餘億美元的直接扶助，SBIR一方面培育了新企業的發展，一方面引導了數百款新技術走出實驗室，完成了在市場中的商用化。考量到SBIR的角色扮演是值得肯定，我們很難相信它獲得的關注會如此之低。雖然英國自二〇〇一年以來就嘗試要複製貼上SBIR的成功模式，但迄今並沒有展現出太大的成效，對此我會在下一章細說分明。

布拉克（2011, 14）舉SBIR計畫之欠缺知名度為例，說明了一個狀況，亦即「這些聯邦施政的重要性日益不容忽視，但社會上對這些施政之公共辯（討）論量卻愈來愈少」。布拉克認為這兩者存在著一個愈拉愈開的「斷層」。如同本書曾在導論與本章稍早提及，這道斷層不論對於主政者或對社會公眾都構成不容小覷的挑戰，因為這不利於我們進行經濟辯論，不利於我們設法處理現下的經濟危機，也不利於我們在全球化世界中為未來的創新與發展鋪路。

如圖九所示，SBIR計畫的角色地位不減反增。事實上，隨著民間創投變得日益短視近利，一心只想逐資本利得而居，只想透過IPO趕緊脫身，SBIR當然只能在更大的規

圖九：早期與種子階段的注資核可數目
（SBIR 與民間創投基金）

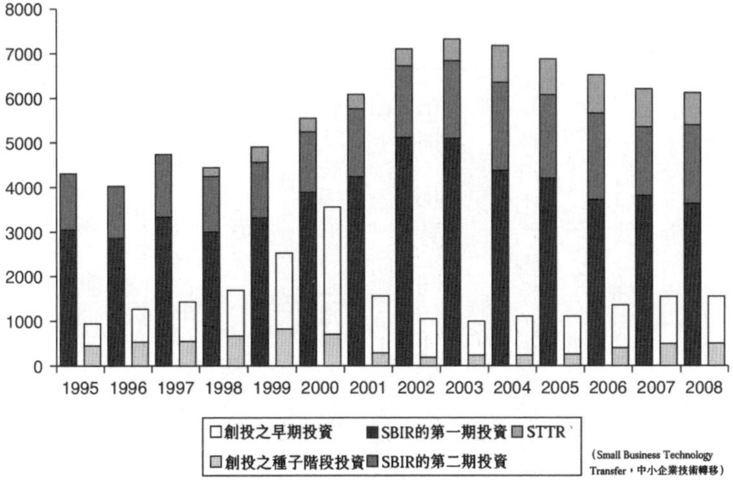

資料來源：Block and Keller (2012, 15)

模上提供風險性的融通（Block and Keller 2012）。

孤兒藥

在SBIR計畫創立一年之後，立法部門又有了新的動作要刺激私部門進行創新，這一次專門鎖定生技產業。一九八三年的《孤兒藥法案》讓利基型的小型生技業者得以從藥品市場中分得一小角。《孤兒藥法案》的內容包括特定稅務誘因，包括臨床與研發補貼，包括藥品審核的快速流程，還包括讓孤兒藥獲得豐碩的智慧財產以及市場行銷特權。

孤兒藥對應的是罕見疾病，而罕見疾病的定義是患者人數不超過二十萬人。病患少，市場就小，所以才會有人認為政府不介入，這類藥就會變成爹不疼娘不愛的「孤兒」藥。這類立法工作的宗旨，就是要讓藥廠有動機去開發這類產品。

《孤兒藥法案》所提供的保護傘，讓小廠得以去精進他們的技術平台，擴大營運規模，進而有機會進占可成為生物醫藥產業中重量級角色的戰略位置。事實上，健贊（Genzyme）、百健（Biogen）、安進與基因泰克等大藥廠能有今天的榮景，孤兒藥業務都曾經是重要的契機（Lazonick and Tulum 2011）。自從《孤兒藥法案》推出以來，已經有兩千三百六十四款藥品被指定為孤兒藥，其中三百七十款已經取得銷售核可（FDA, n.d.）。

除了由《孤兒藥法案》所羅列出的各種狀況以外，拉佐尼克與圖倫（2011）還讓外界注意到另外一件事情，那就是同一種藥品的不同版本，可以同時被指定具有孤兒藥的身分，像諾華（Norvatis）就曾經是一個案例。二〇〇一年的五月，諾華獲得美國食品藥物管理局依《孤兒藥法案》核發市場獨家銷售權給其「慢性骨髓性白血病」（chronic myelogenous leukemia）用藥基利克（Gleevec）。然後到了二〇〇五年，諾華在短短數月間就為基利克的五種適應症都提出了孤兒藥身分的申請，後來也獲得核准。根據公司的二〇一〇年財報，基利克那一年的全球營收金額為四十三億美元，由此確認了拉佐尼克與圖倫（2011）的論點，那就是某項藥品或許屬於小眾市場，但其商機不見得就會跟著一起小。

說起由指定孤兒藥所創造出的可觀營收，受益者可不只有小廠。某些世界級的大藥廠如羅氏（Roche）、強生（Johnson & Johnson）、葛蘭素史克、輝瑞等都為旗下產品申請過孤兒藥的認證。美國國家罕見疾病組織（National Organization for Rare Disorders）作為一家主要由聯邦政府資助的非營利公共機構，始終在推動的工作，就是鼓勵大藥廠透過授權交易，把他們用不到的內部資訊分享給小型同業，希望藉此促進藥物的發展來治療孤兒適應症。拉佐尼克與圖倫（2011）為了解釋《孤兒藥法案》的重要性，特地計算了在大藥廠的總營收中，孤兒藥所占的比重。以兩人所選擇的六家大藥廠而言，其財務沿革明顯顯示出孤兒藥是他們整體產品營收中的重要支柱。事實上，這六家廠商有百分之五十九的總營收與百分之六十一的產品營收來自於孤兒藥的販售。而若是把具有孤兒藥的後代衍生物算進去，那這個數據（二〇〇八年資料）就會上升到占六家廠商總營收的百分之七十四與占產品營收也是百分之七十四。在比較過暢銷孤兒藥與非孤兒藥之間的營收成長啟動時間與延續性之後，拉佐尼克與圖倫（2011）發現孤兒藥熱賣的頻率更高且成長發動更早，且不少孤兒藥以美元計價的二〇〇七年營收都要優於非孤兒藥裡的佼佼者。

孤兒藥在帶領生技產業發展上所扮演的中心角色，可謂無庸置疑，但這在美國政府為支持生技產業所從事的眾多關鍵布局裡，只是其中一項而已。另外一項確定的事實，就是大藥廠在生物醫藥產業中的角色舉足輕重，孤兒藥的相關分析就是最好的證據。在孤兒藥這一環上，大藥廠與生技產業可謂脣齒相依，而大藥廠與生技大藥廠之間的界線也日益模糊。但不論在傳統製藥還是生物製藥的領域上，政府的作為都是企業尋求發展與成功的關鍵因素。拉佐尼克與圖倫總結了二〇〇〇年代，政府在傳統與生物製藥產業中的重要角色扮演：

> 美國政府仍舊持有的多重身分包括知識創造的投資人、藥品開發的補貼者、藥品市場的捍衛者，還有最後但也很重要的一樣……生物醫藥企業之產品的購買者。生物醫藥之所以能夠成為一門大生意，是因為先有一個大政府，……未來生物醫藥也將持續依賴大政府來維繫目前的商業成功（2011, 18）。

從上述關於政府支持創新的三個簡短舉例中——DARPA、SBIR與靠《孤兒藥法案》造就出的孤兒藥市場，我們可以統整出一個結論：美國在近幾十年的時間裡利用積極的干預主義政策來推動私部門創新，藉此來遂行廣大公共政策目標的達成。這三個干預主義範例的共通點，在於三者都未見到政府的衣袖被綁到特定公司身上，但政府依舊順利挑選出了贏家。我們未見到有人指控政府推出跛鴨的產業政策。反之，我們看到一個靈活的政府讓創新獲得獎勵，並在相對較短的時間內引導資源投入有潛力的公司，至於在做法上則包括透過供應端的政策（以DARPA為例有資訊與人脈撮合上的支持、有策略性的計畫、還有願景的建立），也包括透過需求端之政策或以給予新創業者資助的方式來進行干預（如SBIR計畫與孤兒藥法案）。政府不光是創造出了「創新的環境」，而且還積極地資助早期的尖端研究，並在政府機構與私部門之間創造出了必要的網路來減少商用發展途中的阻礙。這非常不同於英國政府現行的政策取向，因為英國政府的思維是政府只能旁敲側移地推著私部門採取行動。

美國國家奈米科技計畫（NNI）

為了培育新科技，進而讓新科技為數十年的經濟成長奠定基礎，國家其實是有創業者角色可以扮演的。而這種國家的創業角色，有一個距離現在很近的例子，那就是美國的奈米科技。在奈米科技上，美國政府所進行的投資類型與策略性決定，都已經遠遠不只是單純想要創造正確的基礎建設、資助基礎科學研究，並且設定相關的法規（也就是單純避免「系統失靈」的做法）。

奈米科技很可能會成為下一個新的泛用科技，其影響所及將遍及各個不同產業，並扮演起嶄新經濟成長的基礎。這一點現下已獲得普遍認同，但回推到一九九〇年代時可不是這麼回事。本山裕之（Yasuyuki Motoyama）、李察・艾波包姆（Richard Appelbaum）與瑞秋・

派克（Rachel Parker）（Motoyama, Appelbaum and Parker; 2011, 109-19）對於美國政府如何才是帶領奈米科技發芽的夢想家，包括他們如何面對各種不利的條件仍率先跳進去投資，又是如何在眾目睽睽下組成具有活力的網路來聚合不同的公部門主體（大學、國家實驗室、政府官署）乃至於可能的私部門成員來激發這一場不少人認為可能比電腦革命更加劃時代的科技變革，有著詳細的描述。首先對何謂奈米科技進行定義的，是政府，為此美國政府主動發起了國家奈米科技計畫，而本山、艾波包姆、艾克（2011, 111）對計畫啟動有以下的敘述：

> NNI的創見與後續的發展既不屬於純然的從下而上，也不是全屬於由上而下的模式：它並非源起於私部門的發動，也不是政府官員的決策成果。實情是，NNI是發祥於一九九〇年代尾聲，國家科學基金會與柯林頓政府中一小群科學家與工程師的眼光與努力……很顯然，華府欽定了奈米科技是科技發展的領跑項目，擬定了相關政策，然後投入了數十億美元規模的投資。

美國政府的目標是要找到「下一個大物」來取代網際網路。在被私部門賞了個白眼之後，作為關鍵推手的華府公僕們說服了美國政府高層投資新的研究議程、準備了一組預算選項，然後規劃了不同政府機構間清晰的分工。但這些公務員仍有一個當務之急，那就是要賦予奈米科技定義。而在定義的過程中，總統科技顧問委員會（President's Committee of Advisors on Science and Technology，PCAST）主張私部門將無望在奈米科技的應用發展上扮演火車頭，因為其應用以商用市場可行性而言，距今都還有一到二十年的時間距離（Motoyama, Appelbaum and Parker 2011, 113）：

> 產業一般僅投資在三五年內就具有成本競爭性的產品開發。業界高層很難說服股東去大舉投資長期而基礎性的研究，自然也不可能做出以奈米科技打底的產品。再者，奈米科研中高度跨領域分工的特質，也讓其無法見容於現有的許多企業結構。

這一段話之所以令人激賞，是因為其直言私部門過於短視（一大原因是一九八〇年代股東革命對企業長線策略造成的影響）與架構過於僵固而無法促成所需研發的完成。政府非但沒有在創新能力上遜於私部門，反而還證明自己比私部門更有彈性與活力去理解，為了促成奈米科技的成形，不同專業領域間必須有所連繫，畢竟奈米科技是一場有賴於物理、化學、材料科學、生物學、醫藥、工程與電腦模擬共同參與，才能夠成事的革命。如布拉克與凱勒（2011）所說，政府針對尖端科技所採取的行動，經常不得不躲藏在「隱性」的產業政策後面，不讓人看到其廬山真面目。身在公部門中的行動主義者在推動奈米科技發展之餘，也只能不斷地把「由下而上」的策略說法掛在嘴上，以免外界看來好像是政府在「挑選贏家」或選擇傾國家之力贊助某個技術環節。但其實話說到底，「雖然多數的政府決策過程都牽涉到與學界跟業界的諮詢，但很顯然其主要的決策動能與方向性——從背景報告到預算規劃——都還是來自於層峰」（Motoyama, Appelbaum and Parker 2011, 112）。這種做法成功說服了較早的柯林頓與後來的布希，讓這兩任總統相信了兩件事情，一來是對奈米科技的投資有潛力「為工業生產力催生出未來的新成長」，二者是「哪個國家在奈米科技的發現與實施上取得領先，哪個國家就有機會在未來數十年的經濟與軍事場域中取得重大的優勢」（Motoyama, Appelbaum and Parker 2011, 113）。

到最後，美國政府劍及履及地採取了行動。美國政府不僅選擇了奈米科技做為其大力支持的政策性產業（選擇其作為未來的贏家產業），而且還順勢做了幾件事情：啟動了NNI，透過對各種相關風險的檢視來檢討法律規定，並成為奈米科技最大的投資人。綜觀之，美國政府對於奈米科技的支持力道，是我們在生物科技與生命科學上所沒有看到的。雖然大動作的政策，都是從國家科學基金會與白宮的核心高層官員由上而下地發號施令，但實際上關乎奈米科技發展的活動，就跟網際網路與個人電腦的狀況一樣，都在很大程度經由去中心化的不同國家機構完成（共十三個由國家科學基金會領導的國家機構，另外也牽涉到國家衛生研究院、國防部與前述的SBIR計畫）。橫跨這些不同的國家機構，美國政府目前每年大約花十八億美元的經費在NNI上。

直至今日，奈米科技尚未創造出顯著的經濟影響力，原因是新科技的商用化不足。本山、艾波包姆、派克（2011）宣稱這是因為研究方面的投資過剩，而商用化方面的投資則相對匱乏。他們三人呼籲政府要加大在商用化上的投資力道。但這就引發了一項疑慮：若政府得負責做研究、負責資助主要的基礎建設投資，還得把商用化的工作也挑在肩上，那私部門究竟要做什麼？

本章已經強調政府在帶領創新與經濟成長上的重要性。政府不但絕對沒有壓抑創新或拖累經濟體系，反而還在眾多重要的現代產業裡培育了創新與衝勁，私部門只能在後座看戲。很諷刺的是這種狀況經常發生在大家最想不到的美國，因為在政策圈中，美國經常被形容為是走一條比歐洲更為「市場導向」（自由主義）的路線。但事實上在創新這一點上，美國一點都不市場導向，也不自由主義。

註釋

1 作者註，ARPA與DARPA在相關文獻中通用。

2 作者註，布拉克以此來定義其「發展型網路國家」的概念，而「發展型網路國家」又是基於「發展型國家」所衍生出的概念。「發展型國家」的討論可見（譯文）第一三二頁（原文第四十四頁）的註五。

第五章

拖著國家身影的愛瘋手機

The State behind the iPhone

毋忘初飢，毋忘愚勁。

——賈伯斯（2005）

時任蘋果電腦與皮克斯動畫執行長賈伯斯，在二〇〇五年六月十二日於史丹佛大學，發表了他知名的畢業典禮演講，他鼓勵畢業生要發揮創意，要「追求所愛」，要「毋忘愚勁」。這場演講傳頌全球，因為它被認為總結了「知識經濟」的文化精髓，亦即創新不只需要大手筆的創新投資，也需要一種創新的文化，需要關鍵推手有能力去改變「遊戲規則」。透過強調創新中所需要的「愚勁」，賈伯斯突顯出在蘋果這類公司成功的基底——在矽谷革命的核心——你會發現那兒有的不（光）是從業人員的經驗與專業，而是他們的少許瘋癲、少許冒險精神，以至於一種強調設計更甚於科技本身的思維。賈伯斯從大學輟學、上書法課、上了年紀卻還像大學生一樣穿著球鞋到處跑等表現，都被認為象徵著他想要保持年輕時的初衷，保留那股愚癡之勁的努力。

那場演講固然激勵人心，而各種充滿前瞻性的發想與產品也讓賈伯斯也無愧於其「天才」的盛譽，但我仍不得不說蘋果的成功故事是一場迷思。個別的天才、對細節的重視、玩心、愚勁等元素，都無庸置疑是重要的特質。但要是少了公部門對於電腦與網路革命背後超大手筆的投資，那賈伯斯的個人特質頂多能讓他發明出很棒的新玩具——而不可能讓他做出iPad、iPhone 等劃時代的革命性商品去徹底改變人類工作與溝通的方式。一如在第二章討論到創投時所說，創投資金是在國家完成棘手的奠基工作後，才姍姍來遲地進入生物科技等產業，而賈伯斯之流能憑藉天才與愚勁名利雙收，主要是因為蘋果剛好能搭上國家在對革命性科技大行投資時的浪頭，而這些國家投資又為 iPhone、iPad、網際網路、全球定位系統、觸控螢幕、通訊科技等嶄新科技奠定了發展基礎。少了這些公家資助的技術，再多愚勁也無用武之地。

利用這一章，我要好好談談蘋果的故事，並在故事中透過問題去挑戰蘋果成功獲得的主流評價，包括國家在當中扮演的角色。在第八章裡，我們要問的是美國社會大眾有沒有因為國家拿納稅錢去冒險投資，而在就業跟稅收上獲得好處？抑或這些投資的報酬都被私人拿走，稅收則被巧妙閃躲？為什麼像「美國超音速運輸」（American Supersonic Transport，SST）計畫之類的投資一失敗，就會馬上有人跳出來罵政府（選到輸家），但蘋果等公司成功時就沒有人誇獎國家的早期投資（很有眼光）？為什麼美國政府明明對基礎與應用研究進行了直接投資，進而讓成功的科技帶出了 iPod、iPhone 與 iPad 等革命性的商業產品，但最終卻沒有因此得到獎勵？

蘋果創新中的「國家」角色

蘋果一直站在第一線，把最有人氣的電子產品介紹給世界。數位革命與消費電子產業每一回把看似無止境的邊界向前推，蘋果都似乎身處在發展的最前沿。蘋果產品受到的歡迎與在商業上取得的成功，包括 iPod、iPad 與 iPhone 的表現，都一次次地改變了行動運算與通訊科技的競爭地景。在短短不到十年的時間內，蘋果的消電產品就幫助了其躋身全球最有價值的企業之列，包括其二〇一四年的獲利是創紀錄的三百九十五億美元。採用最新 iOS 作業系統的蘋果系列產品為公司帶來的巨大的成功，但相對不為一般消費者所知道的是蘋果創新產品中的核心科技，其實是聯邦政府幾十年來支持創新的成果。蘋果產品的美觀設計與其堪稱俐落的一體成形，固然得歸功於賈伯斯與其團隊的才華與努力，但其他幾乎每一樣你能在 iPod、iPhone 與 iPad 上看到的尖端科技，其相關的研究都是美國政府與軍方出錢出力，只是大家視若無睹而已。

僅約十年前，蘋果最出名的還只是其創新的個人電腦設計與產品。一九七六年四月一日由賈伯斯、史提夫・沃茲尼克（Steve Wozniak）與羅納德・韋恩（Ronald Wayne）創建於加州矽谷庫比蒂諾的蘋果在一九七七年由賈伯斯跟沃茲尼克成立為公司，並開始販售蘋果一號（Apple I）個人電腦[1]。該公司最早被命名為蘋果電腦公司（Apple Computer, Inc.），並且有長達三十年的時間都專注在個人電腦的生產上。二〇〇七年一月九日，公司宣布要將其名稱中的電腦一詞拿掉，以反映蘋果未來將營運重心從個人電腦轉移到消費性電子上。同年，蘋果推出了 iPhone 與 iPod Touch，且兩產品都搭載了其最新的行動作業系統 iOS，也就是現在廣見於 iPad 與 Apple TV 等各類蘋果產品的操作介面。參考了之前各代 iPod 的科技功

表三：蘋果的銷售淨額、淨利與研發經費（1999～2014 年）（單位：百萬美元）

年度	全球	美洲	iPod	iPhone	iPad	淨利	研發費用	研發經費／營收比重(%)
2014	182,795	65,232	2,286	101,991	30,283	39,510	6,041	3.30
2013	170,910	62,739	4,411	91,279	31,980	37,037	4,475	2.62
2012	156,508	57,512	5,615	78,692	30,495	41,733	3,381	2.16
2011	108,249	38,315	7,453	47,057	19,168	25,922	2,429	2.24
2010	65,225	24,498	8,274	25,179	4,958	14,013	1,782	2.73
2009	36,537	16,142	8,091	6,754	n/a	5,704	1,333	3.65
2008	32,479	14,573	9,153	1,844	n/a	4,834	1,109	3.41
2007	24,006	11,596	8,305	123	n/a	3,495	782	3.26
2006	19,315	9,307	7,676	n/a	n/a	1,989	712	3.69
2005	13,931	6,590	4,540	n/a	n/a	1,335	534	3.83
2004	8,279	4,019	1,306	n/a	n/a	276	489	5.91
2003	6,207	3,181	345	n/a	n/a	69	471	7.59
2002	5,742	3,088	143	n/a	n/a	65	430	7.49
2001	5,363	2,996	n/a	n/a	n/a	(25)	430	8.02
2000	7,983	4,298	n/a	n/a	n/a	786	380	4.76
1999	6,134	3,527	n/a	n/a	n/a	601	314	5.12

註：蘋果的年營收淨值、淨利與研發費用都取自該公司每年繳交給美國證券交易委員會，編號為 10-K 的年報檔案。

能後，新推出的 iPhone（與 iPod Touch）更在新的作業系統上推出了革命性的多點觸控螢幕與虛擬鍵盤。

雖然蘋果在其前三十年的歷史中以個人電腦業務達成的成就已然不差，但後來 iOS 系統產品的商業成就與受歡迎的程度，可以說硬是把蘋果在個人電腦時期的表現給比了下去。在 iPhone 與 iPod Touch 於二〇〇七年推出後的五年期間，蘋果的全球市場銷售淨額增加了將

圖十：蘋果銷售淨額的區域市場與產品別組成（單位：十億美元）

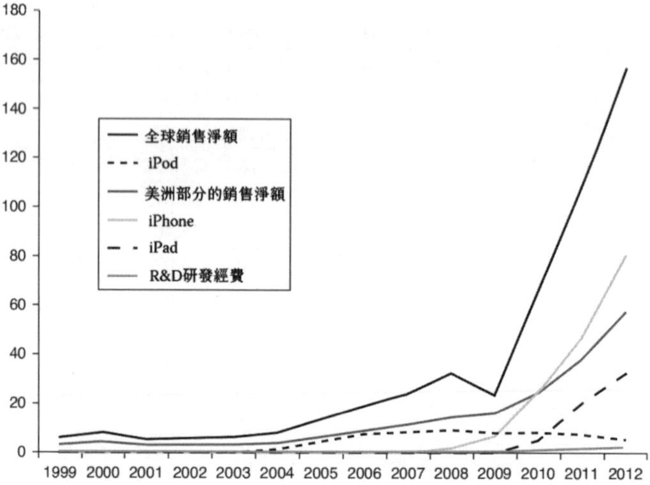

近百分之四百六十。如表三所示，新的iOS 產品線平均占二〇一一到二〇一四年間，蘋果整體銷售淨額的百分之七十二。

蘋果新產品的成功與人氣，很快就反映在公司的營收表現上。二〇一一年，蘋果的營收（七百六十四億美元）根據當時來自美國財政部的最新資料（BBC News 2011），已經大到超越美國政府的營運現金餘額（七百三十七億美元）。二〇一四年，根據蘋果呈交給美國證券交易委員會的 10-K 報表所示，公司營收達到了令人瞠目結舌的一千八百二十八億美元。而蘋果營收的飆升，又很快地反映在較佳的股市投資評價上，在那斯達克掛牌的蘋果股價因此

圖十一：蘋果股價在 1990 年與 2012 年之間的走勢變化

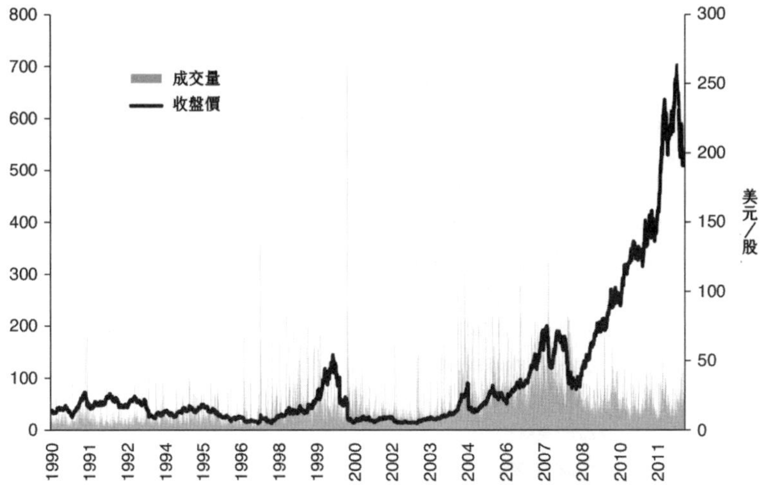

資料來源：Yahoo! Finance（網址為 http://finance.yahoo.com/charts?s=AAPL#symbol=aapl;range=19900102,20121231;compare=;indicator=split+volume;charttype=area;crosshair=on;ohlcvalues=0; logscale=off; source=undefined;Charts/Interactive，從 1990 年 1 月 1 日～ 2012 年 12 月 31 日的資料）

開始受到追捧。如圖十一所示，蘋果股價從推出 iPod 的二○○一年十月二十三日起算，已經從一股僅僅八元上漲到一股最高達到七百美元。蘋果作業系統 iOS 在二○○七年的問世，則確立了蘋果名列全美最值錢公司之一的地位[2]。

如圖十與蘋果財報所示，iOS 系列產品推出後所帶動的全面銷售成長，為一九八○年代尾聲時還顯得搖搖欲墜的蘋果電腦公司，鋪好了東山再起的背景。有趣的是隨著蘋果推出一個又一個暢銷了的產品，公司的研發費用占全

圖十二：蘋果的成就是靠生產性的研發，還是吃了免費的午餐？

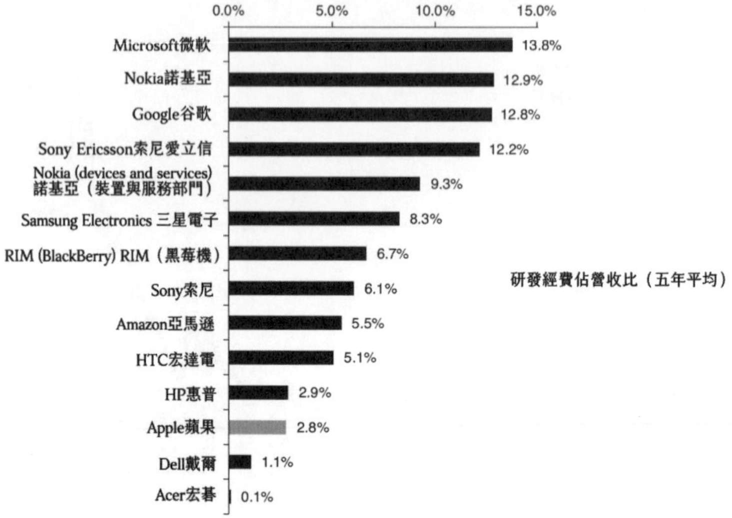

資料來源：取自 Dediu and Schmidt (2012), 'You Cannot Buy Innovation', Asymco, 30 January.

註：作者的計算乃根據主要手機開發商的五年平均研發經費數據（2006 ～ 2011 年資料）

球市場營收比重卻穩定下滑（見表三）。當然有人會說這只不過是反映了蘋果指數級的產品銷售有多誇張，研發費用的成長自不可能與之並駕齊驅。另外一種解讀，則是蘋果的研發投入進入穩定期。但要是我們從消電產品市場有多競爭的脈絡中去看，那蘋果這種相對平凡的研發投入就很奇怪了。資深蘋果分析師荷雷斯・史密特（Horace Schmidt）用不同的角度切入了這個問題。史密特（2012）比較了蘋果與對手的研發經費，而他整理的資料如圖十二所示，顯示出蘋果在十三家主要的競爭者中，其研發活動經費占營收比竟落居倒數前三名。

史密特為此調查了一件事，那就是蘋果如何以相對如此之低的研發費用在消電市場中獨占鰲頭，而沒有在產品銷售上被對手追過去。不少蘋果專家認為這種可以與小型科技新創媲美的邊際研發生產力，就是蘋果在研發方面的成功祕密。確實，蘋果的設計工藝加上賈伯斯對於精簡線條的堅持，都有助於增進蘋果在研發上的效率。但要解釋研發支出與販售所得的一個天一個地，其實有個最關鍵的事實遭到忽視。這個事實，就是蘋果投入最多心思的地方不是技術與零組件的研發，而是把技術與零件整合到看起來很創新的外觀架構上：其內部非常優秀的創新產品設計，就跟其許多「智慧手機」同業一樣，靠的都多半是在他處用納稅錢研發出來的技術[3]。接下來我們會提供歷史背景來說明，蘋果大紅大紫靠的都是哪些科技。

踏在科技進步的浪頭上前進

從販賣個人電腦的卑微起點，到現在以全球資通訊產業王者的態勢如日中天，蘋果一路上變得最厲害的能力就是把美國政府以及軍方花錢研發的技術拿過來，然後再設計以及工藝處理。蘋果的能力主要關乎以下幾點：(a)**看出哪些新興技術具有雄厚的商機**；(b)**利用繁複的**

工程技術來整合選定的各項技術；(c)維持明確的公司願景是要把設計導向的產品研發放在第一，藉此追求終極的使用者滿意度。蘋果能成為電腦與電子產品業界的世界強權，靠的就是以上幾種能力。這個期間在尚未推出 iOS 平台產品之前，蘋果直接間接收受了龐大的政府贊助，而這些贊助又可以區分為三大塊：

(1) 在創業與成長階段的早期獲得政府的直接股權投資；

(2) 接收源自政府大型研究計畫、軍方研究專案、公共採購合約，或由公家研究機構所發展出來各門科技，全部都是州政府或聯邦政府用稅款買單；

(3) 政府研擬了稅務、貿易與科技政策來支持美國企業，讓含蘋果在內的美國公司得以在國內與國際情勢不利於美國企業領先，甚至美國企業在世界上節節敗退的時候，都還能不中斷地從事研發。

這三點當中的每一點，在後面都會有詳細的分析，因為蘋果傳奇得以成形的關鍵技術力，就出現在由這三點所交織出的歷史裡。

從蘋果一號到 iPad 平板電腦：國家那隻看得一清二楚的手

從一開始，賈伯斯與沃茲尼克就為了蘋果的成立與發展而找遍了公私部門的資金來源。這兩人都篤信一個願景：多半由國家出力研發出來的各種科技，具有龐大的商業潛力。最早跳出來對賈沃兩人願景買單的天使投資人與股權投資人裡包括有不少創投先驅與矽谷傳奇，像紅杉資本（Sequoia）的創辦人唐・瓦倫汀（Don Valentine）、亞瑟・洛克創投（Arthur Rock & Company）的同名創辦人亞瑟・洛克、洛克斐勒家族的創投事業體文洛克創投（Venrock），還有飛兆半導體跟英特爾的老臣麥可・馬庫拉（Mike Markkula）（Rao and Scaruffi 2011）都是。除了後來將幫助蘋果完成電腦產業革命的諸多科技以外，蘋果公司還從政府那兒領過現金。政府給這筆錢，是要讓蘋果在電腦產業中實現其願景。在一九八〇年股市掛牌前，蘋果還額外從大陸伊利諾創投公司（Continental Illinois Venture Corp.，CIVC）這家由小型企業管理局（一九五三年成立的聯邦機構）立案成立的小型企業投資公司（SBIC）處取得五十萬美元的早期股權投資（Slater 1983; Audretsch 1995）。

如在第四章所簡短討論過的，個人電腦的崛起之所以可能，是因為在由政府與軍方機構推動的公私部門合作下，許多科技獲得了突破（Markusen et al. 1991; Lazonick 2008; Block 2008; Breakthrough Institute 2010）。一九七六年，當蘋果為了販售蘋果一號電腦而成立的時候，該產品的關鍵科技便是源自於公部門在一九六〇與七〇年代對電腦產業的投資。矽元素在此期間被引進成為半導體的材料，造成了革命性的影響，也揭開了個人電腦人人買得起，成為一種消費性產品的時代開端。這些技術突破，都是各間具有公私部門夥伴關係的實驗室所做出來的成果，DARPA、AT&T的貝爾實驗室、全錄的帕羅奧多研究中心（Xerox PARC）、肖克利（Shockley）半導體實驗室與飛兆半導體等只是其中一部分案例而已。矽谷很快成為全美國的「電腦創新集散地」，而由政府帶頭資助進行（基礎與應用）研究所刺激並培養出的產業氣候，就這樣被創新的企業家與私人產業給捕捉住，塑造成很多觀察家所謂的「網路加州淘金熱」或「矽谷淘金熱」（Kenney 2003; Southwick 1999）。

被整合在 iPod、iPhone 與 iPad 上的主要科技，共有十二個讓產品能用或讓產品產生市場區隔的效果，這當中有九種半導體與其他元件或技術讓 iPod、iPhone 跟 iPad 成為實際可用的產品，它們分別是：(1)微處理器獲中央處理單元（CPU）；(2)動態隨機存取記憶體，也就是俗稱的DRAM；(3)微型硬碟儲存或硬碟機（HDD）；(4)液晶顯示（LCD）；(5)鋰聚合物（Li-pol）與鋰離子（Li-ion）電池；(6)根據快速傅立葉轉換（FFT）演算法之進展所製成的數位訊號處理器（DSP）；(7)網際網路；(8)超文本傳輸協定（HTTP）與超文本標記語言（HTML）；(9)蜂巢式網路技術。至於另外三種——全球衛星定位系統（GPS）、點按式選盤（click-wheel）與多點觸控螢幕、人工智慧搭配人聲控制介面之程式（也就是SIRI），則屬於顯著提升消費者期待與使用者體驗，讓產品大受好評的創新功能。接下來我們會一起來看看蘋果很聰明地整合了哪些核心科技與功能到一開始的iPod，乃至於後來的 iPhone 與 iPad 上。

國家出資的研究，是如何讓蘋果成功「發明」出 iPod

二〇〇一年，在推出第一代 iPod 後不久，蘋果就開始啟動了一波波的創新產品熱潮，主要是由 iPhone 與 iPad 引領風騷，而事實證明，這些產品最終也革新了整個行動娛樂產業。iPod 作為一種嶄新的可攜式手持裝置，讓消費者得以儲存數以千計的歌曲，一整個把卡帶跟ＣＤ給比了下去。在二〇〇〇年代初期，蘋果這種新產品開始在消費者間匯聚人氣，Sony 的 Walkman 與 Discman 這兩種卡帶與ＣＤ的隨身聽首當其衝，開始在市占率上節節敗退，改朝換代之態勢儼然成形。利用已有之磁性儲存技術而做出的 iPod，蘋果挑戰 Sony 等傳統大廠成功，最終也爬到了音樂與個人娛樂市場的頂峰（Adner 2012）。iPod 成功在市場競爭中取得上風，具有雙重的重大意義：(1)蘋果之前已經沉寂了多年，業績甚至不增反減，iPod 的代表蘋果終於得以振衰起敝；(2)iPod 的廣受歡迎，使其成為了蘋果 iOS 創新產品家族中的首例。只不過外界一般只知道 iPod 非常暢銷，但蘋果的成功有很大一部分得歸功於政府出錢出力贊助的技術研發，而我現在要跟大家介紹的，確實就是一個普遍遭到忽視的事實。

巨磁阻效應（GMR）／自旋電子學（SPINTRONICS）程式與硬碟機

國家對科技研究之贊助，為蘋果產品成功鋪好了坦途，是一個鮮少獲得公眾認同的事實，但一個罕見的例外，就發生在二〇〇七年的諾貝爾獎頒獎典禮上。那年因為巨磁阻效應研究而獲頒物理獎的，是兩名歐洲科學家阿爾貝．費爾（Albert Fert）與彼得．格林貝格（Peter Grünberg）。巨磁阻是在薄膜分層結構中可以觀察到的一種量子力學效應，而其主要應用一直都是硬碟等裝置中的磁場感應器。在典禮上的發言中，瑞典皇家科學院院士波爾傑．約翰松（Börje Johannson; 2007）解釋了巨磁阻效應作為一種重大的科學發明，對於人類社會究竟有何意義，而蘋果 iPod 正是他所舉的實例。

微型硬碟的發明與商用化格外有趣，是因為其從起源到現狀的整個科技發展過程，凸顯了政府的角色不僅在於建立創新的科學根基，還在於協助抽象概念挺進可生產與有銷路的商業產品範疇（McCray 2009）。法籍的費爾與德籍的格林貝格原本分屬兩支獨立的物理研究計畫，各自都領有國家的資助與支持，但最終兩者竟匯流成為近年來極為成功的一項科技突破，而且還成功到有資格領諾貝爾獎。在費爾與格林貝格達成的科學突破後，其他的研究者成功讓出於一九八〇年代與一九九〇年代的傳統硬碟，擴大了資料的儲存空間，而這也為將來的研究與技術進展，打開了新的場域（Overbye 2007）。雖說巨磁阻技術的主要科學突破，完成在歐洲，但美國政府仍在相關的基礎研究與該技術的商用化上，扮演了關鍵的角色。格林貝格博士的實驗室與美國能源部旗下最大的實驗室——位於伊利諾州的阿崗國家實驗室（Argonne National Laboratory）——之間存在著隸屬的關係，因此前者也在其突破性的發現之前，拿到了美國能源部的重要補貼（DoE 2007）。靠著硬碟科技上的這些發展，IBM、希捷（Seagate）等企業趕在其他同業前面，將相關新知轉變成了熱銷的商品（McCray 2009）。雖說硬碟產業在當時出現了許多技術進展，但業者仍將面臨半導體產業在一九八〇年代尾聲所面對到的類似競爭挑戰，而對此我會在下方談到半導體裝置時有所探討。

在其二〇〇九年的研究當中，W・派翠克・麥可雷（W. Patrick McCray）詳述了DARPA是如何在戰時被交付了一項任務是要創造並維持一個創新的生態系，藉此讓美國得以生產出卓越的國防科技，而這項任務又是如何在承平時期被調整了原先的投資屬性，朝創造可提供經濟競爭力的技術轉向。麥可雷（2009）記錄了美國國防部是如何啟動了「技術再投資計畫」（Technology Reinvestment Program，TRP），並撥備了八億美元來升級美國在冷戰結束後的技術能力。經由TRP，DRAPA將目標鎖定軍事與商業兩用的技術[4]。麥可雷（2009）特意記錄下於一九九〇年代支持自旋電子學期間，DRAPA所繳出的各種科研努力與出版品。麥可雷（2009, 74）同時主張DRAPA在此一科技進展中所扮演的角色，並非「可有可無」，而他所持的理由很簡單：在TRP計畫啟動的當時，日本已經在電腦與電子產業成為非常強大的競爭對手，而這樣的競爭壓力也逼迫著ＩＢＭ與貝爾實驗室等美國電腦大廠減少基礎研究的經費支出。

固態化學與矽基半導體元件

自從第一台 iPod 推出以來，這款蘋果劃時代的產品元祖已經演化了許多代，而他後來也啟發了 iPhone 與 iPad 的設計靈感。在讓我們今天有 iPod、iPhone 與 iPad 可用的許多因素中，有一樣不可少的便是看似不起眼的微晶片。少了微晶片，手持智慧裝置就無法在你感覺不到的瞬間處理大量的資訊，並使其在記憶體中完成傳遞。比起一九五〇年代傑克．齊爾比（Jack Kilby）與羅伯．諾伊斯（Robert Noyce）首次設計出滿足資訊處理需求的積體電路，我們現在所用的中央處理器要在體積上小上許多，但記憶體卻要大上許多。新式矽基ＩＣ的發明，帶動了電子學中各領域的技術發展。個人電腦、蜂巢式技術、網際網路，與今天市面上可見的多數電子產品，都用上了這些迷你卻堪稱智慧結晶的半導體元件。積體電路能從貝爾實驗室、飛兆半導體與英特爾走到 iPhone、iPad 等成品，當中不乏美國空軍與太空總署的採購訂單助攻。作為採用全新電路設計之第一批處理器的獨家消費者，美國軍方以國防合約的形式資助了微處理器在襁褓期的發展，也扶持了純以價格考量，產品還不可能為一般商用市場接受的相應電子設備或裝置廠商。美國空軍會對微處理器有大規模的需求，是因為他們有一個「義勇兵二號」（Minuteman II）飛彈計畫。太空總署的阿波羅號計畫把科技的前沿不斷向前推，因為該任務的成功有賴於微處理器在製程上與記憶體在容量上都有長足的進步，以接棒的概念，這兩個政府機構聯手在數年間大幅壓低了積體電路的製造成本[5]。

雖然美國是半導體初期創新的根據地，但綜觀整個一九八〇年代，日本在發展半導體先進製程與記憶體產品的腳步其實要比美國快[6]。考量到半導體在國防科技上的重要地位，美國國防部認定半導體產業與美國的軍事能力跟國家安全息息相關。因為日益擔心關乎國防命脈的半導體生產設備得從日本等國家進口，美國國防部於是採取了行動，而這具體而言就是「戰略運算計畫」（Strategic Computing Initiative，SCI）。從一九八三到一九九三這十年間，戰略運算計畫撥出了十億餘美元來支持先進電腦技術的發展（Roland and Shiman 2002）。此外，微處理器等高度先進的技術生產，也在經濟上具有顯著的意義，因此需要政府與產業界攜手合作。一方面體認到半導體生產可以提供的獨特機遇，一方面擔心被日本等對手在半導體生產上超前的負面衝擊，美國聯邦政府匯集了國內企業與大學的佼佼者來組成「國家隊」，並且名之為「半導體製造技術產業聯盟」（Semiconductor Manufacturing Technology，SEMATECH）。

目的在於推動美國本土的半導體生產技術與能力，確保其領先競爭國家的這個舉動，其實是美國意欲在全球經濟與科技賽場上提升整體國家競爭力的計畫一環。但想透過

SEMATECH 將半導體業者組織起來打「世界杯」，對政府而言其實是一種挑戰。為了吸引更多成員加入聯盟，美國政府每年拿出一億元來當作 SEMATECH 的補貼。而隨著時間過去，聯盟的成員也慢慢體認到由 SEMATECH 扶植之研發合作能帶來哪些好處。成員間的廣泛知識分享，有助於避免重複研究，進而可以讓研發經費花在刀口上。今天我們有買得起而但又頗先進的處理器跟記憶體可以用，很大程度上得感謝美國政府經年的干預與監督（Irwin and Klenow 1996）。

從電容式感應到點按式選盤

作為個人電腦的先驅者，賈伯斯比別人早想到要進行電腦的二次革命，也是很合理的。他賦予蘋果的願景是讓公司做好迎接後電腦時代的準備，而這所謂後電腦時代在精神上，按照在他多次在受訪與媒體曝光時所表示，就是一個消費者與電腦間產生關係的新時代。在二〇一〇年的D8數位大會（又名 All Things Digital 數位論壇）期間受訪時，賈伯斯說明了他對於未來電腦運算的想像，而為此他用上的比喻是都市化的快速發展，與都市化對消費者心態跟民眾交通需求的影響（Jobs 2010）。在這段訪談中，賈伯斯重新定義了蘋果整體的經營策略是圍繞著用途不同而分散開來的運算需求概念，打造出一個產品家族。對於讓蘋果得以發想出簡約可攜式裝置的各種資料處理科技，賈伯斯經常表達出內心的信任感，沒有這些資訊處理技術，就不會有走在時代尖端，最終成功取代桌上型電腦的可攜式 iOS 產品。為了執行此一新的經營策略，蘋果開始設計各種處於周邊的 iOS 裝置，而 Mac 電腦則位居「數位中心」，整合起蘋果產品家族中的大小成員（Walker 2003）。

雖然在一九八〇與一九九〇年代，賈伯斯曾經大力反對平板電腦的存在。但等到他在一九九〇年代尾聲回鍋蘋果之後，賈伯斯判斷平板再起的時機到了。而他之所以會回心轉意，是因為半導體裝置、電池、顯示的技術都已然與時俱進，而且是突飛猛進。惟有一項挑戰還在，那就是當下並無成熟的技術可以順利取代觸控筆這項賈伯斯始終覺得不便利而視為眼中釘的玩意（Isaacson 2011, 490）。所幸慣性滑動、手指追蹤與手勢辨識等各項精巧應用讓觸控螢幕如虎添翼，也讓賈伯斯與其團隊看到了重啟平板產品與讓觸控筆成為歷史的可能性。賈伯斯與其團隊由此召集了有能力整合這些新技術的專家，而他們做出來的成果包括實體按鍵與軌跡球遭到取代，新的導覽系統獲得發展，觸控螢幕上的輸入技術有所強化[7]。

iPod 的（觸控）點按式選盤，曾經讓使用者能快速地完成音樂資料庫的導覽，而那正是蘋果早期為了結合並落實觸控與手指滑動功能所做的努力。除了微型硬碟可以用來存放非常占空間的數位唱片以外，可進行手指滑動的點按式選盤也讓 iPod 跟多數競品產生了區隔。雖然手指滑動的應用在當時是新功能，但這新功能背後的技術卻已經好幾十歲了，一點都不新。點按式選盤所倚賴的，是早已廣泛應用在其他各種產品上的電容式感應技術[8]。

事實上，蘋果產品受益於電容式感應技術的功能，並非只有點按式選盤一項。iPod Touch、iPhone與iPad的多點觸控螢幕也體現了在玻璃螢幕上進行手指操控滑動的同一套原則。

電容式觸控螢幕之父的E．A．強森（E. A. Johnson）是在一九六〇年代任職於英國皇家雷達研究院（Royal Radar Establishment，RRE）時發表了他的首波研究，而皇家雷達研究院，是英國政府旗下一處負責研發國防相關科技的機構（Buxton 2012）。然後觸控螢幕早期一次重要的進展，出現在歐洲核子研究組織（European Organisation for Nuclear Research，CERN），由該機構的班特．史坦普（Bent Stumpe）與同事法蘭克．貝克（Frank Beck）在一九七三年提出（CERN 2010）。山謬爾．赫斯特（Samuel Hurst）所發明的電阻式觸控技術，則是另外一次令人側目的突破。赫斯特獲致這項技術發明，正是他離開「橡樹嶺國家實驗室（Oak Ridge National Laboratory（位於田納西州的國家級研究實驗室，成立於一九四三年；這裡是曼哈頓計畫的駐地，也建有史上第一座實際運轉的核子反應爐）前往甘迺迪大學任教兩年之際（Brown et al., n.d.）。而在甘迺迪大學任教期間，赫斯特也與同僚開發出史上第一款電阻式觸控螢幕原型。等回到橡樹嶺後，赫斯特便在一九七一年與甘大的同事合夥開了公司，準備將新技術商用化，而最終在一九八三年，他們生產出第一個功能正常的商用版本（Brown et al., n.d.）。一九七〇與八〇年代的早期觸控螢幕研究工作，包括上述由強森、史坦普、赫斯特等人所進行，都在各家公私立實驗室裡進行傳承，為今日我們生活上不可或缺的多點觸控應用奠定了基礎（Buxton 2012）。較之其他各種不同的因素，「從功能有限的觸控板進化到多點觸控螢幕」這一點絕對是蘋果在智慧手機競賽中的一次大躍進。伴隨觸控螢幕等各種為他們所用的技術在內，蘋果不僅協助重新定義了他們身在其中進行競爭的市場，而且還開闢出了一條前所未見的成長路徑。

iPod 姊妹產品的誕生：iPhone 與 iPad

在蘋果的新願景中，你看得到對傳統消電產品被授予了大破大立的再定義，而這一點也在銷售上獲得反映。iPod 的推出，為蘋果創造了超過二百二十億美元的營收業績。在 iPhone 於二〇〇七年問世之前，iPhone 都一直是該公司最重要的全球戰略商品。那完美融合為一體的美學設計、系統工藝與使用者體驗，聯手卓越的行銷手法，成功讓蘋果以迅雷不及掩耳之勢席捲了各個消電市場，囊括了傲人的市占率。蘋果新一代 iPod、iPhone 與 iPad 的產品建構，都是基於一個假設，那就是只要把幾十年來政府支持得出的現有創新技術進行混搭，就能生成新的產品，而透過這些產品，消費者的新需求與新偏好就可以被「發明」出來。身為智慧手機革命的先驅，蘋果率先把手機通訊技術、行動運算能力與數位娛樂科技這三項，成功整合在單一裝置裡。甚具指標性的 iPhone 僅憑一己之力，就徹底翻轉了消費者對於**手機是什麼**以及**手機能做什麼**的預期。隨著 iPad 的推出，蘋果也讓幾十年來掐在筆電、小筆電（上網用）等傳統裝置手裡的可攜電腦產業出現了質變。透過更輕薄的手持裝置搭載大尺寸的觸控螢幕與虛擬鍵盤，加上有強大的網路瀏覽與多媒體播放性能，以及與廣大蘋果軟硬體家族的相容性，iPad 形同開闢出一處專屬於自己的利基。短短不到十年間，蘋果就憑一己之力稱霸了消電產業，這不但確認了蘋果在消費性裝置產品設計與行銷工作上有其獨到之處，也證明了蘋果深諳如何透過組織能力去管理繁複的「系統整合」（Lazonick 2011）。

從點按式選盤到多點觸控螢幕

能進行多點辨識之觸控螢幕，是被整合到蘋果裝置中，使蘋果能在 iPod 等口袋產品中大獲成功的關鍵技術。因著這項技術，蘋果方得以透過新的玻璃觸控介面去設計人機互動，讓人透過手指的滑動在產品功能中穿梭。就跟點按式選盤一樣，多點觸控螢幕作為一項劃時代的人機互動模式，其憑藉的也是早期由國家資助完成的基礎與應用研究。早在一九九〇年代，觸控螢幕技術由眾多電腦開發商融入了各種產品裡頭，當中也包括蘋果，但此間多數的觸控技術都還不成熟，因此只能處理單點的操控[9]。後來讓多點觸控滑動與手勢辨識功能問世的人，來自德拉瓦大學（University of Delaware），他們一位是韋恩．維斯特曼（Wayne

Westerman），一位是約翰．埃利亞斯（John Elias）（Westerman 1999）。

話說在當時，韋恩．維斯特曼是約翰．埃利亞斯教授指導下的一名博士候選人。他們在（公辦的）德拉瓦大學做的是「仿神經形態系統」（neuromorphic systems）的研究，而這研究屬於國家科學基金會與中央情報局暨中情局局長博士後獎助金計畫的一環（Westerman 1999）。拿到博士學位後，維斯特曼與老師埃利亞斯共同開了一家叫做 FingerWorks 的公司，進行了新技術的商用化。而他們命名為 iGesture Numpad 的產品，讓不少電腦使用者得以在沒有鍵盤也沒有滑鼠的狀況下輸入資料，靠的是在一片電子螢幕上施以「零受力」（zero-force）的壓力。手指追蹤與手勢辨識系統背後的科學基礎與專利申請，是建立在電容感應與觸控螢幕技術的早期研究基礎上。而 FingerWorks 一成功將固有的觸控螢幕技術商品化，就馬上受到了蘋果的矚目，因為蘋果正好想在新一代的 iOS 產品上搭載有多點觸控導覽能力的全玻璃液晶螢幕。

二〇〇五年，FingerWorks 獲得蘋果收購。不久後在二〇〇七年，蘋果發表了第一代 iPhone。而時至今日，FingerWorks 的研究成果已經在蘋果各 iOS 產品上，成為其獨家多點觸控螢幕的技術核心。換句話說，維斯特曼與埃利亞斯拿國家的錢做研究，然後讓價值數十億美元的電子裝置產業因為其研究成果而出現革命性的發展。蘋果有如天羅地網的智財權組合，又一次受益於由國家培養出的技術。

網際網路與HTTP／HTML

雖然iPhone看似很「酷」，而且上頭滿是尖端科技與高規格的硬體元件，但真正讓一支手機夠格被稱為「智慧」手機的，都不是這些東西，而是隨時隨地能讓使用者連上虛擬世界的能力。另外由於有名為SIRI的人工智慧應用在上頭，所以iPhone給人一種想要在智慧上比使用者更勝一籌的感覺。在之前以觸控螢幕取代了原本是手機業界標準的按鍵之後，SIRI成為了蘋果想要改造輸入方式與介面導覽的又一次全新嘗試。而隨著蘋果的手機持續演化地更加有智慧，我們也不得不去正視是哪些不可或缺的知識與技術能力在手機裡面穿針引線，才讓智慧手機冰雪聰明到能撐得起智慧二字。若說硬體、軟體、記憶體／處理器，分別是一台電腦的身體、靈魂與大腦，那網際網路、超文本傳輸協定（HTTP）或超文本標記語言（HTML）對電腦或智慧裝置而言是什麼東西呢？或者，要是少了網際網路或蜂巢式的通訊技術，一台電腦或一支手機還有什麼價值呢？嘗試回答這些提問，將會有助於我們理解智慧裝置連網能力的價值所在。但更重要的是，這些問題與答案可以幫助我們理解在手機、網路與衛星通訊等技術的發明與發展過程中，政府支持的價值所在。

在冷戰時代，美國政府當局顧慮兩件事情，一是會不會受到核武攻擊，二是萬一遭受攻擊，通訊網能不能維持。保羅・巴蘭（Paul Baran）作為美國空軍智庫蘭德公司（RAND Corp.；其中的R與D分別代表研究與發展）的研究員，曾經提議過一個解決方案是用分散的通訊站網去取代集中式的訊號交換設施，因為通訊系統一旦分散開來而去中心化，指揮與通訊網路就比較可能在核武攻擊中倖存下來（Research and Development 2011）[10]。設計出這種去中心化網路的技術性挑戰能獲得克服，得歸功於DRAPA組成了各支團隊來研究網路的個別站體與資訊如何傳遞。事實上，DRAPA曾經就這樣的網路建立事宜與AT&T跟IBM接洽，但兩業者均對邀約予以婉拒，因為他們認為這樣的網路會威脅到自身的業務。後來是憑藉英國國營的大英郵政總局（British Post Office）相助，DRAPA才成功把從西到東岸的不同站體連成網路（Abbate 1999）。從一九七〇年代到一九九〇年代，DRAPA資助了不可或缺的通訊協定（TCP／IP）、作業系統（UNIX），還有通訊系統所需的電子郵件程式，而國家科學基金會則率先啟動了美國在高速數位網路上的發展計畫（Kenney 2003）。

同時間在一九八〇年代，英國科學家提姆・柏納斯－李（Tim Berners-Lee）投入了HTML、URL（統一資源定位器）與統一性HTTP的開發（Wright 1997）。柏納斯－李在另外一名電腦科學家勞勃・卡里奧（Robert Cailliau）的協助下，順利以裝設在CERN裡的電腦為目標，完成了HTTP的第一次成功部署。柏納斯－李與卡里奧在一九八九年以宣言的形式，對外描述了全球資訊網（World Wide Web）的建設過程，而其內容也最終成為了全球電腦連網的國際標準。公共資金在網際網路的發展上扮演了重要的角色，而且是從概念形成到全球性的應用都參與其中。網際網路如今在許多層面上，都已經是左右全球歷史走向的一種基底科技，因為它讓無遠弗屆的使用者都得以單單透過 iPhone、iPod 或 iPad，乃至於任何一台電腦或手機，就共同參與知識的分享與商業的交易。

GPS與SIRI數位助理

iPod、iPhone 與 iPad 所提供的另外一項重要功能，得算是整合在裝置中的全球定位系統。美國國防部發展GPS，是為了要把地理定位工作數位化，屆以強化其軍事資產部署的協同性與精確性（Breakthrough Institute 2010）。首發於一九七〇年的GPS原本僅作軍事用途，但如今已經廣泛應用於民間來發揮各種功能。事實上在一九九〇年代中期釋出給公共使用之後，GPS的民間用途就在短期內超越了軍事應用的規模。惟即便到了今天，美國空軍都仍站在GPS系統開發與維護的最前線，每年要燒掉美國政府平均七億零五百萬美元[11]。一名 iPhone 使用者可以搜尋附近的餐廳或地址，靠的是代號為 NAVSTAR 的GPS系統。這個由二十四枚衛星組成的「衛星星座」（satellite constellation）能為使用者提供全球範圍的導航與正時資料。這種技術乃至於相關的基礎建設，原本都是天方夜譚，所幸後來有政府投資跳進來主導並給予必須的資金承諾，此一繁複的定位系統方得以與我們時時相伴。

蘋果 iPhone 中最晚加入的功能，是如今被暱稱為SIRI的虛擬個人助理。而就跟蘋果 iOS 產品上多數的關鍵技術一樣，SIRI也可溯源至聯邦政府的資金與研究。SIRI的本體是一款人工智慧程式，其組成包含機器學習、自然語言處理與網路搜尋演算法等功能（Roush 2010）。二〇〇〇年，DARPA開口要史丹福研究所（Stanford Research Institute，SRI）帶頭研發一種「虛擬辦公室助理」來協助軍事人員。史丹福研究所被賦予了統籌之責，成為了「具備學習與組織能力之認知助理」（Cognitive Assistant that Learns and Organizes）計畫，簡稱CALO計畫的領導者，負責整合全美二十所大學的資源來發展所需的技術地基。iPhone 在二〇〇七年甫推出，史丹福研究所便發現CALO有成為智慧手機應用的潛質。由此他們同年便著手將該技術商用化，以SIRI之名成立了由創投支持的的新創公司。二〇一〇年，SIRI以一個雙方都未透露的收購對價，被蘋果收歸旗下。

將產業標準從按鍵改變為觸控，並加入GPS導航功能，在 iPhone 最初問世時的重大成就；這之後為手機、媒體播放器與平板電腦廠商改寫遊戲規則的，則是多點觸控螢幕跟手勢辨識。而隨著SIRI的加入，蘋果為電子產品的輸入機制提出了又一個前所未見，並與 iOS 的其他功能與應用有所整合的提案。SIRI的登場像個藥引，觸發重新定義人機互動的標準與途徑。賈伯斯常不諱言自己很看好人工智慧的潛力，也往往不吝於表達出自己對此科技未來的興趣。在二〇一〇年加州D8大會上接受華德・摩斯伯格（Walt Mossberg）與卡拉·史威瑟（Kara Swisher, 2010）訪問時，賈伯斯曾分享過他對於近期收購ＳＩＲＩ的興奮之情，還有他認為這種科技所具備的雄厚潛力。此刻的蘋果，又一次準備好了要拿由政府耐心培育出來的繁複創意與嶄新科技，為資通訊產業打造出一個亮麗的前景。

電池、顯示與其他科技

液晶顯示、硬碟、微處理器、記憶體等一票後冷戰期的重要科技，有一項很突出的共通性：它們的誕生都與美國軍方需要強化自身的科技能力來確保國家安全有關。隨著來自日本平面顯示器（ＦＰＤ）產業的競爭愈來愈激烈，美國國防部感到憂心忡忡，理由是美國軍方未來在這項技術的需求，實在不宜全寄託在日本廠商的手中。有了這樣的決心，美國國防部於是開始實施一系列的計畫來朝強化自家產業的競爭力出發，具體而言這包括組成產業聯盟與投入資源來改善生產能力，做出更好的商用產品。

液晶顯示技術的重大突破，發生於一九七〇年代，當時薄膜電晶體（ＴＦＴ）正在西屋電器的實驗室裡進行研發，主事者是彼得·布洛迪（Peter Brody），而資金則幾乎百分之百來自美國陸軍（Hart and Borrus 1992）。但後來西屋的高層決定中止研究，布洛迪只好設法另覓財源，以便獨力走完此一技術的商用化。為了替薄膜電晶體顯示器的量產找到合約，布洛迪接洽了若干家首屈一指的電腦與電器大廠，包括蘋果、全錄、３Ｍ、ＩＢＭ、迪吉多

（DEC）與康柏電腦，結果竟沒有一家公司願意與布洛迪簽約，而他們主要的見解，都是不看好布洛迪有能力以足以與日系廠商抗衡的成本做出TFT的面板（Florida and Browdy 1991, 51）。一九八八年，在與DRAPA簽下總值七百八十萬美元的合約之後，布洛迪創立了 Magnascreen 公司來開發TFT的液晶面板，而液晶螢幕也藉由此一進展，成為了微電腦與手機等可攜裝置的新一代顯示技術基礎。

李察・佛羅里達（Ricahrd Florida）與大衛・布勞迪（David Browdy）認為這種私部門主題無法在各種高科技領域中建立或維繫生產能力的常態，突顯出一個美國創新體系中的一個大問題：

> 此一（TFT-LCD）顯示技術的的錯失，顯示出美國高科技體系中一個根本的弱點。我們不僅是大企業沒有把此一發明變成可售商品的遠見與堅持，就連造就出半導體與個人電腦等高科技產業的創投金主，都在對液晶顯示技術的判斷上出現失誤。另外大小公司都沒有能拿出可與炫目創新相匹配的生產肌肉，所以也都沒有能夠帶著創新進入商業生產的範疇（1991, 43）。

在想要把 TFT-LCD 生產能力留在美國國內的過程中，顯示器大廠們共同成立了「美國先進顯示器製造商研究聯盟」（Advanced Display Manufacturers of America Research Consortium，ADMARC），而其資金來自於國家標準與技術研究所（National Institute of Standards and Technology，NIST）的「先進技術計畫」（ATP）（Florida and Browdy 1991）。美國面板產業同時收到了美國政府以反傾銷關稅形式為之的額外扶助（但又猛打「自由競爭」的口號），而這還不算在一九九〇年代，各軍方與民間機構為了幫助美國眾多新創公司來發展液晶面板產能而遞行提供的資金與合約（OTA 1995）。

鋰離子電池是美國發明但日本精進量產的另外一種科技。約翰・B・古丁納夫（John B. Goodenough）作為鋰離子電池技術的先驅，是在一九八〇年代自能源部與國家科學基金會拿到了他主要的資金來源（Henderson 2004; OSTI 2009）。由德州大學奧斯丁分校取得的重大科學突破，很快地獲得商用化，並在一九九一年由日本電子大廠新力（索尼）推出。二〇〇五年在給國家標準與技術研究所的一份工作報告中，拉爾夫・J・布洛德（Ralph J. Brodd; 2005）指認出美國的先進電池產業創新模型有一些跟液晶面板產業類似的問題，而這也使得電池成為了另一項在未獲美國本土量產廠商好好利用之前，就流失到國外的重大科學成就。布洛德在其報告中，點明了阻礙鋰離子電池在美國量產的幾項因素，但他尤其強調的是美國企業與創投基金的短視近利。布洛德（2005, 22）認為企業與創投的短線主義，具體而言就是想快速獲利（而不像其日本對手願意專注在長線市占率的最大化），由此美國企業往往不樂於在本土建立產能，反而多半做出委外生產的選擇。

在電子裝置功能日漸強大而需要更大電力容量的同時，欠缺電池技術會讓半導體裝置革命之後的電子產業面臨到很嚴峻的挑戰。鋰離子電池技術的發明，讓可攜裝置變得更加輕薄，主要是單位體積的儲電量有所提升。又一次，聯邦政府透過一系列機構與計畫對電池產業進行投資，藉此幫助當中的中小企業去開發所需的生產能力（Brodd 2005）——這不光是為了電子裝置做準備，也是最終希望能為更重要的零排放自動車做好準備。美國政府幾十年來都非常熱衷於參與能源產業發展，主要是希望藉此對重大的經濟與社會需求做出回應，而對此我們會在第六與第七章更深入去探討。

走在產業尖端的 iOS 平台產品，是高度複雜的電子裝置。雖然使用起來有其基本上的差異，但每一項產品都各自有其代表性，但也往往會出現在其他手足產品上的若干項科技。蜂巢式技術廣見於多數的蘋果產品上，唯一的例外只有媒體播放器 iPod。蜂巢式通訊技術從早期就接收到龐大的政府支持。《突破報告》（*Breakthrough Report*; 2010, 5）檢視了美國軍方在二十世紀推動無線電通話（radioelephony）技術進步過程中的角色扮演。科學與技術政策辦公室（The Office of Science and Technology Policy; 2006, 8）也以書面記錄了國家支持在數位訊號處理（ＤＳＰ）技術發展中扮演的角色。而在ＤＳＰ技術出現之前，我們先在一九八〇年代看到了科學進步降臨在快速傅立葉轉換演算法的應用上。總之ＤＳＰ這一新的訊號處理技術，促成了兩件事情：一件是聲音（如雙線電話中的人聲）的即時處理，另一件是以大型音訊或多媒體檔案的即時處理能力來改善其回放音質。DSP被認為是具備媒體播放功能之 iOS 產品上頭，一項非常核心的能力（Devlin 2002）。

iPod 是美國政府「欽點」的產品嗎？

在二〇〇六年一份政策文件中，美國前總統小布希鋪陳出了美國的創新策略，而我們也可以從中看出初代 iPod 上的許多組成技術，其實都可以追溯其根源到由美國納稅人出錢進行的基礎與應用研究中（OSTP 2006）。雖然欠缺充分的上下文與確切的數據，但該報告確實用一張圖表說明了 iPod 中各種科技的起源，包括其硬碟、鋰離子電池、液晶螢幕、DRAM快取、訊號處理等。圖十三在這張圖的基礎上，又額外補充了在後續蘋果產品如 iPod Touch、iPhone 與 iPad 上追加出現的科技。

培植本土產業

除了努力培養本土性的科學基礎與創新能力外，美國政府還在保護蘋果等企業的智財

圖十三：熱門蘋果產品的零組件根源

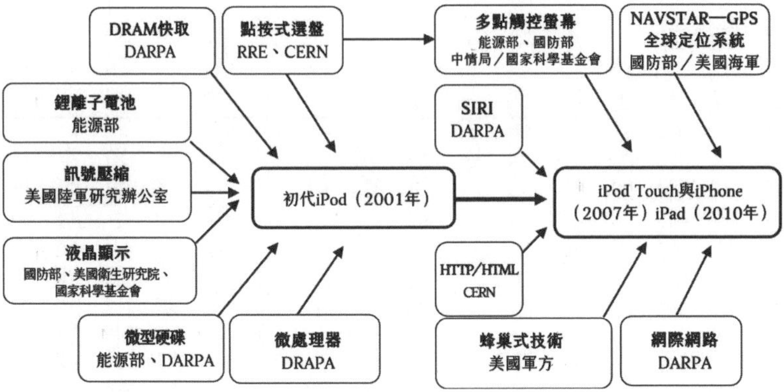

資料來源：作者在歐納．圖倫（Oner Tulum）的研究協助下繪製完成，其根據的是科學與技術政策辦公室（Office of Science and Technology Policy, OSTP）一張名為「創新基本研究所受影響」（Impact on Basic Research on Innovation）（2006, 8）的原圖。

權上跟公平貿易權上發揮了關鍵的作用。聯邦政府總是在外頭為了蘋果等企業奮戰，讓美國企業得以在海外各消費市場發光發熱，另外在國際貿易優勢的建立與維繫上，美國政府也是美國企業最好的搭檔（Prestowitz 2012）。雖然美國本土的企業常定義自己是超越國界的跨國型存在，但一在外頭遇到貿易摩擦或衝突，他們第一個反應還是回頭找華府。面對到外國市場受到貿易限制的保護，有能力突破的仍非美國政府莫屬。只有靠美國政府在幕後撐腰或在前線打頭陣，美國企業才有辦法在世界上殺出一條血路。就以在一九八〇年代來說，蘋果就被擋在日本市場外不得其門而入。走投無路的蘋果公司去向山姆大叔求助，他們表示為美國產品去向日本政府交涉開放貿易，是政府的職責所在（Lyons 2012）。反過來說遇到真正沒有國界的貿易競爭找上門來，蘋果等美國業者也是得靠自家政府來確保其智財權能在全球範圍內，受到法律滴水不漏的保障。地方與聯邦政府為蘋果量身訂做的額外保障，直到今天都還持續為該公司撐著保護傘，而這正是蘋果能夠繼續創新的一大後盾。

此外，美國政府一直提供各種稅務與採購上的奧援讓含蘋果在內的美國企業得到很大的幫助。財政部的一份文件顯示（含蘋果在內的）美國企業在二〇〇八年，一共以研究與實驗（R&E）的名義獲得了八十三億美元的稅務減免（Office of Tax Policy 2011）。再者，加州提供了豐厚的研發稅務優惠方案，而其中最大宗的申請者不是別人，正是當地的電腦與電子產品業者（Ibele 2003）[12]。自一九九六年以來，蘋果據稱申請了各式各樣共四點一二億美元的研發稅務減免（Duhigg and Kocieniewski 2012）。

美國政府的各式採購政策，分別在不同的階段提供了蘋果關鍵的支持，否則蘋果恐怕撐不過一路上嚴酷的競爭。美國的公立學校一向是蘋果的忠實客戶，他們自一九九〇年代以來不論是買電腦還是買軟體，年年都與蘋果接洽[13]。J．W．克魯斯特（J. W. Klooster; 2009）認為在一九八〇年代尾聲，蘋果因為其蘋果三號（Apple III）與麗莎（Lisa）電腦等產品挫敗而搖搖欲墜之際，公立學校曾是該公司有如救命符一般的重要市場。後金融危機時代，二〇〇九年的《美國復甦與再投資法案》（*American Recovery and Reinvestment Act*，ARRA）裡明定了激勵條款給美國的電腦與電子公司，例如其中一條規定就是透過美國國稅局第五二九號計畫（IRS 529）的小幅修改，「電腦科技與設備」的採購被定義為合格的教育費用，而這有助於蘋果電腦、平板與軟體產品的銷售[14]。

總結來說，如果你想要「找到所愛」並帶著「愚痴」的衝勁去拚出一片天，那到美國是一個不錯的選擇，因為在那裡，政府會認真地幫你將高風險的科技先研發出來，會砸大錢幫你把早期的高風險投資都做完，最後還會把幫你把局面都維持住、維持好，好讓從私部門中姍姍來遲的你可以好整以暇地「四處參觀把玩」。由此雖然「自由市場」的名嘴或大師們仍警告著政府「挑選贏家」是在玩火，但不過分地說，美國政府是用不同的政策奠定了基礎，好讓蘋果有各種工具可以在二十一世紀一個高度競爭的高科技分野中占有一席之地至今。少了美國政府具有針對性的投資與頻繁的干預，恐怕許許多多的「蘋果型公司」都會在電腦與通訊時代的國際貿易戰中敗下陣來。該公司成功透過組織力，將複雜的科技整合成好用又好看且附加上強大軟體媒介的電子裝置，這方面的表現功不可沒。但話說回來，蘋果手中那麼多一流的科技能夠存在，一開始也是因為政府先行以國家安全或經濟競爭力的名義，集眾人之力且無畏於不確定性地不斷累積努力。

等到第八章，我會再回到蘋果的話題，到時候我要問的問題是，國家對蘋果與對讓

iPhone如此聰明的各種「革命性」投資做了這麼多企業家該做的風險投資，但他們究竟回收了哪些報酬？如果我們之後會談到，這或許是二十一世紀的主政者最應該捫心自問的一個關鍵問題。一方面我們希望有一個「勇於任事」的國家戰出來領導下一輪「綠色革命」；另一方面，國家必須在預算限制下與在必須採行撙節政策的內外壓力下，創造出這場革命。要走出這場兩難的關鍵，就在於如何找到辦法去解開此一名為「風險－報酬」的癥結。

註釋

1 作者註，一九七七年，在公司成立之際，羅納德．韋恩就以區區八百美元的價錢，將其公司股份賣給了賈伯斯跟沃茲尼克。而來到一九八〇年，蘋果於初次公開上市時創下了自一九五六年的福特汽車公司以來，首日募資金額最高的紀錄（四百六十萬股，每股二十二美元，市值超過一億美元）。由此一夕成為百萬美元富翁的人數也創下ＩＰＯ的歷史新高，總共約三百人（Malone 1999）。

2 作者註，當蘋果股價於二〇一二年四月十日來到高點時，公司的整體市值也同步衝高到六千億美元。美國僅有鳳毛麟角的幾家公司，例如奇異電子（二〇〇〇年八月的六千億美元）、微軟（一九九九年十二月三十日的六千一百九十億美元），曾經達到這種令人難以置信的超高市值（Svensson 2012）。二〇一四年十一月二十五日，蘋果的股價市值突破七千億美元大關，刷新美國企業的名目市值紀錄（考量到幣值的實質市值紀錄仍由微軟保持）。

3 作者註，蘋果所投身的那種「架構創新」（architectural innovation），並不是一種沒有風險的嘗試。事實上作為一組開先河，且以複數創新組成的拓樸架構（Abernathy and Clark 1985），蘋果的嘗試被視為是甚為極端的一種創新，因為其出現有可能徹底打亂市場與競爭力的現狀。惟本章的重點不在於吹捧蘋果的創新能力，做那種事的人已經滿坑滿谷——從果粉（蘋果的忠實愛好者）到媒體到好萊塢到政治人物都是——而是要把蘋果故事中還沒有為大眾所知的那一面給公諸於世，亦即：蘋果的「架構創新」得以順利進行，是因為有國家帶領的研發投資與技術發明。

4 作者註，自旋電子學計畫原本稱為「磁性材料與裝置」（Magnetic Materials and Devices）計畫，是屬於政府與民間的合作計畫。計畫成員有DARPA與產業中各龍頭業者，但首先發難（並出資）者仍為一九九五年的DARPA。政府前前後後一共在這計畫中投入了一億美元。

5 作者註，造價的降低變得有目共睹，是因為在阿波羅計畫的微晶片單價從原本的一千美元降到僅僅二十到三十美元之間，期間不過短短數年（Breakthrough 2010）。

6 作者註，艾力克斯・羅藍（Alex Roland）與菲利浦・希曼（Philip Shiman）（Roland and Shiman; 2002, 153）記錄了日本在國際晶片市場上的進步神速，主要是在一九七〇年代，日本與美國的市占率各是百分之零與一百，但到了一九八六年，日本的市占率已經翻轉到百分之八十。

7 作者註，在二〇一二年四月三十日的電視訪問中，屬於原始 iPod 設計團隊一員的東尼・法戴爾（Tony Fadell）透露了蘋果為了想辦法在新裝置用別的設計來取代實體按鍵，曾遇到過哪些挑戰。完整訪談見：http://www.theverge.com/2012/4/30/2988484/on-the-verge-005-tony-fadell-interview (accessed 12 April 2013)。

8 作者註，電容感應技術的突破點在於人體本身可以作為一種電容來儲存電荷。

9 作者註，作為觸控螢幕技術的世界級權威，比爾・巴克斯頓（Bill Buxton）針對搭載了觸控螢幕應用的電子裝置，提供了詳盡的資料彙整。有觸控板的蘋果產品清單可見於：http://research.microsoft.com/en-us/um/people/bibuxton/buxtoncollection/ (accessed 12 April 2013)

10 作者註，新網路計畫的其他目標還包括：(a)節省運算成本，因為新網路能讓全美的政府包商共享計算機資源；(b)推動數據通訊的「尖端」技術發展，以便讓不同機器之間的遠距資訊傳輸變得可能。一個附帶的目標是(c)培養各簽約研究者在不同地點之間的合作互動。

11 作者註，美國國防部估計以二〇〇〇年的幣值為準，GPS系統的開發與運作從一九七三到二〇〇〇年，一共耗費美國空軍五十六億美元（DoD 2011）。該數字還沒包括軍用GPS用戶設備（MGUE）。

12 作者註，二〇〇三年，加州的立法部門出具了一份報告來評估加州研發減稅計畫（RDC）的實施成效，結果顯示中小企業是申請的主力（貢獻申請件數的六成以上），但實際上大企業才是減稅計畫的最大受益者，因為超過六成以上的減稅額度都流向了大企業。

13 作者註，蘋果在美國中小學教育用電腦採購市場中的占有率，於一九九四年達到百分之五十八（Flynn 1995）。教育從業人員對蘋果新提的「教科書企劃」深表歡迎，因為按照規劃，這個企劃會透過虛擬教科書用量的增加來大幅降低教科書的購置成本。惟這些虛擬教科書必須搭配 iPad 使用，因此不難預期可經年累月增加蘋果平板產品的銷量。

14 作者註，美國稅法（Internal Revenue Code）中的五二九條款裡規定了若干稅務優惠，名為「合格學費計畫」（qualified tuition programs）或「大學儲蓄方案」（college savings plans）。二〇一一年某立法修正案允許了父母與學子使用大學儲蓄帳戶裡的錢去採買電腦、電腦周邊設備與配件（含 iPad）。這些東西在立法修正前，都不被認定為可以從帳戶中提款來購買的合法就學開支項目（Ebeling 2011）。

第六章

綠色工業革命：帶頭向前衝 vs. 從旁推一把

Pushing vs. Nudging the Green Industrial Revolution

早期在 ARPA-E 的日子可以說相當瘋狂。其最早的兩名員工職責所在，啟動了對提案的徵集，結果三千七百封申請鋪天蓋地而來，但補助的名額只有三十七。這麼多的申請量灌爆了聯邦政府的電腦系統。所幸 ARPA-E 後來吸引到了效率高到荒謬的優秀大腦，當中包括一名出身英特爾的熱動力學專家、一名麻省理工的電子工程學教授、一名也在麻省理工兼課的潔淨科技創投專家。ARPA-E 的主任阿倫．馬主姆達爾（Arun Majumdar），曾經主持過加州大學柏克萊分校的奈米科技研究所。他的副手艾瑞克．圖恩（Eric Toone）是杜克大學生物化學教授兼創業家。阿倫常愛說他們是並肩作戰的一群好漢；我則喜歡將之想成是四億元的曼哈頓計畫被塞進了八千億元的刺激方案裡。

——麥可．葛朗瓦德（Michael Grunwald）

《大西洋月刊》（*Atlantic Monthly*）

記者羅斯．安德森（Ross Andersen）2012 年報導

前一章我們釐清了資通訊科技革命是如何誕生於政府的投資裡，而這些投資又是如何創造出全球性高科技的嶄新基礎建設與眾多關鍵科技，進而讓像蘋果這樣的公司得以成長茁壯。相對於此，美國政府以「綠色工業革命」之名在全球範圍內進行的努力，也應該被視為針對現存一種四處可見的基礎建設——能源基礎建設——所推動的轉型工作。要處理能源基礎建設所內含的龐大沉沒成本，我們需要的不光是對創新科技與業者提供支持，我們還必須長期支持這些科技可以在其中從事競爭的市場（Hopkins and Lazonick 2012）。

我們若想帶動「綠色」創新業者與技術的興起，或是讓能源市場獲得轉型，就一定得依靠政策來鎖定供應面與需求面，因為每一項政策都會對市場的結構與功能產生影響，也會對想要透過投資、成長或轉型來進入綠色科技產業的企業產生影響。整體而言，需求端政策是用環保法規左右能源的消費模式；供應端政策則關注能源的生產與經銷。其中供應端政策會加速能源科技的創新與應用。供需兩端的政策都十分重要。其中需求端的政策可以協助確立科技發展方向（科技存在的目的為何？），而這會涉及我們要如何去支持各種解決方案（低碳、無碳或再生能源）。需求端的政策實例包括「可再生能源組合標準」（Renewable Portfolio Standards）、溫室氣體減排目標、能源密度目標（每單位GDP的能源使用測量標準）、新建築標準，或甚至是所謂的「碳稅」。這每一個目標都鎖定的是能源消費模式，並希望讓減汙變成一種需求、讓潔淨能源的比重增加、讓能源系統的效率有所提升。供應端的政策則可能包括稅務減免、補貼、貸款、補助金，或其他針對特定能源技術所提供的財務挹注、優惠的能源定價規劃（如太陽能的收購電價）、研發合約與創新投資等。這些供應端的政策，可以支持技術發展，而技術發展，又能補全或提供解決方案來供需求端使用。

但現下在全世界中，仍有數百甚至數千種相關的能源政策在運作中，而有部分政策已經存在了數十年，且分別發生在國際、國家、州政府或地方政府的層級上。但以在本章中被提及的國家而言，這些國家分別倚賴需求與供應端的政策去推動綠色產業的發展（但產生了非常不一樣的結果）。不少以能源政策為題進行書寫的人忘記了一件事，那就是在風力渦輪與太陽能光伏面板（第七章的重點）可以用等於或低於化石燃料的成本而生產出能源之前，它們很可能有很長一段時間都處於技術發展的邊緣，怎麼樣也無法加速為了扭轉氣候變遷所急切需要的能源轉型速度。理解企業如何透過創新過程與政府的支持機制，去創造低成本、高效益的產品，是在能源政策討論中一個常見的「失落環節」，而此一環節的失落，又往往會一方面降低於我們想要推動能源轉型的慾望，一方面影響我們想要開大門走大路來進行創新投資的意願。國家對於潔淨科技的支持，必須持續下去，直到這些技術可以克服現有技術時不時有百年歷史的沉沒成本優勢。

由此本章多數的篇幅，會把重點放在供應端的支持機制（惟我當然也會討論到重要的需求端政策）。在現行的政策環境裡，不少國家都積極地運用公共資金促進綠色產業的發展——而這正是政府支持企業發展最直接的做法。這對綠色工業發展也是比較理想的「刺激」，主要是現行的需求端政策都推定一件事情，那就是到了最後，一個「有活力的私部門」一定會積極地回應減少汙染與增加使用可再生能源的呼籲。除此之外，需求端政策並不見得會以內含條款的方式，強制性地用內部資源或在地的經濟發展來達成政策目標[1]。需求端的政策確實關鍵，而它們的重要性也絕對不虛——尤其是在對未來市場潛力的預示上——但它們太常變成在哀求人改變，而且就跟供應端政策一樣容易受到政權更迭的影響。想要成功，需求端政策就必須面對欲達到目標所需要的各種創新，並將創新背後的不確定性與成本問題處理好[2]。

供應端政策的重要性在於其可以讓錢有一種「口惠實也至」的感覺，因為供應端政策是透過對長期市場成長的直接或間接金援，來讓能達成綠色工業革命的創新企業加速形成。若是這些供應端政策能夠成功執行，並且讓風電與太陽能等再生能源成功普及，則由「智慧電網」來促成能源供應網數位化的機會就會被創造出來、穩定下來。我說「創造出來」，是指可再生能源的間歇性本質必須要獲得更仔細的管理；我說「穩定下來」，是指智慧電網的需求會被最大化於那些致力於將再生能源納入電網的國家裡頭。換句話說，能源體系的成功轉型中處處可見集體與互補的產業變化，但只要我們想讓能源科技成為二十一世紀的顯學，再生能源就是我們必須認真面對的課題。

由此，本章會檢視一場技術革命的前景，而這場技術革命將奠基於可以處理氣候變遷的各種創新。我首先會簡短討論一下有哪些因素可以促進發展綠色經濟的利益。第二部分，我會介紹各國用哪些不同的方式去建構「綠色」經濟，包括如何藉此去達成走出現經濟衰退與緩解環保問題（外加確保能源安全）的雙重目的。某些國家如中國與德國，正以有一貫性政策框架在力推潔淨科技，亦即由一涵蓋整體的綠色願景來統籌支配需求暨供應端的政策措施。其他國家如美國與英國，乃至於其他進度落後的歐洲國家，則搬出的菜單都是些拼拼湊湊而欠缺指向性的策略，難以提供長期性的發展誘因，由此我們在這些國家看到的狀況就是走走停停，他們在綠色經濟上的努力也因此難以產生出具有說服力的成績。

美國在這方面政策上的模稜兩可，會在本章的第三部分獲得仔細的檢視，期間我會凸顯出美國政府在各種做法上的自我矛盾，而這些矛盾又是如何造成潔淨科技的發展無法大破大立，如何造成相關投資受阻與新能源科技無法進行大規模布局。美國的做法具有檢視的價值，是因為其代表了一種典範案例，其中公部門歷來的財務承諾遭受到政府自身態度曖昧不明的挑戰：美國一方面想刺激創投主導綠色科技的發展，自身只在後頭「推一把」，一方面又想拿錢來統籌相關的研發與部署，扮演在前面「帶頭衝」的角色。在此同時，支持製造業成長的舉措已經不再單純是在檢視政府能如何更積極地資助必要的供應鏈發展，而是已經轉變為一種經典的論調來反對政府「挑選贏家」。由此美國採取了一種雨露均霑、人人有獎的策略去提供資金，只寄望或遲或早能從實驗室中誕生某種在能源技術上具有破壞性的突破與創新，可以剛好也符合綠色產業的定義，然後又剛好有某家創投可以跳出來投資領先的新創公司，並進而讓那些創新科技走完商用和普及的流程。但美國政府的這種如意算盤並沒有成真，原因是不少潔淨科技的發展都需要長期性的財務奧援，而創投往往不願意做出這樣的承諾。本章的第四部分作為結論，會替大家分析第二三部分的各國策略間有什麼不同。

關於資助綠色工業革命

首先，我們要問的是何謂「綠色工業革命」？我們有很多辦法可以將「綠色工業革命」概念化，但其基本的前提是現行的全球工業體系必須經此一役而徹底轉型為一個符合環境永續性的新體系。而談到永續性，我們就必須要進行能源轉型，由非汙染性的潔淨能源科技走在第一線。這場革命得讓我們遠離對非再生化石燃料與核能的依賴，並進而讓源自太陽所以用之不竭的可再生能源獲得青睞。建立永續性的工業體系，還需要材料重複利用、先進廢棄物管理、農業技法改良、跨產業能源效率提升，以及海水淡化（來因應資源與用水匱乏等問題）等技術與基礎建設來配合。毫無疑問地，任何綠色工業革命都必須一面改造現有的產業，一面創造出新的產業。這是一個看不到終點的努力，而地球能免於毀滅卻是個會不斷成長而由全人類共享的公益。這個論點可以與卡洛塔・裴瑞茲的論點（Carlota Perez; 2002, 2012）互補，因為培瑞茲主張所謂的「綠色」本身並無革命之意，綠色的意思是要讓ＩＴ革命徹底地在各產業中獲得完整的部署——讓含「產品之計畫性報廢」（product obsolescence）在內等領域獲得轉型，也讓平日被視為邊緣低科技的維修工作晉身為一種高科技（Mazzucato and Perez 2014）。

我們會需要綠色工業革命，很重要的一個原因是氣候變遷。氣候變遷是全球性的環境危機，其影響所及會危害到我們每一個人，而其核心的成因便是現行主要工業國家的經濟活動。氣候變遷的主因是溫室氣體的排放，而溫室氣體又是主流能源生產技術造成的副產品（燃煤、燃氣與少量燃油的火力發電）。但話說回來，我們又不能不靠發電來維繫經濟的運行。由此，若人類真心想避免氣候變遷導致最不為人所樂見的後果，那我們就必須得認真在能源產業中獲致創新與改變。主政者擁有的選項範圍很廣，他們可以用來管理或避免溫室氣體排放的工具或手段有科技、有民主的授權，或是他們也可以利用複雜的經濟監理來誘使或勸阻企業或個人，使其朝符合排放管理的角色方向前進。

由於化石燃料技術與基礎建設都已經深植於現代社會當中，造成了所謂「碳鎖定」（carbon lock-in）[3]效應（見葛雷格里・安魯〔Gregory C. Unruh〕，2010），因此本章會視潔淨科技為一技術的典範案例，並認為此技術必須廣泛予以部署，以便讓綠色工業革命可以成功。都可以零汙染運作的太陽能與風電是兩種最具代表性的潔淨能源技術，且都具有實績供我們在下一章仔細檢視。風力與太陽能技術的另外一項特色，是都為創新的資訊科技提供額外的發揮空間。ＩＴ可受益於由潔淨科技計畫所提供的額外方向。由於其本質上屬於間歇性與分散性的能源，因此風力與太陽能方得以受益於亞歷西斯・馬德里加爾（Alexis Madrigal; 2011, 263）形容的「拿軟體朝問題丟過去」，亦即用電腦模型、發電管理與遠端監控來設法提升這兩種能源的生產力與穩定性。拿錢投資「智慧電網」，其目的在於將現代能源體系數位化，藉此來最適化潔淨科技的彈性、表現與效率，並同時提供先進的管理選項給電網的操作者與終端使用者。這樣的彈性與可控性，其實與數位化通訊網路的特性頗為相似。催生出數位化通訊的ＩＴ革命不僅（透過網際網路）創造新的商機，也同時提供了價值非凡的平台來遂行各類知識的創造、蒐集、讀取與傳遞。假以時日並透過推廣普及，智慧電網將可以改變我們思考能源的方式，可以創造出新的商機，並可以透過為最適化的能源供應管理與需求回應創造出新的工具，而得以改進再生能源的經濟效益。

要想啟動綠色工業革命來處理氣候變遷的問題，我們還是需要國家積極肩負起其早期階段的高度不確定性，主要是企業界往往對這個階段心存恐懼。但即便「潔淨科技」是「經濟新邊疆」的口號喊得響亮，也即便老有人把「綠色革命」是眼下第三波「工業革命」的說法掛在嘴上，但實際上不少所謂的潔淨科技一點都不新。比方說風力發電與太陽能就動輒百年以上的歷史可循（尤其要是把非發電用途的部分算進去的話）。雖然工業革命常常被說成是由蒸汽與石化燃料交織出的故事（Barca 2011），但其實人類從過去就開始倚賴今天所謂的生質能、風力與水力[4]。雖然關於各種「潔淨」的能源科技，我們兼具有過去的經驗與現在的知識，但由政府提供支援來尋求讓潔淨能源成為能源組合中的要角，在歷史上要麼前所未見，要麼有一搭沒一搭。潔淨科技的未來既吸引不到關注的眼神，也得不到財務上的承諾，而這便是現行石化燃料基礎建設無法更快速轉型為潔淨能源版本的兩大原因。

但我們不是看不到幾縷希望之光。在二十一世紀尚屬初期的此時，各國政府已經又重新開始領導對風力與太陽能等眾多潔淨能源的技術研發工作，同時建立現代化電網的工作也在如火如荼地展開。不論是在其國內或國際市場中競逐龍頭地位的相關廠商，也都領有各國政府想助其成長一臂之力的補貼與贊助。最後，各國政府利用政策面與財務面雙管齊下，鼓勵競爭性再生能源市場的穩定發展。就像生技與ＩＴ等其他產業的發展沿革一樣，民間企業都是要先看到政府成功吸收掉大部分不確定性，並把不只一點的新科技發展風險給處理掉之後，才會願意加入戰局。

「綠色」產業仍處於襁褓期，因此包括市場面貌與技術發展都仍充滿了不確定性。如此處於嬰兒期的產業，是無法透過市場力量而「自然」成長的，這一方面是因為現有的能源基礎建設根深柢固，一方面是因為市場沒有能力去正確地評價永續性或懲戒浪費與汙染。面對這樣的不確定性，業界自然不會輕易涉險，一切都等最危險與最耗費資金的投資都已經告一段落再說，否則也得等政府方面長期有系統性的政策支持到位再說。就像IT、生技與奈米科技等產業發展的初期一樣，沒有人能確定它們能不能憑一己之力躋身嶄新「綠色」產業之列，也沒有人知道他們能不能在沒有強大政府政策的主動支持下奮力向前。由此，從側面去推一把，或許可以讓少數企業萌生一搏的動機，但更多的企業還是需要強大的訊號去肯定自己投身潔淨科技創新的決定。唯有看到官方長期的政策決定，企業才能減輕以潔淨科技取代傳統業務作為核心營運項目的焦慮。事實上，從來沒有一種高科技產業的崛起是因為政府在一旁敲邊鼓或推一把。大多數的狀況下，政府帶頭衝才會是我們需要的正確解答。

關於綠色經濟發展的國家對策

面對「如何發展綠色經濟」這項挑戰，各國的做法不一。由此接下來的這部分，我們會介紹某些國家如何使用後金融危機時代的經濟刺激支出來導引政府投資進入全球性的各種潔淨科技產業，而這些政府的做法有兩層目的：(a)創造經濟成長；(b)舒緩氣候變遷。但相對於有些國家走在前面，有些國家則顯得十分溫吞。由於創新投資需要不斷累積，而其結果則有「路徑依賴」的特性（亦即今天的創新有賴於昨日的創新），所以很可能發生的狀況是在這場賽跑中取得領先的選手，也會經年地繼續領先下去。換句話說「先下手為強」，先出發的人就能享有「先行者優勢」。

但某些國家沒能提供願景，也沒有帶頭率領潔淨科技前進，而這最終也影響到了實際發生的投資熱度。某些國家的潔淨能源政策顯得「東拼西湊」，因此無法激發出足量的投資去改變其國內的「碳足跡」，也無法期待自身未來能成為潔淨科技大廠的母國。真正傾國家之力去「大推」動潔淨科技的案例，首推中國；德國則在歐洲國家中最早啟動。美國的矛盾做法則讓人比較看不懂。美國政府確實在綠色科技的投資上兼具速度與規模，但由於行進的過程欠缺願景與目標，加上針對若干關鍵性的技術又未提供長期的政策性承諾，因此美國並沒有成功地讓其能源比重出現根本性的變動。英國在這點上也落居各國之後[5]。

二〇〇九年在美國，作為經濟刺激方案的《美國復甦與再投資法案》撥出了整個計畫百分之十一點五的預算給潔淨科技的投資，比重低於中國（三四．三％）、法國（二一％）或韓國（八〇．五％），但高於英國（六．九％）。二〇一〇年七月，韓國政府宣布要在二〇一三年前將綠色科技的研究支出加倍到約當二百九十億美元（幾乎是其年度GDP的兩趴），而這也意味著在二〇〇九年到二〇一三年間，韓國將總共支出五百九十億美元在這類研究上。圖十四顯示在二〇〇四到二〇一一年間，歐洲、美國與中國分別是全球再生能源新投資的三強。其中在歐洲，德國又是再生能源投資的領頭羊，該國在二〇一一

圖十四：全球可再生能源之新投資金額（十億美元）

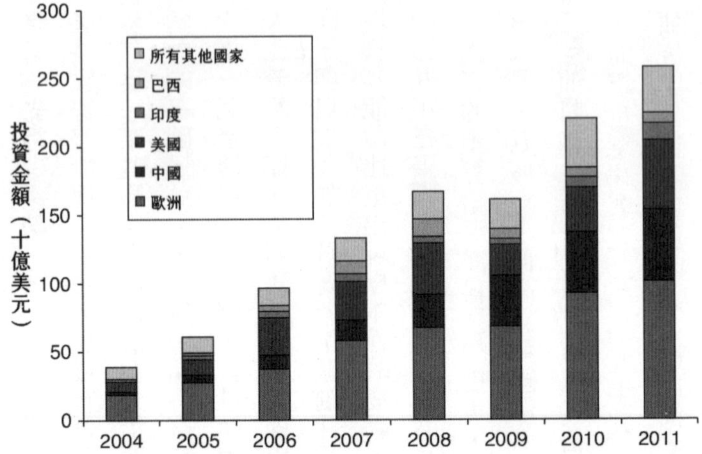

資料來源：法蘭克福金融管理學院（2012）

年施行了一項大膽的「能源轉型」（Energiewende）計畫，藉此推動能源使用遠離燃煤、核能等非再生性資源，並朝太陽能與風力等再生能源靠攏[6]。接續的歐元區危機會如何影響未來五年的相關投資尚未可知，但整體投資增加是近期有目共睹的趨勢。

圖十五進一步顯示在歐洲範圍內，各國政府對能源技術研發的投資力道有很大的差別，其中英國、西班牙與愛爾蘭花得錢比美國與不少亞洲跟歐洲國家都少。而這三國的問題在於企業界並沒有補上政府留下的投資空缺。公共利益研究中心（Public Interest Research Centre; 2011, 5）的資料顯示在二〇〇九跟二〇一〇年，

圖十五：十三國政府之能源技術研發支出占 GDP 比重（2007 年）

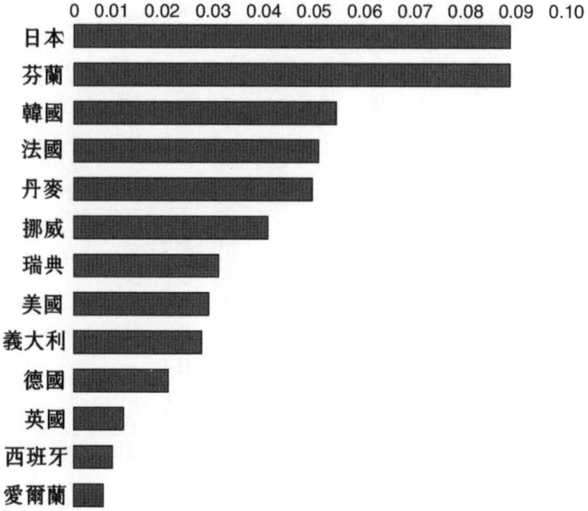

資料來源：英國氣候變遷委員會（2010, 22）

英國的整體能源技術投資金額都是一百二十六億英鎊，「不到英國GDP的百分之一，約當韓國現行每年投資在綠色科技上金額的半數。這比英國人目前每年買家具的錢還少。」

除了研發費用以外，國有的投資銀行也在某些新興國家的潔淨科技發展上扮演了帶頭的角色。在中國，國家發展銀行（China Development Bank，CDB）的投資是該國太陽能發展有成的關鍵。國家發展銀行在二〇一〇年之後撥備了四百七十億美元給約莫十五家主要的中國太陽能光伏（發電）業者，藉此滿足他們現行與未來的擴張需求，惟這些公司在二〇一一年僅索用大約八點六六億美元（Bakewell 2011）。在公共資金帶動下，太陽能光伏製造業者得以快速擴張，進而讓中國成為太陽能大國，中國的太陽能廠商也順理成章躍居國際級業者。規模變大，讓這些業者得以在極短時間內讓太陽能板的成本下降，以至於有人主張中國政府對本國太陽能業者提供的融資，正是歐美太陽能公司破產的主因（而在美國太陽能電池板公司索林卓的案例裡，原始創投資金對他們抽銀根，更是壓垮駱駝的最後一根稻草）。

二〇一一年，巴西國家社會經濟發展銀行（Brazilian Development Bank，BNDES；簡稱巴西發展銀行）核准了超過四十二點三億美元作為潔淨科技發展的融資額度（Fried, Shukla and Sawyer 2012, 5）。在生物科技方面，巴西發展銀行把金援重點放在已經通過「死亡之谷」（Death Valley）階段的企業。所謂「死亡之谷」指的是創新過程中介於「概念驗證」（proof of concept）與完整測試暨核備之間的階段，而這一如其名，也是不少新創企業的葬身之地。新創業者會在這個階段難以為繼，常常是因為業界其他成員欠缺投資意願，由此公部門的注資就變得至為關鍵。巴西發展銀行對潔淨科技的承諾，對其產業發展是一項利多，但其實該銀行也支持「骯髒能源」（dirty energy）的創新，殊不知「巴西石油公司」（Petrobras）做為巴西數一數二的石油業者，也是巴西發展銀行的重要挹注對象。

接下來的部分，我們會簡要比較一下中國、英國與美國在推進潔淨科技與再生能源發展上做法的殊異，其中壓軸的美國我們會格外深究。

中國的「綠色」五年計畫

中國新興太陽能產業所成功達成的低價策略，在歐美市場遭受到強烈的反彈（由競爭對手發動並獲得其政府支持，形式上包括貿易戰或關稅課徵）。為此中國選擇修改其國內的太陽能發展目標為在二〇一五年前達到二十吉瓦的裝置容量——當時中國現有的光伏裝置容量才不過三吉瓦（Patton 2012）。若是能照進度完成此一壯舉，則中國將非常可能一舉成為全球第二大的太陽能市場，因為他們將在短短的三年內發展出德國花了十年才完成的產業規模。作為這項計畫的配套之一，中國在各區域推出了條件優渥的電力收購計畫，以保證的價格將民間的風電與太陽能發電納入電網（Landberg 2012）。此外中國政府還提供了其他投資誘因給能源廠商，包括確保今日的技術投資可以在七年內回收，並在未來數十年間持續創造報酬，而技術的升級也將於此間由廠商持續進行下去（C. Liu 2011）。除了掛頭牌的太陽能，中國在風電方面的願景是在二〇一五年前達成裝置容量一百吉瓦，二〇五〇年前一千吉瓦（十億瓦），而這同樣是為了促進經濟成長並降低碳排放而立下的積極目標（Y. Liu 2012）。相較於其他國家，如此高聳的目標就像是想登月一樣——須知一千吉瓦的風電裝置容量，幾乎相當於今日美國或歐洲電網的總體發電容量，而那已經是全球數一數二的發展水準。到目前為止，中國的目標都只有上修而沒有下探，而這正意味著在可預見的未來，其國內廠商都可以對廣大的發展機會有所期待。

中國奠基在遠景與雄心上的十二五計畫（第十二個五年發展計畫），是從二〇一一年進行到二〇一五年，其設定是投資一點五兆人民幣（約當GDP的百分之五）到包含節能與環保科技、生物科技、新世代IT、先進製造、新材料、另類燃料與電動車在內，形形色色的產業上。橫跨在這些投資之上的主軸，是想要採行一種「循環式」的經濟發展策略來把永續性置於首位，並把汙染與廢棄物控制定義為競爭力的一環（Mathews et al. 2011）。在投資工業發展的同時，中國提出的配套包括削減產業的「能源密集性」（energy intensity）、控管排放，還有設下再生性能源發展的目標（供應端與需求端的政策組合）。按艾瑞克・馬提諾（Eric Martinot，漢名馬天瑞）與李俊峰（Li Junfeng, 2007, 11）所說，中國的目標是在一九九五到二〇〇四年間讓中國的能源密集度下降三成，並以二〇一〇年為限再追加兩成的降幅。中國將持續以政策為工具來減低能源汙染，畢竟中國是全球最大的二氧化碳排放國（Hopkins and Lazonick 2012）[7]。氣候工作基金會（Climate Works）表示中國的十二五計畫「標示了中國首次正式將舒緩氣候變遷的工作納入其核心的經濟策略中」（2011, 2-4），惟其實早在十一五計畫期間，中國就已經開始非正式地從事減汙與減排的努力。

體認到未來的競爭力有賴於資源的有效管理與廢棄物及汙染的減量，中國祭出了「綠色發展」策略，並以積極的需求暨供應端措施來為何為「最適化」的經濟發展，勾勒出一個嶄新的框架。在中國的「雙贏」計畫中，「獲利」與「環境」成為了兩種相輔相成的追求，而不像在諸多西方國家中被視為是無法兩全的取捨。這讓中國得以在太陽能熱水器與風力發電上維持稱霸全球市場的占有率，並可望繼續扮演太陽能面板的生產暨消費主力。

總之，現在的中國尊潔淨科技為其國家策略遠景與長期經濟成長的重要前提。雖然已經拿出一個又一個的十億元來挹注再生能源計畫的發展，但現在的中國其實才剛開始認真投資太陽能與風力技術而已（Lim and Rabinovitch 2010）。

英國在綠色發展上的走走停停

英國在綠色投資上的積弱不振，可以說在更高層次上與歐盟國家回應當前經濟挑戰的框架不謀而合。安永會計師事務所（Ernst & Young）的一份報告（2011, 2）描述了在二〇一〇年，全球投資了破紀錄的兩千四百三十億美元到潔淨科技上（包含公私部門投資，譬如對太陽能發電的保證價格收購），但安永也評論說面對極具挑戰性的金融環境，「綠能市場變化莫測」（意思是市況訊號不明），不同地區與技術之間的投資有顯著的變異[8]。

英國首相雖然在二〇一〇年宣誓要領導一個「前所未見的綠色政府」（Randerson 2010），但英國實際上的做法卻是削減現存計畫的預算，並縮小對綠色科技的投資規模。

從二〇一〇到二〇一一年，能源與氣候變遷部（Department of Energy and Climate Change）的預算被刪除了八千五百萬英鎊，包含原本要用來支持再生能源計畫的三千四百萬英鎊。再者在二〇一一年，碳信託（Carbon Trust）與節能信託（Energy Saving Trust）計畫分別被削減了四成與五成的預算。削減預算的作法一旦再加上不願意對綠色科技發展給予長期性的財源擔保——包括在二〇一二年，英國政府一方面不保證給電動車計畫一年以上的補貼，一方面不承諾重新檢討綠電保價收購的架構——只會讓人覺得英國並沒有為綠色投資創造出一個最好的環境（根據二〇一一年四月份的修正案，五十千瓦以上商用綠電設施的保價收購費率已經被砍半，省下的錢要去兌現對小規模住宅型綠電設施進行資助的承諾）。此外，英國之前的各項努力也沒有看到實績：二〇〇九年四月，英國嘗試通過預算去加速減少發電過程中的廢氣排放，包括要求所有新設的燃煤電站都要配備「碳捕獲與封存」（carbon capture & storage，CSS）的功能，並要在二〇一四年之前完成所有舊廠翻新。惟根據下議院能源與氣候變遷委員會的資料，這樣的政策要求可能無法達到CSS技術投資增加的效果，反而會讓大量的火力發電站從燃煤變成燃（天然）氣。這個例子，顯示出「未經深思熟慮」的政策無法鼓勵創新。一如此例中的英國政府不但在鼓勵發展CSS技術上失利，而且還讓更多火力電站轉為燃氣，讓英國電網對化石燃料的依賴加劇。

民間企業只願意投資看得見獲利前景的領域，是一項事實，而這項事實意味著哪些國家做不到提供這樣的前景，哪些國家就無法帶動投資意願，由此這些國家將錯過整段發展機遇。包括做風電設備的維斯塔斯公司（丹麥）跟奇異電子（美）都提到過他們之所以取消在岸與離岸的風電製造與發展計畫，就是因為英國政府無法提供明朗的政策訊號[9]。維斯塔斯公司的莎拉・梅立克（Sarah Merrick, Bakewell 2012）曾經評論說「關於在基本（的權利義務）完成後會發生什麼事情，我們很難看到有太多的能見度」，由此「投資人極不容易對長線的決策下定決心」。總歸一句，單憑政府不知道有沒有明天的短線政策，投資人不可能擅自做出長線的營運布局。

當時英國聯合政府的主要努力方向，是想建立一家綠色投資銀行提供種子資金給綠色科技，其政策發想是認為綠色革命可以由企業界來帶領，由此國家只需要在一旁輕推一把或誘之以利。但這種想法並不正確，而實際上我們也沒有見過哪一次科技革命出自民間業界之手，所以結果就是英國當時有風聲的投資規模都小到令人搖頭。綠色投資銀行作為一個計畫，並沒有從歷來的科技革命中學到教訓：由官方積極帶領的投資，可以讓一個國家「搶得先機」，並隨著時間過去而不斷收穫豐碩的報酬。相對中國提供給太陽能業者的融資額度是其所需的四十八倍，英國給業者的金額只是「零用錢」而已。

英國政府常讓「綠色」投資感覺像是與經濟成長之間的取捨，他們主張在經濟衰退期，執政者必須要專注在清晰的投資策略上而不宜涉險。但全球性綠色產業的遲緩發展，正是其可以作為經濟成長極佳觸媒的原因。由於創新的重點就在於在經濟體中建立適合的網路，然後選任特定的技術，所以不論出於什麼用心，有人確實可以主張政府不宜投入過多的補貼或贊助。若政府是這種考量下不過度插手，也不是不行，只要創新的力量可以來自其他方面——比方說私部門，不要開天窗就好。問題就是，私部門沒有補上這股創新力量。

含英國在內的國家原本在過去十年中給人迎頭趕上的感覺，但如今他們卻又處在綠色科技發展上落後的危險邊緣。放眼未來若目前的趨勢不變，英國恐怕無緣成為綠色產業的輸出大國，而會淪為綠色科技的進口國。

美國：在綠色科技上的態度模稜兩可

加速綠色「革命」的發展需要那些要素，我們可以從美國的例子中窺得一二。在美國，政府出資的計畫正以之前累積出的科技革命成功心得為基礎，如火如荼地展開工作。但雖然美國一路以來看似在自身勇闖潔淨科技領域的過程中，頗為善於把學術界、產業界與新創業連結起來發揮力量（傳統上透過能源部，較近期透過ARPA－E），但其做出來的成果並不均勻。作為從一九八〇年代起首批開始認真推動風力與太陽能的國家（首批矽晶太陽能電池芯就是美國發明於一九五〇年代），美國政府並沒有持之以恆地繼續努力，反而眼睜睜地看歐洲各國（特別是丹麥、德國與瑞典）、日本與現在的中國從他們身邊趕過去。更糟糕的是美國沒有能顯著調整其能源比重成功，所以數十年來，美國都是全球最大的二氧化碳排放國。身為兼具世界級創新能力與巨大規模電網的世界第一大經濟體，美國具有極佳的條件可以啟動潔淨能源革命，但其卻坐視這樣的潛力荒廢。二〇一二年在總統大選的時空背景下，潔淨能源發展曾再次面對到高度的不確定性，在關鍵時刻失去政府支持的可能性霎時變得非常真實[10]。傑瑞米・伊默特（Jeffrey Immelt）身為奇異電子執行長曾大剌剌地以「愚蠢」一詞來形容美國的能源產業結構與相關能源政策的欠缺，並估計其他國家已經在綠色經濟上領先其十年（Glader 2010）。

美國模式的優點與缺點

透過創投隔山打牛

美國表現時好時壞的一大關鍵，在於其高度依賴創投去鼓吹綠色科技發展。事實上放眼全世界，美國等於是在潔淨科技發展的創投首都，二〇一一年的總投資金額達到七十億美元，那年全球的潔淨科技創投投資也不過才九十億美元。二〇一二年，簡稱JOBS的《新創企業啟動法》（*Jump-start Our Businesses Act*）曾嘗試讓創投的投資風險低還要更低，具體作法包括對「小型」企業放寬財務揭露的要求（此「小型」企業的標準是年營收不到十億美元）。該法案還合法化了「群眾募資」（crowd funding）的作法，而這意味著創投可以在帶公司上市時召募更多樣化的投資人（包括散戶）。這麼做何以能創造出就業機會的成長，實在讓人丈二金剛摸不著頭腦，因為橫看豎看，這都是在確保創投股東可以利用打著官方技術旗號的小企業來發大財。一方面，此一法案降低了新創公司的資訊量與透明度，因此讓創投以外的投資人暴露於更高的風險之中；另一方面，此法可以強化創投對於小型企業的承諾，因為其投資風險已被分散到更廣大的投資人之間。惟在現有潔淨能源企業看得出相當掙扎的狀況下，我們必須說這些企業的長期成長以至於相關的就業市場成長，其實更敏感於長線的政府支持，而相對較不取決於創投通常鎖定的ＩＰＯ報酬率。再者——如以太陽能而言——創投已經展現出他們身為資本家「沒有耐性」的一面：他們無意與科技發展必然伴隨的風險與成本長相左右。另外創投對於金融資源的投注是有其上限的，他們不可能無止盡地擔任潔淨科技業者的成長資金來源。

由於某些潔淨技術還在萌芽的階段，也就是「奈特氏不確定性」最高的階段，因此創投資金某些比較安全的標的上，而不會去碰觸那些足以讓潔淨產業改造社會的尖端創新，但就是這些高風險的前沿創新，才有機會一石二鳥地達成促進經濟成長與緩解氣候變遷的雙重目標。阿努納哈．葛希（Arunabha Ghosh）與．拉瑪納．南達（Ramana Nanda）（2010, 9）認為對極具風險且極度資本密集的潔淨科技計畫而言——即圖十六右上角那些——目前基本上只剩公部門的錢在挹注。相對之下，創投資金基本上只看圖十六的左下角。這造成了很

圖十六：潔淨能源範疇中的次級創投領域

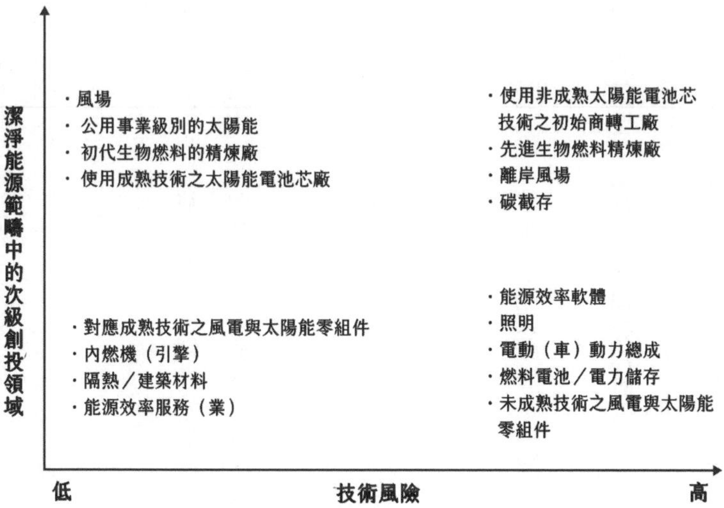

資料來源：Ghosh and Nanda (2010, 9)

大的問題，因為這代表遇到兼具創新與燒錢特質的潔淨科技，創投就會變成完全的不沾鍋，但這些科技所對應的正是能讓潔淨能源發展日益先進的領域。除非政府能放寬籌資或增資的限制，或是自己跳進來投資，否則投資不足與發展不足便會像夢魘揮之不去，永遠困擾這些重要領域。

潔淨科技業者，包括生物科技公司，都會在嘗試將研發成果轉變成商用（生產）時面臨若干挑戰。同時，潔淨科技欲產生規模經濟所需要的資本投入，往往高於ＩＴ產業的各個部門（ＩＴ正是創投財富的發源地）。確實，晚近的趨勢是創投會受到吸引而選擇潔淨科技，都是因為該技術背後有政府的身影在支援，而這些創投幾乎全數將資金投入已經確立的成熟科技，其中一些甚至已經有數十年的發展資歷可循（Bullis 2011）[11]。

如含美國太陽能面板廠第一太陽能（First Solar；詳見下一章）在內的各個成功案例，都是經過幾十年的累積，期間各創投分別在相對較晚的階段介入，並趕著在ＩＰＯ完成後迅速離場。投資第一太陽能會牽涉到的風險，大部分都有美國政府在底下撐著。美國政府不但支持該公司發展並商用化其創新之薄膜太陽能產品，而且還一路陪著第一太陽能把製程搞定。

再者，聯邦與州政府以激勵方案提供了數十億美元的資金去支持本土太陽能光伏市場建立與成長，藉此確保第一太陽能等業者有機會獲取市占率並達成規模經濟。公家的支持，結合第一太陽能作為薄膜技術龍頭與太陽能光伏成本最低者的雙重優勢，使得該公司的成功獲得很大程度的保障。基本上只要政府不抽腿，你很難想像這樣的公司會一敗塗地。

沒有耐性的創投：索林卓如何死在股東的手上[12]

索林卓的案例凸顯了創投的突然抽腿如何讓原本也接受過納稅人資助的創新科技企業一夕之間從前景亮眼走到土崩瓦解。索林卓曾經是潔淨科技企業中的當紅炸子雞，也是在《美國復甦與再投資法案》總值三百七十億美元的融資擔保計畫中，首批被欽點到的對象。該計畫的執行，是在能源部的管轄下由「融資計畫辦公室」（Loan Programs Office）的執行主任強納生．希爾瓦（Jonathan Silver）指揮。原本就有創投與避險基金經理人背景的希爾瓦是在二〇〇九年加入能源部，而索林卓做為生產銅銦鎵硒（CIGS）太陽能面板的高科技廠商，從該計畫手中拿到了五點二七億美元的融資，並對自動化程度更高的新式工廠進行了投資，希望藉此提高產出與規模經濟。當時市場的主流技術是矽晶（C-Si）太陽能面板，而在二〇〇八年前後的矽原料價格暴漲之後，索林卓便打起了其銅銦鎵硒太陽能光伏技術可以為自身創造出顯著成本優勢的如意算盤。

但全球太陽能市況變動，讓索林卓沒能從新廠的投資中有所回收，主要是索林卓還沒來得及享受到產能增加帶來的規模經濟，矽原料的價格就出現了暴跌，同時由於中國加入了矽晶光伏技術的發展與投資，矽晶太陽能技術的成本因此超乎預期地大降。雖有政府支持且從企業股東處拿到了十一億美元，但索林卓最終還是在二〇一一年的秋天宣布破產。所有股東都賭索林卓能做起來，都賭索林卓不會失敗，但對批評者而言，索林卓已經成為當代政府無法正確地投資在風險性技術，也沒有能力「挑選贏家」的代表性案例。

索林卓最關鍵的企業支持者，當屬各家創投，而就跟一般的創投一樣，這些索林卓的股東都很殷切地等待IPO或是併購來提供他們投資的出口。只要有出口，他們就可以把投資特定公司所獲得的持股變現，藉此獲利了解。最好的狀況下，他們可以賣股而獲致巨大的資本利得，而不用等著公司靠營運來辛苦賺錢分紅。問題是市場瞬息萬變，所以出口也不是每回都能出現，像索林卓就證明了這一點。當索林卓的關鍵投資者認賠十一億美元的投資時，一千個工作機會連帶消失，政府擔保的五點三五億美元貸款也打了水漂。亦即相對於繼續待在甲板上，索林卓的投資人決意壯士斷腕、跳船求生[13]。

這當中的諷刺之處在於政府的支持，往往讓像索林卓之類的公司在投資人眼裡變得更有吸引力。企業投資人看上的是國家屬於「耐心（型）資本」，所以才決定在投資上跟進。事情來到這般田地，常見的結論是政府應該專心只把高風險的技術研發委託出去，或是有某些人（Kho 2011）主張創投「不適合開工廠的業者」（就算拿到了政府擔保的貸款也一樣）。但實際的狀況是政府連把技術發展委託出去都做不到，因為現在的美國面臨到共和黨人反對融資保證計畫，他們認為對於促進潔淨科技的商用化一事，政府應該全然置身事外[14]。

破產成為事實之後，麥可・貝松（Michael Bathon; 2012）釐清說索林卓必須打贏控告中國太陽能者的官司，證明是中國對手害他們破產，才能用十五億美元的索賠金額來償還所有利害關係人的損失。索林卓聲稱中國人刻意用低價格打出「傷敵七分，自損三分」的七傷拳，同時中國企業也不公平地受益於了政府的支持[15]。這場訴訟在大剌剌地採取雙重標準，令人大搖其頭之餘，其實原本可以為社會大眾提供一次機會，讓外界有機會比較美國以太陽能政策支持相關的製造業何以失敗，而中國做一樣的事情卻為何能成功。但多數產業評論者並沒有分析中美政策與產業特性中的微妙差異，反而都去強調美國挑起與中國的貿易戰爭，是為了保護自身太陽能光伏業者的一種努力。

即便在賣掉所有主要資產，包括價值三億美元的總部與廠房（建於二〇一〇年），索林卓也只剩下七千一百萬美元可以分給利害關係人——包括納稅義務人（Wood 2012）。被資遣的員工可分到三百五十萬美元，政府可以拿回大約兩千七百萬美元被違約的放款。在此同時，索林卓的母公司 360 Degree Solar Holding（二〇一一年二月的債務重整中由索林卓的創投金主跟美國能源部共同成立）將可以獲得價值三億四千一百萬美元的稅務優惠額度來供其未來的投資項目使用。換句話說，索林卓都已經關門大吉了，納稅義務人還是得繼續對陰魂不散的股權投資人提供補貼。

原本承諾要拿政府的錢，為公家與社會大眾創造出嶄新技術的企業，會死在欠缺耐性的創投手裡，但批評者卻往往只強調政府要被失敗負責，而不會去細究充滿計算而唯利是圖的商人才是提前跳船而拖累所有人的罪魁禍首。這些創投沒有投資到最後的決心，又不顧一切地急著想要回本，這才是科技發展胎死腹中的主因。而既然這些創投對資本密集的產業沒興趣，也對蓋工廠沒有興趣，那他們對經濟發展到底有什麼真正的貢獻呢？一言以蔽之，創投在經濟發展中能扮演的角色就是兩個字：有限。更重要的是，潔淨科技產業在成長中所面對到的困難，應該被解讀我們需要更多更好的政策支持，而不是更少，畢竟現存的融資模式是投資人的盟友，而不站在公共利益這邊。

索林卓並不是唯一一家從能源部那兒領到擔保貸款，但最後以破產作收的潔淨科技廠商。另外三家亦申請了聯邦《破產法》第十一章保護的業者分別是二〇一三年申請破產的 Fisker Automotive 與雙雙在二〇一二年申請破產的 Abound Solar 與 Vehicle Production Group。這四家業者總計的貸款違約金額是七億八千萬美元，這相對於能源部以二〇〇五年的《能源政策法》作為法源（二〇〇九年的《美國復甦與再投資法案》就是在此法的基礎上加碼）所提供的三百四十二億美元擔保貸款額度，僅僅是百分之二點二八而已。這樣的違約率，其實算很低，而且還低於特斯拉電動車等業者已經順利償還的金額。要知道在截至二〇一四年底，特斯拉等業者償還的貸款金額已經有八億一千萬美元之譜。事實上根據彭博在二〇一四年底取得的一份美國政府報告內容所言（Doom 2014），能源部整體的擔保貸款計畫將可望在二十年間為納稅義務人賺到五十到六十億美元的獲利。如接受彭博訪問的一名市場分析師所強調的，五十億美元的獲利對許多以潔淨科技為投資標的的創投或私募基金而言，都是遙不可及的報酬。而這名分析師一針見血的見解是：當被視為是獨立的投資時，公共資金對特定高風險創新業者的投入會隨著該公司的破產而被視為失敗。「政府很不擅於挑選贏家！」批評者會這麼說。但真正重要的，是我們應該要把這類看似在「挑選贏家」的投資視為是長期投資組合中的一塊拼圖。因為若從這個角度去看，那能源部的擔保貸款計畫就很可能會被歸類於重大的勝利。

靠能源部與ＡＰＲＡ－Ｅ來採取主動

創投在提供長期支持給尖端創新發展上的無能為力，幾十年來都獲得了政府計畫的補足。美國能源部成立於一九七八年，目的是為了統整數個政府機關與十七間國家級實驗室的力量，藉此將能源創新納入政府成為長期性的工作目標，以因應愈發頻繁的全球性能源危機。在這個整合架構下，年度預算可高達數十億美元的能源部一路以來在需求與供應端資助了一定數目的潔淨科技計畫[16]。這當中包括在一九九二到二〇一二年之間以三十四億美元與十二億美元（以二〇一一年幣值計算）資助太陽能與風能的研發。雖然有人大可以說美國長年資助化石燃料與核能的手筆要遠大於此，但以本書所關心的方向而言，我們更該在意的是在美國多數大型風電與太陽能企業的歷史中，都可以看到能源部出手發揮影響力的身影。政府與產業合作在美國是家常便飯，而由能源部提供的支持範圍包括補助金、合約注資、貸款注資、研發經費、財務槓桿等形式，並藉此提供資金給全美範圍內各大學之研究與公私部門的合作來建構廣大的知識基礎。

能源部對於潔淨能源研究的支持，在歐巴馬政府執政的其間大幅擴張。隨著《美國復甦與再投資計畫》的通過，能源部配置了一百三十億餘美元來發展潔淨能源科技，推動能源基礎建設的現代化，減少廢棄物，並促進美國朝更高的永續性轉型。在二〇〇九年，能源部撥款三億七千七百萬美元以資助四十六個分別位於各大學、國立實驗室、非營利機構與民間企業的全新百萬美元級「先進能源研究中心」（Energy Frontier Research Centers，EFRC）。自此在為期五年的過程中，能源部一共投入了七億七千七百萬的資金到此一計畫裡。這樣的注資規模，顯示出能源部是真心想要讓技術發明可以成長茁壯到生產與普及的階段。經由條件相符的資金與融資計畫，能源部將數以億計的資金被置放到企業手中來支持太陽能面板、電動車電池與生物燃料計畫的生產設施發展，另外還有些融資計畫專門把焦點放在家用與企業用太陽能光伏技術的發展上。林林總總的這些計畫，代表著政府不斷擴大支出在民間經濟裡推動創新。

故意搞破壞的ARPA－E

ARPA－E成立的法源是二〇〇七年的《美國競爭法案》（*America Competes Act*），並於二〇〇九年第一次獲得ARRA的注資。特別以美國國防部的DARPA計畫作為模板，ARPA－E的成立宗旨在「專注於產業本身出於風險考量而不能或不願進行，但一旦成功，整個國家都可以受益甚深的『框架外』轉型研究」（ARPA－E網站：「關於本計畫」，年份不詳）。如前所述，今天的DARPA已經是數十億美元規模，且被視為創新之路披荊斬棘超過五十年的計畫，期間DARPA不但以關鍵的研究為網際網路、微軟Windows、隱形戰機跟GPS奠定了基礎，而且還用上了艾瑞卡・福克斯（Erica Fuchs）口中由下而上進行治理的系統（Fuchs 2009, 65，另見本書第五章論及蘋果 iOS 產品家庭的部分）。

DARPA背後一個很先進的想法，在於它期待失敗，也容許失敗，而這也是ARPA－E意欲模仿的特點（Martin 2015）。福克斯（2009）將DARPA的成功歸因於其組織架構。計畫經理——清一色都是世界級的研究者——獲得了充分的自主性與授權去進行必要的探索，並藉此判斷該承擔風險去發展哪一種技術方向跟與解決方案。DARPA的研究活動發生於常規的官產學研究範疇以外，而這提供了相關人員一定程度的自由空間。DARPA的存在並不是為了替政府「區分贏家與輸家」，而是為了讓政府得以在民間企業為規避風險而內閣部會有政績壓力而雙雙不願意涉及研發之際，仍有一個著力點可以去主導創新。不過，DARPA的研發活動主要是為了滿足美國的國防（安）需求，所以在遭到監督的程度上會低於ARPA－E。話說ARPA－E形容自身的任務是投資在對私部門而言「為時尚早」的高風險能源技術，由此關於ARPA－E的必要性與怎樣算「為時尚早」的爭議，恐將持續難以形成社會共識。有趣的是DRAPA舉著「國家安全」而非「經濟表現」的大旗在運行，藉此在某個程度上成功掩蓋了國家作為重要經濟主體的事實。或許想脫困的ＡＲＰＡ－Ｅ也可以效法之，開始高喊「能源安全」來作為其運作的口號。

一如ＤＡＲＰＡ，ＡＲＰＡ－Ｅ也不生成自身的研究議程；相對於此，ＡＲＰＡ－Ｅ會邀集學界與業界的研究人員來探究高風險的點子，並參考產業最新發展與可能性範疇的集體知識來合作設定研究議程。計畫資金會取自政府與業界兩方面，而這也代表研究議程吸引到的資金來自於多重利害關係人（Hourihan and Stepp 2011）。對利害關係人而言，他們期待的是執行高風險與突破性研究的機會「可以吸引到眾多美國最頂尖的人才——經驗豐富的科學家與工程師、學子與年輕學者，還有具創業背景的過來人」。ＡＲＰＡ－Ｅ的網站宣稱其組織結構所追求的特性是「扁平、靈活、稀疏，有能力長期支持潛力未消失的研究計畫，並淡出潛力不如預期的其他計畫」。二〇一二年，ＡＲＰＡ－Ｅ支出了兩億七千萬美元在具有高知名度的能源計畫上，但實際上這數值低於二〇一〇年的四億美元，而且跟ＤＡＲＰＡ動輒數十億美元的手筆相較更是小巫見大巫（Malakoff 2012）。在以網絡擴張作為重點工作的原則下，ＡＲＰＡ－Ｅ的成立更是為了要發展「新工具來橋接基礎能源研發與產業創新之間的間隙」，而這也就是ＡＲＰＡ－Ｅ為外人所知的「從技術到市場」（technology-to-market）計畫。事實上，ＡＲＰＡ－Ｅ（截至二〇一五年三月在任的）副署長曾解釋：「世界上再怎麼樣創新的科技要發揮影響力，都得要它們先進得了市場才行，而那也就是為什麼ＡＲＰＡ－Ｅ一天到晚問：『好，這東西能用，但它有能蔚為風氣，成為主流的潛力嗎？』」（Martin 2015）。

ＡＲＰＡ－Ｅ目前的計畫清單包括以潛在具有破壞性的創新能源科技為根基，或是以足以讓能源基礎建設「變身」的技術為根基，來做出實際上能用的原型（ＡＲＰＡ－Ｅ網站：「任務宣言」，年份不詳）。科學家可以自由地對能源創新技術進行探索，而不用事先擔心所有的構想或投資都得成功或能立刻回收。基本上，對風險過於敏感的企業利益會因為看到今日的不確定性而不敢投資屬於明日的能源科技，而負責填補這當中間隙的就是ＡＲＰＡ－Ｅ。

雖說ＤＡＲＡＰ類型的主動投資比起不沾鍋式的旁敲側擊，前者更能引導出經濟成長，但前者的難題是如何選擇投資「方向」，畢竟產業與學界都有各自的想法，而他們也會設法對政府產生影響。而這個抉擇所牽涉到的風險，就在於政府可能會受到路經依賴理論的影響而偏好次佳的發展途徑，因而捨棄了真正基於冒險精神與破壞性科技與「瘋狂」科學態度而推導出的嶄新路徑。為軍方提供研究與產品開發服務，也跟為能源市場提供研發服務有不同之處。能源市場由地球上最大最強的企業所稱霸，而這些超大型公司往往並不習於追求創新，畢竟天然氣與電力等能源商品即便來自於不同的科技，也不會有任何實質上的差異。勝負真正的關鍵，最終往往只剩下價格。而且作為現行主流能源技術的開發者與控制者，相關業者往往承擔了龐大的沉沒成本，而這也代表創新對他們是一股不容小覷的風險。最終，相對於新興科技的迅速採行，能源產業會在發展上更重視穩定性與可靠性（Chazan 2013）。

新的能源科技會左右能源產出的途徑，且當其他因子（如環境影響）不發生或不被能源業者考慮進去時，新能源的成本往往會高於固有技術的能源生產成本。軍事科技研究者的任務非常明確，而成本則不在他們的考量之列，畢竟政府對價格的敏感度較低，且可以率先對創新產品進行採購。在能源領域中，衝突會持續來自各國對於未來能源需求該如何獲得滿足的看法有所不同，加上有互斥的經濟與社會目標會彼此競爭，比方說我們一方面會想最大化外銷的潛力，一方面會想把碳排放減為零的任務放在第一位。

美國一直採取的是一種亂槍打鳥、統統有獎的補助策略。而美國這麼做，冀望的是在或早或晚的某個時間點上，兼具創新與經濟效益的能源科技會冒出頭來。以氣候變遷作為投資能源科技的主要理由，會有一個問題，那就是我們今天面對的環保議題並不只氣候變遷這一項，而且其實要（部分）解決氣候變遷的問題，我們已經有屬於非再生能源的核能可以用，再不然碳截存也可以發揮一定的效果。但那真的是我們要的嗎？我們想動用資源去遂行創新，就必須要有設定科技發展方向的勇氣，並且貫徹到底。把設定科技發展方向的權力放給市場，只會讓能源轉型無限期拖延，直到化石燃料的價格達到摧毀經濟的高點。

帶著綠色革命向前衝吧——別再拖了

美國政府的創新投資史，從網際網路到奈米科技，顯示出不論對基礎與應用研究而言，政府參與都有著同等的關鍵性與重要性。美國衛生研究院的實驗室在負責全美百分之七十五最尖端的新藥研究之餘，也從事應用性的研究。而不論是基礎研究還是應用型的研究，政府所做的事情都是私部門不願意做的，由此國家資金代表了事情能有所進展的契機。ARRA挹注到美國衛生研究院裡的一百億美元，按照麥可．葛朗瓦德所說，「促成了令人振奮的突破發生在癌症、阿茲海默症、基因學等各大研究領域中」（Andersen 2012）。所以若還有人以為我們可以把應用研究放給民間企業去做，且這麼做能夠激發出創新，那這想法還真的就叫做「空穴來風」（甚至這種想法還會讓某些國家的重要突破遭到剝奪）。真正的問題在於哪些應用研究必須要做，而誰又能受此所託。

想從旁「推一把」來啟動真正的「綠色革命」，可說是緣木求魚。有些國家若還繼續緊抓著政府投資得與民間投資在某個點上達成平衡的過時看法不放，那在他們前方等待的就是錯失能源轉型之歷史機遇的懊悔，最終只能淪落為能源轉型的進口國。事實上，政府與企業活動經常交疊。潔淨能源企業就如同多數的企業，都很熱中於呼籲政府對他們所屬的產業提供補貼，或希望政府跳進來主導研發工作。我之前提過創投家與「創業者」會對政府在選擇科技來進行投資並提供支持時，產生一定的反應，但他們鮮少能持之以恆下去。

橫在我們與人類亟需的綠色革命之間，是一個很嚴重的問題：由於企業排斥風險，政府必須要對有助於綠色工業革命的尖端科技發想維持長期的資金挹注。政府必須以主導者的角色去帶領潔淨科技發展，使其突破原型的階段，進入可以商用化的成熟期。而要達成潔淨技術上的成熟，我們必須投注更多的心力籌備、組織、穩固出一個健全的市場，使該市場中的投資風險可以合理降低，而獲利也可以達成。想做到這一點的許多工具，都已經在世界中獲得普及。惟相對於策略、工具與稅金都已經充分到位，政治力量願意這麼做的意願卻相對稀缺。富國政府在身為全球最大汙染源的同時若拿不出充分的勇氣與決心，甚至反過來在世界經濟困頓的節骨眼上抽腿不支持關鍵的科技發展，那感覺就是帶著人走向災難一場。

使用公家資源去帶著潔淨科技向前衝的國家，展現出的是真正的勇氣，因為這些政府應許了目標，承諾了以資金去挹注看似不可能的任務。中國政府計畫要以二〇五〇年為限，為其風電產業建立起歐美等級的電網市場，並打算在短短三年內使其太陽能光伏市場規模成長七倍，這不叫勇敢什麼才叫勇敢。同樣可以勇氣名之的，還有發展型銀行一腳跨進商業銀行心存芥蒂領域，在其中推動產業發展與企業成長，並為納稅人追求一目了然的投資報酬。投入科技發展的稅金可以在流向與報酬上一目了然，是很重要的一件事情，因為初步的投資一旦有所成，下一輪的風險投資就更高的機率可以成真，而政府能在培育創新上扮演的建設性角色，也將能在更多雙眼睛之前展露無遺。

若是某些歐洲國家已經示範了長期政策性支持對於研發與市場發展上的價值，那美國相對所顯示的，就是不確定的狀態被維持下去，會導致多少良機遭到錯失（下一章會舉太陽能與風電科技為例）。美國會走到這一步，是因為聯邦政府沒有透過長期性的國家能源計畫把再生能源拱出頭，而且又同時拒絕減少或放棄對其他成熟型能源科技的支持。以至於到最後，聯邦索性把方向設定的權利丟到了各州手裡。維斯塔斯與奇異電子等風電企業從不諱言政策的改變，像是美國再生能源關鍵補貼的到期終止，或是英國「對於（再生能源）願景的欠缺」，都會左右他們的投資決策，屆時吃虧的還是這些東道主。建新廠的計畫與各種發展活動要麼胎死腹中，要麼轉移陣地到再生能源比較有前途的別國。在像英美這類再生能源的「搖擺國」裡面，州政府（或地方政府）最終還是會對潔淨能源獲得的資源加以限縮，直到能源危機釀禍後再等著聯邦或中央政府出手。

陷於這種困境的美國與其他國家，其實可以效法他國去建立發展銀行，藉此加強確保產業發展活動的進行與中後期的企業成長。很大程度上專注於金援再生能源計畫的這些發展銀行，也會利用他們的財務槓桿提供機會給投資在國內供應鏈發展上的製造業者。發展銀行放貸的投資報酬，將提供顯而易見的利益給納稅民眾，並可以更大的確定性來促進就業。綜合這幾點，發展銀行的存在頗符合公共利益。

耐心資本的重要性：公共金融與國家發展銀行

先進潔淨能源一如所有的先進技術，在發展路上有許多障礙需要掃除。某些障礙可能牽涉到技術發展（如生產技術的改進或發明），某些障礙則起源於市場狀況與對手競爭。以風力跟太陽能等再生能源而言，廣大的社會接受度與把價格壓到比其他能源技術或業者更低，是兩個必須跨域的高門檻（Hopkins and Lazonick 2012）。再生能源參與競爭的住用、商用與公共事業能源等市場，都受制於不穩定或不足量的政府支持。而考量到這些挑戰，支持一家公司到其可以量產、取得市占並產生規模經濟、壓低單位成本的份上，會牽涉到創投資金無法接受的高度財務風險（Hopkins and Lazonick 2012, 7）。創投不會願意參與無法成功通往ＩＰＯ或Ｍ＆Ａ（併購／收購）的技術發展計畫，因為他們的商業模式就是靠這些出口獲利了結。雖說創投每個投資決定都是為了投機，但除非政府以有針對性的方式去強力推動某項技術發展，否則創投幾乎沒有「豁出去」的絲毫可能性。事實上以其欠缺適合投資模型的狀況下，創投從本質上就難以為尖端創新扮演其完整發展所需要的「耐心資本」。

在這場名為「創新」的遊戲裡，金主必須具備「耐心」是很重要的事情。金主必須接受創新具有高度不確定性且曠日廢時的事實（Mazzucato 2010）。耐心資本並不拘於單一或特定的形式。德國在再生能源市場中實施縮寫為ＦＩＴ（feed-in tariff）的饋網電價制度來進行保價收購，就是以一種良性的公共「耐心資本」來支持再生能源市場的長期成長。相對於此，英美兩國雖然都提供稅務減免，但這種東西作為「耐心資本」充滿高度的不確定性，而事實也證明這種做法未能幫助產業起飛。確實在再生能源技術領域裡，製造商與開發商所獲最具能見度的耐心資本不外乎有兩個出處，一個是國家出錢投資，一個是「發展銀行」。全球風能理事會（Global Wind Energy Council，GWEC）對此的說法是：

> 發展銀行與民間放貸機構之間最大的差別，在於發展銀行有能力承擔更多的政治、經濟與地理位置風險。再者，由於他們不需要支付股利給私部門的利害關係人，所以發展銀行可以比商業銀行承擔更高的風險來達成各種國家或國際間的「公益」目標。此外，私部門裡根本不存在到期期間為十年的長期融資（Fried, Shukla and Sawyer 2012, 6）。

發展銀行有甚為多元的角色與功能，專案融資只是其一。事實上，即便在「專案融資」的大分類之下，發展銀行（或國家投資銀行〔SIB〕）也扮演著多重的角色，包括提供反周期的借貸、金援長期資本發展計畫，提供資金給技術發展與新創業者（類似創投），提供資金給有助於處理社會問題的專案（領導社會改革的角色）（Mazzucato and Penna

2014）。但發展銀行也可以設定其提供融資的條件，藉此在其國內達成經濟價值與社會價值的最大化。多數發展銀行會刻意投資在具有高度社會價值的領域中，並願意冒險貸款給商界避之唯恐不及的對象。此外，雖然這些銀行支持再生能源的消費，但他們也同時支持製造商的發展。發展銀行做為極具彈性的金主，可以提供可觀的資金給再生能源專案，而以投資風險而言，再生能源完全可以與新科技的發展等量齊觀[17]。

如我們在美國所見，創投典型的定位是要透過注資來搭橋，藉此讓新創公司可以成功過渡到商業生產的階段，但實際上他們的資金常常不能到位，不然就是一發現ＩＰＯ、Ｍ＆Ａ將因為市場的不確定性而延後或無法成行，就忙不迭地抽腿。商業銀行也一樣會覺得小型潔淨科技業者或再生能源專案太過冒險，所以你也無法期待他們跳出來填補投資的空缺。畢竟在商言商，商業銀行與法人投資人看不見什麼科技不科技——他們眼裡只有投資組合，只有風險管理，只有持有期間與投資報酬率。所以說對身處於綠色供應鏈與市場中的戰略企業而言，發展銀行才是他們成長資金與機會的來源。

由此公共金融（包括由國家發展銀行所提供者）會比創投或商銀更適於培育創新，畢竟公共金融比較說話算話，也比較有耐心，由此企業會獲得更多時間克服創新衍生出來的大量不確定性。國家投資銀行，特別但不限於在中國與巴西等新興國家裡，正顯示出它們的兩種重要性。它們一方面可以提供「反（景氣）週期」借貸這種在經濟衰退中非常要緊的融資工具，一方面可以提供支持給高度不確定與高度資本密集的潔淨技術創新。再者，公共投資銀行所賺到的報酬會啟動一個良性循環，其中稅金的使用會獲得直接的獎勵，而其他如公共財等利益也可以間接創造出來。

確實如前面的章節所示，企業與國家一向在經濟與技術發展的歷史上，存在著一種夥伴關係。惟若少了政府承擔破壞性技術發展中大部分的風險、不確定性與成本，那企業基本上不會以一己之力撐起創新到底[18]。發展現代再生能源所牽涉到的財務與技術風險，已經超乎創投所能承擔，主要是「概念驗證」之後的技術風險太大，難以在短時間內畫下句點。畢竟即便通過了概念驗證，也不代表量產獲利的可行性能獲得保證。一個關鍵的問題，在於創投想在資本密集的技術上追求不切實際的高報酬，但這些技術不論在生產與銷售（需求）上，都還存在極高的不確定性。ＩＴ革命給了創投很高的投機性報酬，但那是例外，而不是可以其他高科技產業中不斷複製的常態。

歷史上不同類型的政府政策，都曾經在諸多綠色科技的起源上扮演過重要的角色。而為了突顯這一點，我會在下一章跟大家一起檢視兩種再生能源技術的發展史，它們分別是風力發電機與太陽能光伏模組。

註釋

1 作者註，以美國為例，美國就經常有能力「交易」所謂「再生能源信用額度」（renewable energy credit，REC），也就是一種證券化的環境利益。有了REC的制度，各州在達成再生能源目標的工作上，就可以用REC的購買來取代實際上的再生能源基礎建設變革。雖說達成目標總是好事一樁，但上述的作法將無以保證再生能源的變革會發生在該州在地的供應鏈或企業當中，由此許多「綠色發展」的美意與好處就會很可惜地無法落實。

2 作者註，馬天瑞（Eric Martinot; 2013, 9）的研究表示再生能源發展目標可有效用作代理指標來追蹤那些國家在推動再生能源與低碳政策上最為積極：「一百二十個國家，各自以不同類型的政策目標在推動再生能源的比重增長，包括歐盟具約束力的目標是百分之二十」。而相對於此，「丹麥（百分之百）、德國（百分之六十）」與中國都計畫最晚在「二〇三〇或二〇五〇年」之前達成各自的目標，這代表這些國家在朝綠色能源轉型上的步伐更為積極。

3 碳鎖定是指基礎設施、機器設備、耐久消費產品一旦啟用，其使用年限均在十數或數十年以上，其問題不太可能說報廢就報廢。也就是說，現有基礎設施與產品的偏高碳排放將遭到其使用年限的鎖定，無法立即經由低碳技術的產品取代。

4 作者註，部分例子包括水車、風車、風帆與燃燒木材來生熱或產生蒸氣。另外獸力，也是人類過去用於農耕與交通運輸的一種能源。

5 作者註，其他進度超前的歐盟國家包括芬蘭、法國、丹麥與挪威。而推動綠色經濟發展之進度落後的國家，則包括愛爾蘭與西班牙。

6 作者註，該計畫包括溫室氣體排放縮減目標、再生能源市占目標、能源效率改進目標，以及對能源技術研發的支持。德國政府指派其發展銀行（德國復興信貸銀行）的一項重要任務，就是要提供資金給該國的「能源轉型」計畫（Mazzucato and Penna 2015a），詳見 http://energytransition.de/（本書於二〇一五年三月十九日上站查詢）。

7 作者註，中國也於一九九八年簽署了京都議定書，並於二〇〇二年在其國內獲得批准。唯一簽署了該議定書（一九九八年）而從未在國會完成批准程序的國家，是美國。雖然京都議定書透過「第二承諾期」，將其生命週期延長到原本的效力截止日，即二〇一二年十二月三十一日之後，但舉世均仍在觀察各締約國是否會同意接受一個後京都議定書時代的國際法架構，並由此有約束力的架構來促成溫室氣體的顯著減排。

8 作者註，該報告顯示中國獲致的相關投資最多，排名第二的是美國，至於歐洲國家則在潔淨能源發展投資跟國家預算赤字管理間的平衡上，顯得掙扎許多。

9 作者註，模糊不清的訊號包括其一是收購電價政策的反反覆覆，這一點打擊到太陽能產業的信心與成長性，陽能產業的成長性，其二是成立綠色投資銀行的決定，該銀行直到二〇一五年之前都在資本強度與借款能力上甚受局限。

10 作者註，對風電產業而言一個重要而敏感的議題是生產減稅額度的到期。在二〇一三年獲得延長之後，該年年底又遇到的到期的問題。生產減稅額度原本可以做為政府對風電產業之長期承諾的一種表徵，但卻因為得不斷重新檢討是否延長，而放大相關景氣發展的榮枯波動。

11 作者註，許多針對能源效率進行的漸進式創新，似乎獲得了高於尖端生物燃料或先進太陽能技術的優先順序。以風力發電（機）為例，創投簡直徹底忽視這項技術，而這似乎代表創投始終意興闌珊地不太願意認同這項來到二〇一二年，便已經是重要的能源產業前段班，而且也是各國發展再生能源時之首選的技術。

12 作者註，這一段的內容在獲得了原作者威廉・拉佐尼克與麥特・霍普金斯的許可後，參考了‘There Went the Sun: Renewable Energy Needs Patient Capital’, Huffingtonpost.com (2011)。網路位置為 http://www.

huffingtonpost.com/william-lazonick/there-went-the-sun-renewa_b_978572.html (accessed 12 April 2013).

13 作者註，索林卓不是唯一一家因為商界失去耐心或對風險容忍度用完而翻肚死亡的公司。英特爾曾經在二〇〇八年讓其太陽能面板部門獨立出去成立公司，名為Spectrawatt，並提供了對方五千萬美元的種子資金。Spectrawatt後來取得州政府與聯邦補助三千兩百萬美元來在紐約發展。Spectrawatt原本打算要在二〇一〇年開始生產單晶矽與多晶矽太陽能光伏電池芯（Anderson 2011）。惟該公司後來發展受到一批零組件瑕疵品的影響，加上有來自中國對手的強力競爭，加上投資人拒絕增資四千萬美元，最終只能黯然結束運作（Chu 2011）。

14 作者註，在美國經濟中由不具耐心的資本投資潔淨科技所引發的問題，並不是不能跨越的障礙，但保守派政客的反應實在太過「以小人之心度君子之腹」，所以才會有密西根州眾議員佛列德．阿普頓（Fred Upton）偕二十一名眾院共和黨同僚提出了六二一三號眾議院法案，也就是所謂的「不要再有下一個索林卓」法案（No More Solyndras Act）。該法案於二〇一二年九月在國會以二四五票贊成跟一六一票反對的票數表決過關，但後續並沒有進一步的發展。該法案所尋求的是要終結由能源部擔保的貸款計畫，也就是要切斷潔淨科技未來在這方面獲得的資助。這項法案還忽視了另外一項事實，那就是在長達數十年的時間裡，企業界都沒有投注像樣的資源到潔淨能源技術的發展上。由共和黨主導對索林卓進行的「調查」，被用來當成大肆批判潔淨能源科技投資的利器，但其實能源部的貸款計畫不只挹注潔淨能源科技，也同時扶助著核電廠、車廠、再生能源計畫等案。

15 作者註，到了二〇一五年三月，索林卓反托拉斯訴訟中的其中一個中國被告尚德電力（控股）已經準備好要與索林卓和解。二〇一六年二月，另外兩個被告天合光能跟英利綠色能源控股被一名加州法官傳喚出庭。詳見A. Scurria, ‘Suntech Reaches Ch. 15 Antitrust Deal With Solyndra Trust’, Law 360, 3 March 2015, http://www.law360.com/articles/627066/suntech-reaches-ch-15-antitrust-deal-with-solyndra-trust, accessed 19 March 2015.

16 作者註，我們在此應該簡單提一下的是，在美國影響能源創新的其他聯邦機構還有好幾個。其中根據最新的預估，美國國防部到二〇三〇年為止，將每年支出一百億美元在再生能源上（見 Korosec 2011）。如同其他的聯邦機構一樣，國防部也有義務要符合愈來愈嚴格的能源效率規定，由此他們會將資金分配到太陽能、風電、水電、生物燃料與能源儲存等各式各樣的潔淨科技領域上。事實上一項投資金額高達二十億美元的國防部太陽能光伏發電計畫，已經在加州的歐文堡（Fort Irwin）啟動（Proebstel and Wheelock 2011）。國防部的國防後勤局（Defense Logistics Agency）與DARPA從該機構三十億美元的預算中撥出了一億元，去發展潔淨能源中各式的軍事應用（見 Levine 2009）。作為金字塔頂端的能源消費者——每年能源需求消費近四十億美元，且地板面積是威名百貨所有店面加起來的好幾倍——國防部對許多潔淨科技的發展與普及，擁有決定其最終成敗的巨大影響力（見 serdp.org）。

17 作者註，從二〇〇七到二〇一〇年，大約有四百億美元的資金由發展銀行提供出來支持各式各樣的再生能源計畫。風電、太陽能與生質能技術是近年來受發展銀行資金挹注最大的受益者，其中全球風能理事會指出在二〇一〇年風電計畫用上了發展銀行融資規模的一半以上。二〇一二年，國家發展銀行在「氣候金融地景」（climate finance landscape）上的占比達到百分之三十四（為所有單一類型主體中最高者），其次為專案開發商（含國營公用事業）的百分之二十九，企業主體的百分之十九，家戶的百分之九，各種民營金融機構的百分之六，政府行政分支的百分之三（來自政府預算的投資）（Climate Policy Initiative 2013）。把這些資金來源拿去跟由法人投資人所提供的資金來做比較，結果也很有趣（Mazzucato and Penna 2015a）：在法人投資人所管理的龐大資金當中——二〇一二年高達八十二兆美元——僅一百三十億美元在二〇〇四到二〇一二年間被投入到再生能源開發案當中（Kaminker et al. 2013）。

18 作者註，這就是何以美國能源創新委員會（American Energy Innovation Council，AEIC）在二〇一〇年開始呼籲美國要把發展潔淨能源的支出提高為原本的三倍，也就是每年一百六十億美元，外加十億美元交由ARPA－E運用。這麼做將可以減輕所謂的「空廚櫃」（bare cupboard）的現象，也就是地球上最有錢的一些公司竟找不到科技可以市場化的窘狀。但這些豪門企業說自己沒有科技可以市場化的說法，其實相當程度上無法取信於人，因為很多潔淨科技根本不需要動輒幾十億美元的資金來發展成為今日的能源解決方案。但這當中有著相當清楚的意涵：凡是政府帶頭的事情，企業投資自然會跟進。詳見Lazonick (2011b; 2012, 38)。

第七章

風力與太陽能：政府的成功案例與科技身處的危機

Wind and Solar Power: Government Success Stories and Technology in Crisis

就跟任何一家國際型企業一樣：我們跟政府打交道。我們跟中國政府打交道，跟德國政府打交道，跟美國政府打交道，跟國際上許許多多的政府打交道。而當然我們會以研發補助或政府補貼的名義，獲得政府支持，並藉此獲致成長。我在想幾乎沒有哪家（美國）太陽能公司沒拿過美國政府的補助，而德國公司也會從德國政府那兒領到補貼。因為這還是一個非常年輕的產業，所以需要政府奧援。但這也是個即將脫離政府補貼而獨立的產業。我們相信以二〇一五年為界，世界上五成的國家都可以達成市電同價[1]——亦即業者不再需要政府補貼。

——尚德電力執行長．施正榮（2012）

雖說第六章看過了不同國家如何投資在綠色工業革命的研發、製造與推廣上，但播下改變的種子到如此重大的經濟與社會變遷上，不可能不遇到一些挑戰。所以在本章當中，我會嘗試更深入地對政策與經濟發展間的互動抽絲剝繭，為此我會提供歷史上的案例來說明有效與無效的創新政策分別生得是什麼模樣，乃至於國家如何在推動尖端新技術上扮演要角——政府不光得推出新穎的稅務減免設計，而且還要在持之以恆地在風力與太陽能業務上的各個方面有所參與。由此我們可以看到在創新科技的發明、發展、量產與部署上，都有國家參與的身影。我會帶大家一起回顧自一九七〇年代能源危機以來，風力發電技術的近代發展。然後我也會以簡史的方式介紹太陽能業者中的先驅者。這兩部分的說明，都會讓大家明白在眾多風能與太陽能的企業與其核心技術背後，都有政府那隻主動但又看不見的手，而這隻手一如前幾章所述，也曾經催生過網際網路、生物科技、奈米科技等尖端科技產業。在關鍵的初期推這些技術一把，甘冒風險出錢投資這些技術，並創造出體制與環境讓這些技術得以落地生根的要角，都是特定的國家官署。我會在這些篇幅中強調美國的做法（含其歷史成因）導致國家投資衍生的許多好處落入德國、丹麥與中國等外國之手。

要不是各國政府有始有終地帶動風機與太陽能光伏面板的研發與推廣，近十年來的能源轉型根本不會發生。而這些「帶頭衝」的動作，都需要重大的監理體制改革與對新興企業提供財務與各方面的支持來作為前提。如何把領先的業者與技術跟政府的努力像點一樣連成線和面，有時候並不是那麼清楚，但有目共睹的一點是沒一家頂尖的潔淨科技企業出身自完全沒有國家插手的市場，而這也是我會利用本章後半部來探究的現實。

惟目前的潔淨科技革命看似處在一個十字路口，甚至是一場危機當中。參考歷史教訓，我會在本章作結時重返在第二章討論過的各種迷思，並利用這些討論來打破若干有關於潔淨科技的迷思，讓長久被誤導的大家認清：(a)光研發是不夠的；(b)創投沒有大家以為的那麼熱愛風險；(c)小不見得美。為了讓十字路口的綠燈為綠色能源亮起來，政府政策必須克服這些根深柢固的迷思與扭曲事實的意識型態，讓大家從天真的想法中甦醒過來。

風能與太陽能：危機就是成長的契機

國家顯然願意接受潔淨能源科技之發展風險，而這一點的影響算是非常正面。在近幾十年當中，風機與太陽能面板是地表最快速獲得部署的兩大再生能源技術，而這也在全球各地區中催生出了新興的相關產業鏈。二〇〇八年，一千九百四十億美元被導入到新興的潔淨能源技術裡，為的是提供市場亟需的經濟刺激來抵銷全球經濟危機的衝擊（NSB 2012, 62）。事實上正因著經濟危機，全球於是達成了一項非官方的「協議」，那就是潔淨能源科技的時代已經（再度）來臨。一場綠色能源革命似乎已進入了「有可能」的範疇裡。

圖十七：全球太陽能與風電市場規模（十億美元）
（2000～2011年）

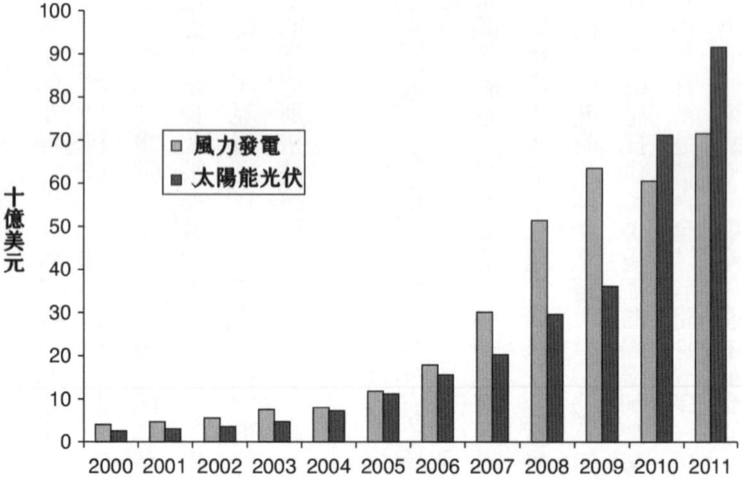

資料來源：Pernick et al. (2012)

不過一個不小心，我們就會言過其實地把潔淨能源各分支的進展說成是整整齊齊在並駕齊驅。事實上在二〇一〇年，全球風能市場就曾受到金融危機在美國的開展而呈現萎縮（但美國如今已經是僅次於中國，全球第二大的風電市場），但大約同一時間，太陽能市場的規模則在二〇〇九年到二〇一〇年間翻了將近一倍，而這也讓太陽能有史以來超越了風能，成為了規模更大的再生能源體系。圖十七顯示一路以來，風力與太陽能市場的成長趨勢相當迅速。加在一起，全球的風力與太陽能在二〇一一年有一千六百四十億美元的市場規模，遠高於二〇〇〇年僅七十億美元。

大範圍部署太陽能面板與風力發動機，是能兼顧人類未來能源需求並舒緩氣候變遷的兩種解決方案。一如蘋果 iPod、iPhone 與 iPad 背後的技術（見第五章），潔淨能源創新也有個公部門在當中領頭的「生態系」。風電與太陽能技術是政府大力投資，為這兩種能源在全球各地觸發歷史性機遇的成果。

相對於美中兩國擁有全世界最大規模的風機發電能量，丹麥早在幾十年前就創造出了全球首屈一指的風機製造商：維斯塔斯。在美國，一流的風機廠商也在一九八〇年代紛紛出籠，但一個個都走上被收購或破產的命運而銷聲匿跡[2]。德國的太陽能資源雖比美國遜色，但該國仍是全球太陽能光伏容量建置的第一把交椅。中國已然崛起成為世界級的太陽能光伏產品製造重鎮，幾十年間擊敗了美日歐等勁旅。

非解釋清楚不可的是像美國這樣的國家，是如何一方面成為能源的重要市場，又一方面沒有能成為硬體的主要製造商？反過來說，像中國這樣的國家，是如何能（在早年）欠缺內銷市場的不利背景下成為太陽能硬體的重要供應商？造成這些國家差別的，不是它們各自作為風機或太陽能板製造者的「比較優勢」，也無關乎它們各自擁有的風力或日照資源多寡。回頭看，風力與太陽能的發展史反映了政府扶植政策的內容差異。在某些國家中，發展綠能是橫亙數十年的歷程。而在另一些國家中，發展綠能是一個「迎頭趕上」的過程——但不論在哪一種國家裡，支撐或推進成果的功臣都是政府拿出的政策工具。國際上的風電技術發展史，還有頂尖風力與太陽能企業的發展史，都可以供我們觀察這兩個產業在何種程度上直接（或間接）受益於各式各樣的公共注資與支持。

從第一波風力淘金熱，到中國風電產業的興起

第一波「風力淘金熱」（Wind Rush, 1980-1985）的背景是一九七〇年代的能源危機。當時不少國家積極投資公用事業等級的風力發電機，寄望其能以解決方案之姿，紓解人類對於用化石燃料來發電的依賴性。一九七〇年代，丹麥、德國與美國分別啟動了大規模的風能研發計畫，其典型的目標設定是建構百萬瓦（ＭＷ，中國稱兆瓦）級以上的風機，並創造出可以商用化的設計來供航太或農機領域的大企業利用（Soppe 2009; Heymann 1998; Nielsen 2010）。美國花在風能研發上的錢比德國跟丹麥都多，而且還把太空總署都抓來帶領研究，但最終還是以失敗作收，沒有獲得商用化設計成功的結果，另外德國的嘗試也換來一場空。唯有丹麥，順利把政府出資的研發成果轉化為商業上的成功，而這也讓丹麥在風能產業成型的年月中取得了彌足珍貴的優勢。

梅西亞斯．海伊曼（Matthias Heyman; 1999, 661）把丹麥的成功歸功於該國以政府之

力支持技術研發上的合作。他認為丹麥的工藝終究作出了可靠的設計，然後再投入時間來放大規模。琳達・康普（Linda Kamp; 2002, 205）與賀德菲爾特・尼爾森（Hvidtfelt Nielsen; 2010, 176）認為國家間的成果差別，源自於丹麥人決定在技術的發展上以早先一種名為「蓋得瑟」（Gedser）的風機設計來作為基底。蓋得瑟是由約翰・朱爾（Johannes Juul）開發出來的一種強韌、穩定的三葉式水平軸風機。蓋得瑟早期測試的經費來自由用戶出資建立的合作社式 SEAS-NVE 電力公司與丹麥電力公司協會（Association of Danish Utility Companies）（Heymann 1998, 650; Kamp 2002, 130）。後來，為了發展風機來供現代能源網使用，丹麥政府與美國方面提供了數百萬美元的經費來測試蓋得瑟的設計（Kamp 2002, 133）。惟雖然有蓋得瑟的示範擺在那裡，美國與德國後來仍分別根據兩國在二戰前後發想出的原型，選擇了較輕量、空氣動力學上效率較高，但往往不構牢靠的風機設計。

丹麥投入風機發展的努力，包括由國家出資開發原型，並招來了大手製造商來累積技術經驗，創造出運作功能無虞的供應鏈。Bonus 與維斯塔斯等風機製造商得以購入由國家研究計畫與先驅風機小廠所產出的專利，而這也讓他們對集體的知識庫與正在發生的學習曲線獲得了控制權。這些大廠後續利用了自身在風場設備上的製作經驗與資本規模上的優勢，量產出了堅固的風機，並最終開始尋求垂直整合的可能性（Kamp 2002; Heymann 1998）。丹麥的研發活動，與其在十年間慢慢退場的投資稅務減免有時間上的重疊。稅務減免發揮了讓風能內銷市場起飛的效果，而美國加州與聯邦的激勵措施則為丹麥廠商創造出了外銷的機會。

美國與德國的「大政府」式研發被歸為失敗之舉，正是因為他們沒有在計畫設計出可以成功商用化的可靠風機後，就立即投入生產。很顯然若美德政府願意冒企業不願意冒的較大風險，那他們難免會失敗個幾次，也成功個幾次。但不去冒這個險，他們就永遠與成功無緣。同時這次的失敗，也導致雷根主政下的美國重新強調起政府不具有「挑選贏家」的本質能力，而這正是在經濟學家與政治人物中的保守派當中，最常被拿來限制或反對政府介入潔淨能源產業的意識型態[3]。

惟同樣歷經失敗，德國並沒有像美國一樣大砍風能計畫預算，而是繼續拿公家的錢從事研發。而且學到教訓的他們並沒有繼續自己來，而是把錢拿去資助業界與學界的研發，另外德國還贊助了一個測試計畫，讓德國的各種設計有地方可以進行控制下的演練（Soppe 2009, 11）。在檢視這段歷史時，寶莎・索普（Birthe Soppe; 2009, 12）補充說德國同時推動了若干條不同的發展路徑，包括他們花錢去研發體積大小不同的風機（而沒有像美國一開始那樣偏心大機器）。丹麥的計畫比較便宜，但也比較有做出成績，而這部分得歸功於維斯塔斯等重型農機大廠的進場。重型農機的背景，讓他們知道機器強度的重要性，而不會像航太背景的美國太空總署只強調輕量化與運轉效率的最大化。

成敗姑且不論，這些政府的各種舉措都顯示出風能的需求復活了，而美國雖然在維繫設備製造領先的過程中顯得跌跌撞撞而且成效不彰，但有目共睹的是美國順利打造出了一個傲視國際的風能市場——美國用「帶頭衝」而非僅僅是「從旁推」的方式，讓這個市場由虛變實——而這是一個民間企業可以放心進入的市場。又一次，國家像「獅子王」一樣，帶著有如可愛動物的私人企業採取了行動。

諷刺的是由美國聯邦與加州政府所聯手打造出來，有利於風能發展的環境，並未成為有美國本土企業獨享的商機。優越的條件，同時吸引到了丹麥的維斯塔斯公司，而維斯塔斯也成為加州風能開發商 Zond Corporation 的風機供應商首選。話說因為國內並沒有太多有實績的風機機型可以從中挑選，所以 Zond 才無奈成為風機的進口者。事實上 Zond 向維斯塔斯下訂的風機數量超過一千台，形同以一己的奶水養大了維斯塔斯的風機業務。當然水能載舟亦能覆舟，當加州的稅務優惠在一九八五年劃下句點時，Zond 拒絕把最後一批（出貨延誤的）風機尾款付給維斯塔斯，而這也造成了維斯塔斯的破產。為了生存下來，維斯塔斯拋棄了自身的農機業務，並在短時間內以純風機製造商的身分回歸，而且還一舉拿下了國際龍頭的地位。是說當年要不是有美國聯邦跟加州政府的支持，加上丹麥政府對其破產重整睜一隻眼閉一隻眼，今天會不會有世界龍頭維斯塔斯尚未可知。

在少數應運崛起於美國的本土風能公司裡，後來更名為 Kenetech 的美國風電公司（US

Windpower）相當值得一提。Kenetech 除了在初期衝了出來，成為領先群一員以外，也是後來奇異電子裡世界級風機部門的技術元祖。Kenetech 在營運策略上的選擇，曾受到美國政府各風能投資計畫的影響，這包括初創於加州的 Kenetech 會遷到加州，就是有感於加州的政策支持俯拾皆是。另外如 Kenetech 的營運方略、風電知識，以及其工作原型機的技術，統統取自於麻州大學阿默斯特分校（University of Massachusetts–Amherst）這所因為有美國能源部資助，所以在風電研究上相當活躍的公立大學。Kenetech的另外一個頭銜是第一間使用電腦來對風機進行電子控制跟調節的風力公司，而這也讓他們得以在風機本體不如丹麥對手強悍的劣勢下，成功讓風機的效能與穩定性獲得最適化[4]。Kenetech 迄今都還是極少數美國本土風機廠商能從種子投資走到ＩＰＯ階段的特例，但該公司仍免不了在一九九六年推出先進變速風機產品後遇上破產的命運，而其虧損主要來自於新產品的重大保固問題。根據羅莎莉・盧格（Rosalie Rugg）與派翠克・湯瑪斯（Patrick Thomas）（2009, 37-8）所說，奇異電子擁有可以最多數可以連結回能源部資助研究的專利家族，但Kenetech也擠進了這種專利家族數可以超過五的企業菁英俱樂部。盧格跟湯瑪斯認為有「廣泛聯繫」存在於能源部跟頂尖風電企業之間，並認為能源部的研究「尤其影響到了奇異電子跟維斯塔斯，這兩間公用事業級風機國際大廠所發展出的技術」（2009, 41-2）。

不同於維斯塔斯，Kenetech 並沒有得到美國政府或其股東在破產一事上放水，大約一千人因此隨公司倒閉而失業。這之後 Zond 公司買下了 Kenetech 的變速風機技術，並在能源部的協助下開發出了新的風機。一九九七年，Zond 被安隆公司（Enron）部分收購，而等安隆因為醜聞爆發而崩潰之後，奇異電子買下了 Zond 手中的技術，並在短時間內竄起成為國際上的一線風機供應商。從那之後，一邊是聯邦與州級政府對風電市場補貼，一邊是大公司特有的資源、穩定跟技術力，兩者抱團成為一股強大的力量。而就是這股力量，讓奇異電子成為風電廠商中的「美國隊長」（Hopkins 2012）。直到今天為止，雖然在世界各地受到中國對手的競爭與挑戰，但奇異電子仍至少能稱霸美國風機市場，而由國家與企業出力所發展出來的技術（包括 Kenetech 與 Zond 的貢獻），創造了一段重要歸重要，但卻動輒被遺忘的科技發展史。這段歷史透過風電產業所講述的，正是國家可以如何透過對企業的支持來創造出創新技術與經濟成長的故事。

風電的基本科學知識，是經由能源部透過國立與大學實驗室，經年累月所奠定出來的。這些知識透過不同的方式壓低了風電成本，穩定了風力供電。其中空氣動力學的知識尤其不容小覷，因為風力發電機得在不同於螺旋槳飛機或直升機的環境裡運行。先進的電腦運算模型促進了風機設計的穩定性與運轉效率，而頻繁的產業內部合作也催生出了一代代容量因子（capcity factor，可大致是為運轉效率的指標）更大的新機型。風力資源分布的先進地圖繪製，讓風力開發商可以精準掌握定址的資訊，不用亂槍打鳥，而這也有利於他們開發計畫的擬定。十二億美元的相關研發經費，讓風能利用成本從一九七〇年代的每千瓦時三十到五十美分降至二〇〇〇年代只剩下區區每千瓦時三美分（在政府資助之葉片翼形〔airfoil〕設計與其他風機構件的幫助下），而風機本身的運作效率也提升為原本的三倍有餘，因為它們不但可以幾乎二十四小時發揮作用，而且生命週期也延長到三十年。

政府支持的重要性，總是在失去的時候才會給人最深刻的感受：在對推動能源創新的反彈聲中，美國政府在一九八〇年代中期放棄了對風電發展的補貼，砍除了能源部的研發預算，結果就是相關的內需市場開始停滯，產業的發展動能因此轉移陣地，去到了歐洲，精確地說是歐陸的德國。德國聯邦層級的研究與科技部（Ministry for Research and Technology）在一九八九年啟動了以一百萬瓦為單位的風電發展計畫。這再加上推出FIT保價收購制度，以高於市價的費率來回收風電，並給予小型製造商高達百分之七十的稅務減免，德國順利開啟了其作為全球最火燙風電發展市場的霸業（Lauber, Volkmar and Mez 2006, 106）。此外，結合溫室氣體減量的目標設定，並因應其想透過國內生產來達成再生能源發展的盤算，德國撥出了聯邦與地方共計約二十二億美元的預算來延續對風能研發工作的支持。德國長期對風能發展的不離不棄，在一九九〇年代開始累積出成績，直到今天都仍以「能源轉型」計畫的形式再持續運行（即從非再生能源過渡、轉型到再生能源的計畫）。德國政府政策的延續性，為一流的廠商提供了誕生與茁壯的土壤，並同時確保了風力發電能量的部署能展現出穩定的年成長。德國政府的各種刺激方案，牽引出是一條可延伸到二十年後的投資地平線。這兩倍於美投資風電時的能見度，降低了市場的不確定性，也強化了投資人的信心。

雖曾在一九八〇年代推動過再生能源投資來做為鄉村電力基礎建設發展的一種技術性解決方案，但中國在風電技術上仍顯得有一點姍姍來遲（Mia et al. 2010, 440）。中國由國家參股的金風科技作為一家重要的風機製造商，成立於一九九八年，一開始是從德國公司 Jacobs（後來被德國公司 REpower 收購）與 Vensys Energiesystem GmbH 處取得德國技術的授權（Lewis 2007, 15）。新疆金風科技的風機產品受益於中國實施於二〇〇三年，嚴格規定在國內販售的風機中得有七成零組件來自本土生產的法條（Martinot 2010）。這規定實質上讓所有外國企業即便有意進軍中國，也不得其門而入，而中國的風電製造業者則得以趁此空檔，強化自身供應鏈的質與量。

此外，中國風電開發商還紛紛透過特許模式下的競標，獲得為期二十五年的定價收購合約。風力投資案可以取得低利融資，同時在二〇〇五年後，中國更開始以官方的補助跟優惠貸款條件來金援風電研發或開發案。中國把降低自身的整體能源密度（能耗與GDP的比值）視為施政重點，並建立了再生能源的發展目標。在這個階段，中國尋求的是在二〇五〇年之前完成一千吉瓦的風電容量開發。而已成效而言，相關的努力算是立竿見影，因為在二〇一〇年，中國就快馬加鞭地超越美國成為世界上最大的風能市場。主要靠著本土風機製造商的產出，中國也打入海外市場，從全球不同對手的手中搶得了不少國際市占率。

太陽能業者與他們的技術來源

不少在一九八〇年代推動加州風電市場起飛的同性質政策調整，也在全球太陽能光伏市場崛起的過程中扮演了觸媒的角色。貝爾實驗室早在一九五四年就發明了世上首見的矽晶太陽能電池，當時該實驗室還是AT&T獨占體系中的一員。此後太陽能光伏技術第一次獲得重大的發展契機，是因為美國國防部與太空總署向本土企業霍夫曼電子（Hoffman Electronics）採購了太陽能電池來驅動太空衛星[5]。雖然太空競賽讓政府開始不遺於力且不計血本地光顧早年的太陽能製造商，但太陽能光伏技術能回歸地面應用，還是部分因著太陽能在某件事上所展現的成本效益優勢，而那件事就是多元化的遠距電力應用，包括滿足離岸鑽油平台的訊號照明需求、滿足鑽油流程中的電源要不受侵蝕的需求、遠距通訊塔台與各種交通標誌的電源與照明需求（Perlin 1999）。惟在多數案例中，太陽能照明的存在的原因是政府以法規進行要求，而鑽油平台會選擇太陽能板跟電池來取代傳統電池，多少有一部分是迫於一九七八年，美國環保署（EPA）禁止石油業在海上處理掉廢電池的政策決定（Perlin 1999, 62）。

主要的太陽能光伏業者與市場能全球性地發展起來，得歸功於現代政府的幾項努力。而這當中不少例的創新企業興起，都發生在美國，包括第一太陽能、索林卓、太陽能源（Sunpower）與常青太陽能（Evergreen）都各自發展出自家的先進矽晶薄膜太陽能發電技術。

第一太陽能的崛起，是起源於對碲化鎘（CdTe）薄膜太陽能光伏面板的商用化研究，而該公司日後也成為了美國碲化鎘薄膜製造大廠。第一太陽能稱霸了美國薄膜太陽能光伏面板的市場，並結合創紀錄的科技水平跟低成本的生產，完成了自二〇〇九年來的年營收都達到二十億美元以上的壯舉。第一太陽能的專利與具有能源部背景的研究間有千絲萬縷的關係，亦即前述的「廣泛聯繫」（Ruegg and Thomas 2011, 4-11）。事實上第一太陽能早期能在先進碲化鎘技術上的發展獲得突破，就是因為其創辦人哈洛・麥可馬斯特（Harold MacMaster）與兩方面進行了合作，一方面是托雷多大學（University of Toledo）拿公家錢設置的研究設備跟招聘的科學家，一方面是國家再生能源實驗室（National Renewable Energy Laboratory，ＮＲＥＬ）。第一太陽能與ＮＲＥＬ的夥伴關係可以回溯到一九九一年，當時公司還叫做「太陽能電池」（Solar Cells）。這段合作關係催生出了名為「高比率氣相傳輸沉積」（high-rate vapour transport deposition）的技術。這讓碲化鎘薄膜太陽能玻璃面板的製造獲得了重大的突破，也讓第一太陽能得以於二〇〇三年啟動了該面板的生產（NREL 2012）。此一創新隨時間過去不斷精進，而這也帶動了碲化鎘面板的成本大幅降低。即便到現在，第一太陽能仍是環顧全球，舉足輕重的太陽能光伏硬體廠。

前一章我們曾仔細介紹過的索林卓，是由有半導體產業背景的矽谷科學家克里斯・葛羅奈特（Chris Gronet）所創設。在銅銦鎵硒太陽能光伏技術的國家研究基礎上，葛羅奈特與同僚共同在州與聯邦的支持下又開發出了創新的技術。將銅銦鎵硒沉積到管狀玻璃上的技術能力，讓索林卓的太陽能面板展現出獨特的外觀，而且又讓其在無需外加追蹤系統的狀況下，依舊能捕捉到直射與反射的陽光。此外，葛羅奈特的面板設計有一種很妙的連鎖系統，所以安裝起來非常輕鬆，而這也讓其成本低於其他科技。

太陽能源公司是高效能矽晶太陽能光伏面板的領導者，具有傲視全球的技術能力，而這也有一部分得歸功於國家早期的投資。太陽能源公司的成功可以回溯到能源部與太陽能光伏瓦片、模組框架與瓦片系統有關的研究專利（Ruegg and Thomas 2011）。由李察・史萬森博士（Dr Richard Swanson）成立於一九八五年的太陽能源公司曾在早期享有能源部與非營利組織電力研究所（Electric Power Research Institute，ＥＰＲＩ）提供的研發支持，並同時在史丹福大學進行技術的開發。

常青太陽能出身自如今已停業的美孚太陽能（Mobil Solar），其成立是因為有一群科學家自美孚「叛逃」出來發展一款與老東家對打的線狀矽晶帶（string-ribbon）晶圓技術。常青太陽能的成長一樣有政府的幫忙，包括他們吸引了麻州政府提供了六千萬美元的補貼，創下單一公司獲得州政府補貼的最高紀錄。常青太陽能原本承諾要為麻州創造製造業工作機會，但卻輕輕鬆鬆就被吸引到中國，因為中國提出了由其國營銀行提供優惠貸款補助建廠的條件。惟為了換取融資，常青太陽能同意與合資夥伴珈偉太陽能分享創新科技（Sato 2011）。雖然在公司歷史上累積了將近五十億美元的虧損，但常青依舊在二〇〇〇年完成了規模達到四千兩百萬美元的IPO，並讓其高階經理人以薪資與售股的形式增加了三千六百萬美元的個人財富（這還只是曝光的部分）。換句話說政府的支持便宜了創投與公司高層，卻沒有為美國社會創造出承諾的經濟利益，更不要說把創新科技拿去中國資敵。麻州政府曾嘗試控告常青來拿回一些錢（Haley, Usha and Schuler 2011, 36），這顯示政府並沒有如外界想像的那麼被動而不盡責，那麼不想看緊民眾的荷包。政府其實很正確地想從他們拿納稅錢去投資的產業中拿回該拿的好處。

中國的尚德電力是矽晶太陽能光伏製造在二〇一一年的國際市占龍頭[6]。尚德的崛起，得感謝三方面的發展。其一，他們自破產美國企業手中進口了光伏產品製造設備（外加對日本MSK公司進行了收購）；其二，中國國家與地方層級的公營銀行都很樂於對尚德投注大筆資金；其三，歐洲市場對太陽能光伏產品的需求顯得欣欣向榮。尚德的創辦人施正榮除了在澳洲新南威爾斯大學（University of New South Wales）拿到博士學位以外，也在那兒建立眾多重要的人脈，主要是那兒有馬丁・葛林（Martin Green）教授等世界級的太陽能研究者，而施正榮就是與葛林共同開發了一些他後來商品化為公司產品的技術。施正榮一共在澳洲研究了十三年的太陽能發電，期間他曾任職太平洋太陽能（Pacific Solar）這家由新南威爾斯大學與某澳洲電力公司合資成立的企業，後來才回到中國（Flannery 2006）施正榮曾經認真考慮前往無錫發展，因為二〇〇〇年時該市曾願意給他六百萬美元的資金來設立光伏產線（Crouch 2008）。尚德的冥王星矽晶技術衍生自「射極鈍化與被面局部擴散」（passivated emitter rear locally diffused）此一亦曾為里程碑，由新南威爾斯大學開發出來的矽晶科技，而該公司可謂積極尋求將此一外國技術的方方面面融入自家的商用產品中。由此，尚德很快就讓自家產品在表現上追上太陽能源等美國對手的高水準。

尚德就像多數中國太陽能光伏廠商一樣，都依賴著廣大的外銷市場來維繫成長。這包括公司有高比重的營收取自於歐洲太陽能光伏市場，而歐洲太陽能市場的命脈又繫於強大的定價收購等各種每年金額不下數十億元的政府政策支持，因為歐洲政府就是想鼓勵其國內的太陽能發展。當然，尚德電力也受益於了中國本身的政策支持，包括公司享有僅百分之十五的優惠稅率、數以百萬計的補助金，還有中國國家開發銀行（China Development Bank）（繼地方政府承諾了以百萬元為單位的融資之後）給予尚德電力七十億元的信用額度。其中中國國家開發銀行還另外在二〇一〇年提供有四百七十億元的優惠貸款額度給中國全數的太陽能業者（Pentland 2011）。

就是因為有這麼可觀又可靠的各種公共融資與投資，中國太陽能光伏製造商方得以脫穎而出。這些融資與投資讓中國業者一方面有了成長所需的資源，一方面可以放心，即便全球市場出現風雨，已經著手在打造強勁太陽能內需的政府也會出手救援。已是太陽能熱水器領域龍頭的中國，正初步顯示出其太陽能內銷市場在起飛的態勢，而這應得歸功於政策反應的快速，還有就是圍繞著中國在國際太陽能發電市場中的快速崛起，所浮現出的外貿緊張關係（Choudhury 2012）。

太陽能的破產潮：路是人走出來的

惟在我行筆至此之際，無錫尚德太陽能電力（下稱無錫尚德，為尚德電力〔控股〕的全資子公司）已然宣告破產。二〇一三年三月份，無錫尚德的五點四一億美元可轉債款項確定違約，投資人相隔數日提出了告訴，而其連帶的影響便是中國新興太陽能產業的前景遭到了嚴重的質疑。曾經在二〇〇六年被《富比士》雜誌捧為「太陽王」，手握十五筆太陽能科技專利，且貨真價實白手起家的施正榮，遇到了嚴重的打擊。他作為全球第一個因為太陽能致富，一度躋身全球首富排名的傳奇事蹟，眼看著將朝不保夕，主要是經營不善的指控一擁而上，許多人躍躍欲試地想將這位創辦人趕離公司的行政職位與董事會（Flannery 2006）。

眼看著要被國營企業無錫國聯接手，尚德電力決定將無錫尚德切割出去，外資股東也經由尚德電力被納入無錫尚德，使其在結構上隸屬於一路上挹注無錫尚德以耐心資本的公立銀行（Bradshaw 2013）。強迫無錫尚德破產，意味著個人持有尚德電力三成股票（連同家族信託更達到七成）的施正榮與其餘的大股東，將可能在相關的股債投資上虧損十二點八億美元，而無錫尚德的國有化，則是希望能讓數千名勞工、支持公司的公立銀行與國家的權益可以獲得保障。無錫尚德估計達二十二億美元的債務，大部分都在公有銀行手上。

尚德的破產，與美國的索林卓破產形成強烈對比。面對破產，索林卓歷經了緊急重組，並從（政府堅稱是來自民間金主的）私人投資人處獲得了最後一刻七千五百萬美元的注資，希望能力挽狂瀾。能源部具有創投背景的的融資計畫主任強納生．希爾瓦，努力要維護「納稅人的權益無虞」，而索林卓執行長布萊恩．哈瑞森（Brian Harrison，原屬英特爾，並在二〇一〇年取代克里斯．葛羅奈特）則拚命想把「吹噓」的研發部門開腸剖肚，並希望藉能源部的資金建立先進而徹底自動化的新廠，以達成削減成本的任務目的。出於這些原因，索林卓的營收與成本在危機初期還走在正確的方向上（Grunwald 2012, 414-15）。如我們之前詳述過，那七千五百萬美元的注資並非白給，而是挾帶著精打細算過後的條件，而那條件就是萬一索林卓救不回來，這些民間股東將可優先獲得損失的賠付。但有利害關係的各方都知道「就算要破產，帶著索林卓這種新廠破產也會比較值錢」（Grunwald 2012, 415）。所以說就算真的沒有來自美國政府的額外金援，想要拯救索林卓的嘗試也是拙劣至極的政治（與經濟）操作，頂多能說是球賽打到第四節還落後時，很有膽識的最後一搏。

把尚德跟索林卓做進一步的對比，其實相當有趣。索林卓所獲投資壓倒性地來自私人，而尚德則由公共利益提供了資金。兩家公司最終都談不上成功，但兩家公司獲得的期待卻幾乎相同：創造就業、大賺其錢，在經濟戰場上為國爭光——這些都是我們會在乎的成功指標。惟兩業者要打的都是「世界杯」——業者得在世界各角落運作，而政府的政策目標也是要讓他們在這個國際型的產業中發光發熱。索林卓的生產與尚德電的生產，都可以說是要爭奪下一個像德國這樣的客人。但這兩家分別來自中美的企業也都犯下了相同的錯誤。它們都擴張過於迅速，也都沒能吃到各自本的電網市場——中美兩國都擁有驚人的一太瓦（terawatt）內需市場，理論上可提供業者幾近於無上限的機會，但這些業者卻很諷刺地死於沒有客人可以吸收他們的產出。看著如此龐大的電網基礎建設已經到位，誰還能大驚小怪，非要說通用汽車、福特與克萊斯勒不可能因為公路不夠多而破產呢？

但同樣是跌了一跤，索林卓如今安在哉，但尚德卻苟活了下來（尚德的股票仍在紐約股市的櫃檯市場買賣）。但尚德的命運不會操之在投資人的手中——投資人的天性就只是想要把錢拿回來而已，其他都是次要的考量。索林卓的失敗凸顯了美國為自身創造的是一種「寄生型」的創新系統——財務考量在任何時候與任何情況下，都是所有創新投資遇到難關時的判官、陪審團與劊子手。或許換個做法，加上讓眼光從短線上的財務表現擴展到長遠的經濟發展價值，索林卓或許有機會茁壯成擁有數十萬名員工，營收以十億美元為單位且可以跟奇異電子平起平坐的大企業，可惜那沒有發生。另一方面尚德的命運，則操之在國家手裡，因為是國家一開始對公司進行了較大手筆的投資，也在後來陪尚德處理破產，因為國家以較寬廣的眼光，了解尚德可以在中國經濟未來中扮演的角色。尚德在最低潮時獲得國家的保存，而其代表的兩萬個工作機會，後來也成為了江蘇省就業市場裡很重要的一塊拼圖，萬一尚德真的遭到清算、關廠、遺忘，則江蘇將歷經一段轉型之痛（想像一下谷歌倒閉茲前五萬四千名員工，或是臉書倒閉，四千六百名員工一夕失業）。索林卓沒有「大到不能倒」，而是「小到沒法救」，所以不夠格獲得紓困，但政府永遠都有「改寫規則」的能力，也絕對可以權衡讓索林卓倒或是拉它一把的成本孰高孰低。政府甚至會像在尚德電子的例子裡一樣，考慮把該為公司業績負責的管理層給開除。想計算這樣的成本，有一個辦法是計算一千個工作機會可以為政府未來創造多少稅收？或是更精確一點，我們可以思考若這家公司在救回來之後，有朝一日能成為下一個臉書、谷歌，或是奇異電子這樣的大雇主的話，政府可以收到多少稅收？

我們可以持續花時間想像企業將來會有多成功，但最終我們得體認到創新的發展是一個全球性的進程，而不是個人甚至某個組織的事情（雖然個人與組織也代表著創新過程中的重要階段）。潔淨科技教會我們一件事情，那就是想改變世界，我們需要各國之間進行國際間的協調與投資，否則研發、對製造業的支持，還有各種對市場創造與市場功能的支持，都會走進死胡同，而結局就是地球因為我們百年前所創的產業而真真切切地無法呼吸。

人類未來一個很大的挑戰——不論是推動潔淨能源，還是發展日後的其他科技——要確定在建立合作的生態系時，我們一方面要在過程中把風險社會化，一方面也不能忘記報酬社會化。因為只有這麼做，創新的循環才能在經濟與政治上獲得永續發展。政治上，納稅義務人必須了解他們是如何受益於為未來民間獲利打下基礎的廣大政府投資。隨著就業市場益發全球化，我們無謂拿教條式的民族主義抗拒潮流，我們有具體可行的辦法，能讓國家投資獲致扎扎實實的報酬，進而讓參與投資技術發展的公民可以確切地分享到利益。而這也是我在下一章會針對討論的主題。

競爭、創新與市場規模（誰在抱怨？）

我前面提到現下全球風機龍頭維斯塔斯當年能夠順利成長，並取得初期的成功，加州政府沒功勞也有苦勞。同樣地，美國與中國企業能夠獲致成長，也在某個程度上靠的是德國走在全球最前面，並透過政策承諾了資源挹注。德國的分散式太陽能發電策略，使其成為全球在太陽能光伏發展上的領先者。透過二〇〇〇年對其FIT保價收購政策的修正，來提供更好的價格給太陽能發電（並根據各自的預期表現來為其他再生能源科技設定獨特的價錢），德國讓太陽能發電得以在價格上與傳統能源與風電競爭。在此同時，德國還建立了「十萬屋頂」計畫來鼓勵住家或商家投資這樣的技術。如此劍及履及的行動，讓太陽能發電產業發展進入了高檔加速階段，由此德國的太陽能光伏裝置容量從二〇〇〇年的區區六十二百萬瓦，成長到二〇一一年的超過兩萬四千百萬瓦。這幾乎等於用十年的時間，蓋出了二十四座核能發電廠——但其實真去蓋核電廠，絕對不可能有這種速度，更別說這麼多核電廠會引發多少社會反彈。而如今，德國又正推動著一個非常大膽的「能源轉型」計畫。

同樣近似於前述加州光景的一點，是德國前瞻政策也像是個兩面刃。一方面，德國的市場成長促成了本土大廠如 Q-Cells 的快速成長。但另一方面，這也提供了美國、中國等地的企業與德國廠商競爭的契機，須知這些外國廠商全都倚賴德國來吸收他們不斷過產的產能。在此同時，其他國家即便看到德國的成功案例，卻也沒有跟進建立強大的太陽能內需市場。部分由於西班牙等國反反覆覆、走走停停的太陽能政策，所創造出來的過剩產能，在全球各地扯起了太陽能廠商的後腿，如曾經是德國之光的 Q-Cells，如今不但已經成為韓國韓華集團的子公司（Reuters 2011），而且還在二〇一二年出售了其薄膜光伏子公司給某中國企業買家。

在此同時，中國崛起成為太陽能光伏製造的區域重鎮，而這對產業整體造成嚴重的衝擊，貿易戰開始以中國太陽能廠商被課徵高關稅的形式在歐美兩地開打[7]。只是就在歐美業者面對中國對手顯得無力招架的同時，美國政府卻用很奇怪的反應來呼籲終止對潔淨能源發展的支持，惟明明西方企業的困境顯示政府應該要增加對產業的支持才是。貿易戰的開打，只是強化了一個迷思：工業發展是透過看不見的市場力量發生，政府不可能為了社會利益去人為去創造或控制這股力量。由於西方政府在這場貿易爭端中球員兼裁判，因此中國傾國家之力去支持潔淨能源的做法，被塑造出的形象是在作弊，而無涉於效率。值此同時，不只一國正試圖以直接或間接支持企業的類似政策去爭搶國際潔淨能源市場的大餅，亦即如果中國的做法被認為是在作弊，那這些國家做的又算什麼？太陽能光伏產品的價格直直落，理論上應該做利多解讀——因為長遠而言，這將有利於太陽能面對化石燃料的競爭力。但在此例裡，產品價格的下滑（以至於利潤的縮水）除了讓許多企業感到氣餒，還牽涉到一個被忽視的問題，那就是美國等國家在產業政策上的兩項缺失——一項是欠缺充足的耐心資本供應來誘發創新企業的形成與成長，另一項則是欠缺能源轉型的長期規劃與眼光（Hopkins and Lazonick 2012）。中國與其國際對手的不同之處，就在於前者有勇氣不分長短期，對再生能源與創新技術下定發展的決心。

有人會說中國風電與太陽能企業發展過於迅速，當中存在著壓抑創新的潛在風險（W.

Liu 2011），他們指控的內容是中國企業為了降低成本來搶奪市占，所以不惜採用較舊的技術，而這種策略走向將有礙於較新科技滲透全球市場。此點若屬實，則各國政府就應該要注意到訊號，就應該要知道自己需要多做點什麼來確保關鍵的科技創新可以在日益百家爭鳴的技術環境裡獲得一席之地。這些抱怨的聲音，似乎忘了一件事情，那就是矽晶太陽能技術並非他們所想的那麼一無是處，比方說矽在地球上豐富的蘊藏量，本身就代表一種原料上的優勢，畢竟其他太陽能發電技術所倚賴的稀土，其供應是相當有限的。再者，這些不滿的意見還忽略了另一項事實：由 Innovalight（現屬杜邦集團）或一三六六科技公司（1366 Technologies Inc.）等企業所產生出的美國創新技術，也可以被納入到中國生產的太陽能面板上使用（事實也確實如此）[8]。不論怎麼說，各種主流設計都需要在一段時間後「抱團」成為最強的組合，太陽能技術才有可能進展到大規模的擴散。

結論：處於危機中的潔淨能源科技

不論是潔淨科技的發展與再生能源市場的形成，當中都全無「意外」的成分。你別以為有哪個天縱英才的企業（家）能獨立於社會之外運作，別以為他們的行動只是單純出於對氣候變遷的恐懼，更別誤會他們知道什麼別人都不知道的賺錢門路。實情是，潔淨科技公司是在用公部門積極累積出的科技在借力使力，是把公家做過的投資拿來兌現商機，是在對前進之政府政策中所呼籲的改革與清晰的市場訊號做出回應，是在隨政府對潔淨科技產業成長所提供的助力一起前進。政府所希望的，是創新可以延伸出經濟財富、可以創造出就業機會，可以衍生解決方案來化解氣候變遷。

雖說幾十年間，國家之間有著天差地遠的表現，但很顯然德國讓我們瞥見了政府提供長期支持的價值所在，中國演示了製造業部門的快速擴張並非不可能的任務，而美國則同時凸顯了研發的價值，還有任由不確定性、不穩定的政策修先順序與投機性的金融活動去設定潔淨科技發展的進程，是一件多麼愚蠢的事情。由政府帶頭進軍潔淨科技，並不代表他們得在投資出包時當個冤大頭，也不代表政府以為納稅人會心甘情願承擔投資這些科技與建立市場時所有的風險，卻絲毫不期待未來能夠明確地獲得報酬。

我們未來的挑戰，在於創造、維持與提供資金給長期政策框架，然後讓這樣的框架來維繫潔淨能源產業累積了過去幾十年的發展動能。少了如此長期的承諾，潔淨科技將在許多國家裡成為被錯失的發展契機。這樣的框架，會包括以需求端的政策來推動太陽能與風能的消費成長，也包括以供給端的政策來促成耐心資本對相關技術的培育。這種努力方向一個有趣的案例，不意外地又被德國捷足先登。德國以其「能源轉型」的政策框架，建立起了需求端與供應端政策，包含由性質上屬於發展銀行的「德國復興發展銀行」（ＫｆＷ）提供投資基金。

發展潔淨能源科技所牽涉到的挑戰，遠遠不只是建立ARPA－E希望成為的那種風險性公部門能源創新中心而已。政府還必須降低把能源創新商用化的風險，並針對在多元國際能源市場中競爭的風險進行確立與管理。過去遇到危急存亡之秋，包括像是在一九八〇年代尾聲，美國撤除對再生能源市場的支持，造成風能與太陽能市場顯得步履維艱的時候，我們看到被猛烈砲火檢討的往往是政府的投資有問題，至於同樣脫不了干係的企業卻像是有金身護體。外界要壓提都不提，要麼替企業緩頰，說他們的表現只是競爭市場裡「很自然」的行為。更糟的是，有人把發展不順解讀為「沒有競爭力」。這一派人認為這證明了再生能源永遠無法與固有的傳統能源競爭，所以正確的作法不是開發利用，而是將其束之高閣。但這種想法，其實是開歷史沿革的倒車，因為歷史告訴我們，每一種新能源技術，都會受益於漫長的發展史與政府的堅定支持。更重要的是，我們要懷抱著地球環境延續在此一役的心情，把潔淨科技發展下去——因為這不是假設，而是實情。所以說我們因應各種挑戰，首先要克服的是本書第二章講述過的那個奠基於各種迷思的世界觀。

迷思一：研發等同一切

研發工作對風力與太陽能等潔淨能源科技做出全球性的貢獻，已經是幾十年來都如此的事情，而有功者除了可觀的公共投資外，還包括發生在含學術與企業界等知識網路在內的廣大社群裡，彼此間的成長學習與借力使力。科技突破因而成真、成本效益的進步也在公私投資長期嚴重失衡的逆境下達成。潔淨能源的發電成本隨時間向下走，而石化燃料的發電成本則在波動中持續提升。

有些公司會連著幾十年投身重要的研發工作，但也虧了幾十年的錢，看不出何時會有獲利的一天。第一太陽能公司的歷史告訴我們在推動創新離開實驗室，成功進入市場的過程中，政府的角色並不會隨研發工作的結束而結束，而會延伸到產能不足等商用化障礙的克服。同樣地，第一太陽能公司的創投股東也必須要在承諾的期間忍受各種挑戰與投資風險。

為此許多人認為潔淨能源科技所面對的挑戰很少跟技術有關。亦即很多困難不是技術問題，而是政治（與社會）問題，因此需要各國政府或全球業界的耐心資本來許諾能與其常相左右。研發不是不需要突破，但光有研發並不足夠。培育風險性的新興產業，我們需要在製造與市場這兩個環節上，獲得支持、補貼與長期性的承諾。政府必須面對一項現實，那就是對於多數的已開發國家而言，潔淨科技的部署正在一個已經發展完全的基礎建設中進行。想在一張白紙上從零開始，是不可能的事情，而這也意味著潔淨科技的投資與發展不是要無中生有，而是要從舊到新完成過渡。而既然是新舊過渡，就會讓優勢在於發展較久且沉沒成本可觀的化石燃料等傳統能源產業受到威脅。還有一點是在潔淨科技業內，並非每一個人都不好意思開口要求政府幫忙。總之，現在才要來討論除了拿錢出來以外，業界還應該在潔淨科技發展裡扮演什麼角色，似乎為時已晚。潔淨科技業者的失敗，也會是業界的失敗，而不只是政府正次的失敗。而且潔淨科技的發展一旦觸礁，後果不僅是重要的新能源技術得延後造福社會，更壞的還在於這些科技會流入其他也有志於潔淨科技的國家之手。

迷思二：小而美沒有例外

雖說奇異電子、埃克森石油、通用汽車與英國石油等大財團都曾在潔淨科技的發展中扮演過各自的角色，但許多人仍習慣在中小型新創身上尋找革命即將降臨能源產業的證據。但這些小公司往往非常青澀，得經過長時間的養成才能在商業上展翅翱翔。

一如麥特．霍普金斯（Matt Hopkins）（2012）所主張，也如同我前面所概述過的，奇異電子在崛起成為風機大廠的過程裡，「承繼」了國家與新創公司的早期投資。奇異還曾在二〇一一年宣布要投資六億美元，在科羅拉多州興建薄膜太陽能光伏產線（惟後續並未準時開工），而當時奇異選定的就是與第一太陽能近似的鎘化碲技術。就跟他們進軍風電產業時一樣，奇異切入太陽能發電市場之舉也會跟國家早先的投資有千絲萬縷的關聯。但奇異本身的資源要遠比小型新創公司寬裕。說起奇異的身家，除了以十億美元起跳的研發預算以外，還有每年數十億的獲利可供其再投資到核心技術上，而這還沒算廣大的全球網營運網等「互補性資產」，以及跟在投身風電產業時一樣，可以讓投資人對風險產生安全感的熟悉感與大廠形象。奇異投資太陽能，有機會為美國太陽能產業爭取到一個更長遠而穩定的未來，就像其在二〇〇二年進駐風電產業時的模式一樣。對再生能源而言，規模大小是很重要的關鍵，而大公司更能輕易地在遼闊的大陸上提供一望無際的電網。此外或許更重要的是像奇異這種等級的公司，可以不費吹灰之力贏得投資人與公用事業的信心，畢竟他們的悠久的歷史、實績、家底、經手電力基礎建設的經歷，還有遼闊的社會關係網路，一樣都有目共睹地擺在那裡。美國風電發展的速率會在奇異加入之後突飛猛進，不是單純的巧合而已。

不過，我們也不該對大企業的動機與意圖有過於浪漫的幻想，尤其不少業者都在化石燃料的領域中擁有既得利益，包括奇異。有些這類大公司投資再生能源的研發工作與專利技術，從來不是真正為了要在市場上出售，也不是為了要將之授權給其他業者（Penna 2014）。另外我們也不應該低估小公司扮演的角色，想當然耳地認為只有大公司有資源能隨意運用。原本是小公司的大公司如亞馬遜、谷歌或蘋果，都很熱中於推廣他們的業務模式，而這往往會讓代代相傳的傳統產業看了很刺眼。你可以想像由這些以傳統為傲的產業成員去做，那同樣的新科技絕對不會發展得那麼遠、那麼快。

我們需要在商業模式上有打破市場成規的意願，才能讓綠色工業革命獲得實現。而無須背負沉沒成本包袱的新創公司，或許才是最適合這項任務的人選[9]。

迷思三：創投天生愛冒險

美國是潔淨科技世界裡的國際創投首都——每年都有百十億美元的資金在美國被投入到潔淨科技領域，遠甚於全球各地合計。但創投金主不屬於具有耐心的資本家——他們一舉一動的最高指導原則，就是圖利自身。很多創投對長期承擔技術發展的風險，一點興趣都沒有，遇到問題他們寧可停損，也不想跟你糾纏下去。他們會寧願華麗轉身，去別處尋找高報酬的投資對象。

創投中意的投資對象，往往是資本需求度較低，且距離上市或普及較近的科技。創投欠缺足夠的資源去完整金援潔淨科技企業的成長，因為潔淨科技的發展非常燒錢，且在市場的高度複雜造成競爭激烈。由此創投灑進潔淨科技各分支的百十億美元，不過份地說是杯水車薪，尤其比起國家承諾支援再生能源計畫的數千億美元，創投的投資真的像零錢。

第一太陽能等公司的成功，是累積了幾十年的成果，期間創投算是相對早進場，並在IPO完成後就拍拍屁股走人。投資第一太陽能所牽涉到的多數風險，都被美國政府一肩挑起，而美國政府也一路提攜該公司的太陽能技術到期可以商用化。意在培養內需與歐洲市場的各種補貼，加上第一太陽能在薄膜太陽能領域中的龍頭地位，讓人很難想像這樣的公司會有失敗的機會。但由股權投資與薪資制度所造成或甚至激化的價值萃取，確保創投業者、他們的高層與經理人，都可以從公司的股價表現搜刮到暴利，即便那股價上漲只是短暫的行情。這種扭曲變態的投資動機，不僅在利益重分配的過程中讓創新投資的好處遠離政府、大學與員工等處於核心的利害關係人，而且還可能危及公司實際的營運表現。這類創投不會去冒險投資未來的新科技，他們的操盤人只會因為利之所趨而將資源虛擲。

與此同時，我們看到不少美國企業難以為繼而關門大吉，但讓他們倒閉的原因並不是技術不夠創新，而是在市場環境風風雨雨或突然間少了分運氣時，四下沒有資金讓他們能留一口氣去靜候轉機。這種局面，造成了常青太陽能「追著錢跑」而從美國前往中國，稱得上離鄉背井，而 SpectraWatt 與索林卓會倒地不起，更正是因為周轉不靈。雖然大家面對的國際環境都是一樣的，但中國業者的優勢在於他們有公共金融體系，而這要他們不放棄，那公家的資金也不會提前撤離。總之風險這回事，創投若是無意承擔，那後續就要看國家是選擇落井下石，還是義不容辭了。

建立（共生而非寄生的）綠色創新生態系

創新要能成立，少不了需要眾人的合作，同時創新之路想順利走下去，也少不了需要長線的眼光來設定方向，釐清目標。遇到政府政策失敗，可能的後果包括公家的錢打水漂，作為潛力股的技術則無疾而終，原因是政治人物與納稅民眾會拒絕追加資源的投入。而一旦企業失敗，萬千工作將不復存在，投資人會信心崩盤，創新科技的光環也會隨之黯淡。不確定性與經濟遲滯發展可能會將大局接管，而社會將有好一段時間看不到令人興奮的解決方案。政府與企業的活動是如此地你中有我我中有你，想在指責的時候一槍斃命而不傷及無辜，往往不太容易。話說到底，創新失敗往往是政府與企業雙輸的集體失敗。

比較可以確定的是我們迄今歷經的綠色革命，是性質複雜且為時長達數十年的科技發展與普及過程，而其開展是以全地球為舞台。這個過程，受益於政府大舉投資，因為這鼓勵新創的數量增加，也受益於政府創造出商機，因為這支撐新創的業績成長。不一而足的政策類型，其目的都在催生出技術的發展、市場的效率、規模，以及有效的產業監理。橫亙在這個過程之上的，是一股號召著以潔淨科技創新來加速經濟成長的呼籲，而潔淨科技本身又可以舒緩氣候變遷的壓力，促進能源組成的多元性。這當中長期的願景，就是要讓人類現行的生產機制，進化為可以永續的綠色工業體系。這項任務的核心動機，就在於為公眾創造出可成可久的利益，並讓經濟如願地向前大步邁進。

這場綠色革命的命運，繫於創新生態系的建立，並由此生態系去引發出公私部門間一種共生而非寄生的夥伴關係。若政府投資愈來愈多，換來的只是私部門投資愈來愈少，愈來愈把保留盈餘用在炒股上，那這就是寄生；反之若政府的投資能搭配私部門去重視人力資本的形成與研發工作的進行，那雙方的關係就是一種共生。

進入下一章，我們會將討論的焦點導回到蘋果，我們要問的是政府在創新上的積極投資——讓像蘋果這類公司受益的投資（包括在公司的營運上與其核心基礎技術的層面上）——究竟有沒有為國家創造出對得起納稅人的投資收益？稅收增加了嗎？工作機會變多了嗎？蘋果有把賺來的錢投入未來更偉大的創新嗎？只要對這些問題的答案有所掌握，我們就能確保這條創業型國家之路可以順順往下走，就能確保我們不會驀然回首，發現自己是個天真爛漫的冤大頭。

註釋

1 Grid parity。市電同價指的是太陽能電池發電成本與電力公司電網的售價相比，可以達到相同價格甚至更低，被當成一個比較太陽能發電與傳統石化燃料發電成本的指標。

2 作者註，好幾項因素共同造成美國風電企業的衰落。化石燃料價格在一九九〇年代的下降，並無助於再生能源企業的存活。在一九八〇年代談判出來，條件優惠的電力採購合約，也已經在此時到期，由此許多風電開發商都面臨售電營收大幅下降的窘況。以 Kenetech 為例，衍生自其最新款風機的保固損失，金額相當可觀，而其他公司則苦於官方讓能源發電市場自由化所帶來的不確定性。

3 作者註，這樣的觀點忽視了以下的幾項事實：（一）許多有能力參與高科技發展的大型私人企業，都在這種失敗中扮演了一定的角色。它們包括洛克希德馬丁、奇異電子、MAN、西屋與Growian。這每一家公司都在美國或德國的發展計畫中扮演著包商的角色；（二）包括太陽能市場中的創投在內，無耐性資本在加速科技發展或造成科技發展失敗時都扮演了某種角色。確實，風機科技在當時並未為人所熟悉，所以想快速放大風機的規模來最大化風電科技生產力的過程，只能以比當時願景要緩慢的步伐為之。實際上，政府與企業界都低估了手上工作的挑戰性，惟批評者總是對政府的失敗嚴詞以對，而對金融界的表現輕描淡寫；（三）所謂的失敗其實很難評估，除非我們有合宜的量化標準可以在沒有最終產品的狀況下去理解投資的外溢效應。這些國際性的開發案，確實地在公用事業、政府研發單位、企業界與各大學之間，建立起了一種學習網路。

4 作者註，如在第五章所討論過的，用來跑 Kenetech 首批計畫的蘋果二號也是在政府的投資下才有可能出現。

5 作者註，霍夫曼在一九五六年收購 National Fabricated Products，藉此取得了貝爾實驗室的原始專利。

6 作者註，關乎尚德的各種細部資料，出自即將由麥特·霍普金斯跟李寅（Yin Li）發表的論文《中國太陽能光伏產業的興起與其對競爭跟創新的影響》（*The Rise of the Chinese Solar Photovoltaic Industry and Its Impact on Competition and Innovation*）。這篇論文將被選入一本以中國創新為題的新書，可能的書名是《中國正在成為一個創新的國度嗎？》（*Is China Becoming an Innovation Nation?*）。

7 作者註，筆者行文至此，歐洲尚未對關稅一事有所決定。

8 作者註，一三六六科技公司從事發展的，是極度低成本的多晶矽生產設備——並在過程中獲得了美國新設 ARPA－E 計畫的幫助，金額達到四百萬美元（我們在第六章對此有討論過）。

9 作者註，這裡具有爭議的一個問題，在於公家對於能源創新的支持是否理應在長期發展後「移交」給大公司，由有能力的大公司來接手後續的投資。補貼應該用來讓創新的新進者不至於「滅頂」。如果政府研發工作的重點在於促進創新，那不先去檢視準製造商的競爭力可以如何獲得改進，就會導致公家資源的浪費。同時，雖然許多石油公司都曾在過往對太陽能光伏創新的發展做出過貢獻，但他們未來願不願意放棄固有的主要收入來源，改而擁抱太陽能科技，仍在未定之天。事實上，隨著太陽能市場益發競爭，過去的領導者如英國石油太陽能（BP Solar）都已經退出市場了。

第八章

風險與報酬：從爛蘋果到共生生態系

Risks and Rewards: From Rotten Apples to Symbiotic Ecosystems

多年前我還住在加州時，我曾說加州領先全美二十年。希望這事兒不要被我的烏鴉嘴言中。

——諾曼．R．奧古斯丁（Norman R. Augustine）

洛克希德馬丁公司前董事長兼執行長（nas 2010, 79）

這本書一路下來的重點，是國家或政府在培育創新與成長中所扮演過的積極角色。而如前所述，國家的這種投資行為內建極高的風險——政府有如投機者一般押寶態彼得式的「創造性破壞」。而雖然金融圈很愛講什麼風險與報酬是一體的兩面，高報酬自然存在高風險，但在這場名為創新的遊戲裡卻不是這麼回事情。風險的承擔，是集體的行為，而承擔風險換來的報酬，卻沒有集體之中獲得合理的分配。很多時候，國家甘冒風險而唯一拿回的好處，就是間接透過經濟成長而獲得較高的稅收。但由於稅制中其實存在各種漏洞，所以實際上，稅收的金額往往必不能反映企業獲利的規模（如薪資所得一毛都逃不掉，資本利得想避稅有很多花招）。換句話說，政府想靠收稅就回收創新投資的每一分錢，難於上青天。事實上，即便國家投入創新所創造出的獲利，其對應的每一塊錢稅款都被政府滴水不漏地課到手，我們也不能確定這些錢一定足以支應矽谷那種性質的持續創新，因為矽谷這兩個字就等於一將功成萬骨枯。你不要看到一個網際網路，就以為每筆矽谷投資都是網際網路。事實上矽谷每有一種創新爆紅，就有不知凡幾的嘗試跌得粉身碎骨——但這也沒啥好說，真正充滿不確定性的創新過程，就是這麼回事。

要政府與私部門攜手合作的事情，確實經常成為一個話題，問題是這種合作往往只在付出的階段，等到要分錢的時候就沒有公家的事情。谷歌能做出其招牌的搜尋引擎，明明就在設計演算法時拿了國家科學基金會的補助金，結果最後谷歌賺大錢，國家科學基金會卻只能在一旁乾瞪眼，這樣對嗎？（Block 2011, 23）一個基於政府支持而存在的創新系統，能夠在欠缺內建回報體系的狀況下長命百歲嗎？政府在全球各經濟體的成長中，明明在除了凱因斯式的需求管理與為經濟成長創造條件等基本工作外，還扮演了很核心的創業主角，但公部門對此事實卻一無所知或頂多一知半解，而這也讓此一極為成功的模式面臨了極大的威脅。

就理論上來講，生醫與各類技術在創造環節上的「社會化」跟商用環節上的「私人化」若長此以往，有可能在私人企業把獲利再投入研究與進一步產品開發的前提下，通往國家與政府的退場。屆時國家的角色就會局限於為新興的尖端發現背書，讓這些技術最後能靠獲利自給自足來持續進步。但私部門的種種行為告訴我們，公部門不可能期待民間在研發事務上接棒，至少不可能循上述的模式交棒。另外，私部門的表現也顯示出國家的角色不可能局限於「播種者」，也就是國家不可能把種子撒出去，就去樹蔭下泡茶聊天等收穫——政府若真有心要創造出經濟成長與科技進步，那有關單位就一定得有所覺悟，就一定要願意扶持這些技術到它們能夠量產與普及。而當然國家在各種領域如安全性、合約強制履行，與對不公平手段的壓抑上所扮演的多樣化角色，意味著今天不論玩不玩創新遊戲，政府都得義不容辭地把方向盤握在手裡。

歐巴馬政府今天所面臨的許多問題，都是肇因於一項事實，那就是美國的納稅人幾乎渾然不覺他們的稅金是如何被用來培育了美國的創新與經濟成長。納稅義務人所沒有了解到的，是企業正在用由稅金支持出來的創新在賺錢。在此同時，這些吸納稅人奶水長大的企業既沒有把像樣的利益回饋給政府，也沒有把獲利再投資到別的創新中（Mazzucato 2010）。美國納稅人被餵食的故事，是經濟成長與創新都是「天才」、「神人」、矽谷所謂的「創業家」、創投家或「小企業」所耕耘出的成果，但前提還是要有監理寬鬆（或全無）且低稅率的環境配合——與歐洲主流的大政府形成極大反差。同樣套路的故事，也在英國傳誦，搞得英國人都以為國家經濟要有所成長，就得靠私部門，而政府就應該回去管好法治就好。

為了讓成長「更公平」、更「普惠」——讓成長的果實能更平均地獲得分享，經濟學者、主政者與社會大眾必須深入理解是那些利害關係人真正從根本上參與了風險的分擔，才讓以創新為名的成長順利點燃。如前所述，風險的承擔與投機行為都在創新的萌生中不可或缺。由創新所衍生出之真正意義上的「奈特式不確定性」、無可避免的沉沒成本，還有創新必備的資本密集性，其實都是含創投在內之私部門會動輒卻步於創新門口的理由。而也是出於同一個理由，政府往往會成為利害關係人裡的帶頭大哥，而不單單只是市場的修復者或創造者。

為了更全面地來思考這個問題，我首先舉了蘋果為例，並藉此點出了「風險—報酬」問題的嚴重性。這看似是我看蘋果不順眼，刻意要找蘋果麻煩，但要找一家公司來代表大眾對於市場力量（相對於導論與第一章討論過的笨重政府）作為資本主義引擎的想像，我還真的想不到蘋果以外的選項。在第五章，我們曾嘗試平衡過這種形象，為此我們探討了國家在蘋果成功故事裡所扮演的高度積極角色。而如今我在本章中所主張的，是因為政府對蘋果的幫助鮮為人知，所以蘋果才省去了得「吃果子拜樹頭」，回饋政府的麻煩事。之後到了第九章，我將更加近距離地去檢視這個問題，屆時我會直接表明要用一個嶄新的「框架」概念，去理解風險與報酬，乃至於創新與（不）平等之間的關聯。我將會說明何以工業與創新政策必須內含重分配的工具，以藉此來讓政府的「創業型」投資獲得正當性——這些工具要能概括承受無可避免的損失（不斷失敗本就是試誤過程的一環），也要能負責回填下一輪創新所需要的資金。

回頭談蘋果：美國政府從其投資當中回收了什麼？

在這個數位時代裡，創新是「智慧」成長的關鍵。但「普惠」式的成長（EC 2010）則還需要我們去顧及報酬的分配。風險是內建於創新過程中的本質，而往往當一項科技像iPhone一樣被成功商用化為產品或服務了，風險的承擔者就能收穫大量的財富。另外一點是創新為一具有高度「累積性」的過程——今日的突破往往奠基在昨日的點滴創新。因此，根據生態系中特定主體進入創新鏈中的時機點，他或她將不光是能回收他或她個人的貢獻，還有機會可以收穫創新曲線底下的整片積分面積（Lazonick and Mazzucato 2013）。從很多方面來說，這解釋了在資訊與生物科技等各領域裡，創投家何以在高風險且資本密集的技術投資上晚國家幾十年進場（見保羅．伯格在本書開場時的慷慨陳詞），卻還是能以與其貢獻度不成比例的規模大撈一筆。我們可以說創投能這樣海削政府一筆，占納稅人的便宜，是因為有某種「故事」的神功護體，而在這種故事裡，創新成功的原因遭到了扭曲。所以說，我們有必要把蘋果的故事從頭到尾，重新談一次。

以蘋果的案例來說，有一點確實非常明顯，那就是該公司的經理人或股東都不是開發iPod／iPhone／iPad等創新產品時，唯一或最大的風險承擔者。事實上——如第五章所詳述過——這些產品與技術的成功，在極高程度上得歸功於美國政府早在一九六〇與一九七〇年代就在電子與通訊領域中對尖端創新所展現出的遠見與願景。迎戰基礎科學與技術投資而最終勝出的，既不是蘋果的企業幹部，也不是他們的股東，而是美國政府。當在關鍵時刻沒有人膽敢站上打擊區時，是美國政府，或更精確地說是美國軍方跳了出來承擔被三振的風險，而最後反而擊出了全壘打。蘋果按部就班融入到一代代iPod／iPhone／iPad的技術，全都是美國政府種下種籽、長年培育與最後收穫的成果。而美國政府進行這些技術投資，一開始起碼有一部分的初衷是要處理國安疑慮，後話才衍生出是否讓軍事科技轉為民間商用，藉此來創造工作機會與經濟競爭力的問題。重點是，蘋果深諳這場遊戲，所以他們才冒著次級的風險，成為消電夢想領域的先驅。他們確實拎著棒子，站上了打擊區，但他們能做出成績，只是受政府研發成果之正面外部性的庇蔭——政府才是真正的強打者，蘋果只是因為對方外野手守得很深，才擊出了落於三不管地帶的德州安打。但到了今天，如蘋果之流的企業仍持續站在政府研發的浪頭上享受光環，記分板上只有自己的功勞，政府的付出假裝沒看到，完全就是一個靠「打假球」在圖利自己的做法。

蘋果創造就業的迷思：工作之前，人人不平等

蘋果之所以被認為是「新經濟」的企業，不光是因為其大量使用的科技與知識類型，也是因為其操作就業市場的策略。論及後者，我們首先可以來比較一下拉佐尼克（2009）所強調，新經濟企業模式（NEBM）與舊經濟企業模式（OEBM）之間的差別。舊經濟企業模式統領美國的企業環境，時間是從二戰一結束，延伸到一九八〇年代為止，而其特色就是在階級分明的公司裡有著穩定的就業機會，優渥而一視同仁的薪資福利、公司提供補貼的醫療服務，還有可觀而規定明確的退休金計畫（Lazonick 2009, 2），在舊經濟企業模式裡，就業的穩定性被賦予很高的評價，因此企業間跳槽的狀況必不多見，橫向的人事流動性不高。相對之下，在廣泛獲得IT科技公司採用的新經濟企業模式裡，業者基本不會保證你就業的穩定，也不會承諾你以技術的培育或可預期成長的薪資福利，當然呼應這一點，

勞工這方也不僅不會期待在單一家公司做一輩子，而且還會非常珍視跳槽的機遇。「相對於其所承繼的舊經濟企業模式，新經濟企業模式代表的是組織裡勞資關係中雙向承諾的急遽衰退。」（Lazonick 2009, 4）勞動力的全球化，因此不只是起源於肇因於資訊與通訊技術的發展，也是肇因於新經濟企業模式的出現。在新模式裡，企業會在不斷在全球各國逐水草而居，四處尋覓低薪與高技術人才的交集。

蘋果經常受到眾人矚目，是因為其亮眼的產品銷售與優異的企業財務體質。二〇一二年八月，蘋果的市值攀升到六千兩百三十億美元，打破微軟創於一九九九年，科技股極盛時的單一企業名目市值紀錄；二〇一四年，蘋果更將此紀錄推升到七千零十億美元的新高。但蘋果這等的名利雙收，也讓該公司得因為樹大招風而接受眾人最嚴格的檢視。近期涉及蘋果的公共辯論，就挑起了幾項爭議，當中包括企業稅的繳交、美國製造業產能與工作機會的流失，而蘋果大舉將生產製造活動遷往海外的行為，也不意外招致了相當的批評。蘋果宣稱公司創立至今，一共直接間接創造出了三十萬零四千個工作機會。若再加上以為蘋果 App Store 開發行動應用程式的估計二十一萬個職位，則蘋果對就業市場的貢獻將來到五十一萬四千個職位。這五十一萬四千個職位要麼是蘋果直接創造出來，要麼是依附蘋果才能維持下去（Apple 2012）。蘋果這麼說的憑據，是他們雇用民間顧問業者 Analysis Group 出具的就業市場影響力報告[1]。這些數據會持續引發關注，主要是因為對於科技業是否貢獻了其國內製造業的就業機會，美國社會上始終爭論不休。在其宣稱的三十萬四千個工作機會裡，始於蘋果直接雇用的有四萬七千人，另外服務於全美四十四州兩百四十六家蘋果店面的有兩萬七千餘人。蘋果並沒有確切透露這三十萬四千人裡有多高的比例是製造業直接相關（或有多少工作根本就是富士康等海外代工廠所開出的職缺）。事實上，蘋果掛在嘴上的這三十萬四千人，是由「蘋果宇宙」裡一個高度分化的職業集合——從聯邦快遞的僱員到醫療保健的專業人員，都會因為沾到點邊而被直接間接算成是「蘋果員工」（Vascellaro 2012）。

蘋果對外宣稱他們是美國重要的工作創造者，而這說法鮮少受到媒體充份檢視與監督，因為媒體都忙著對蘋果的產品歌功頌德，忙著替蘋果做免費的行銷，為他們培養一代代的果粉。雖然說翻開、打開或點開各種媒體與公共論壇，你會有看不完的預言（或謠言）在推測蘋果與其產品的未來發展，但在這一波波的媒體渲染中，倒是有記者大衛・席格（David Segal）在二〇一二年六月二十三日的《紐約時報》上，以專文討論了蘋果公司在其零售業務上的大舉擴張，還有零售相關新工作的發展前景。蘋果在勞動市場中的需求情況，顯示出其在零售等服務部門上的需求有增加的態勢，主要是蘋果專賣店愈開愈多，資料中心與接電話的客服中心也在全美範圍內愈建愈多。雖然亞馬遜等網路業者不斷威脅實體零售業的生存，迫使許多零售業者從實體轉向虛擬經營，但蘋果仍反其道而行地熱中於增設店頭，透過人與人的銷售互動來主打客戶的滿意度，並將之視為其行銷的主軸。席格（2012）以文字記錄了蘋果廣大零售分支與其高層經營者之間的薪資落差。而在過程中，他也一併討論了這些零售職務在職涯發展前景與向上流動性上的缺乏。

雖然以蘋果公司的形象而言，對特定年齡層的就業者很有吸引力，但就薪資福利而言，蘋果的待遇其實比量販店威名百貨好不了太多，主要是對大多數的店頭員工而言，蘋果並沒有提供銷售佣（獎）金或股票選擇權的福利（Segal 2012）。雖然推廣普及是任何創新通往成功的必經之路，但在這一塊上辛勤耕耘的零售員工卻沒有獲得應有的報酬。

台灣代工廠富士康在中國設廠來組裝精美的蘋果產品，但卻鮮少有人去深究其產生的不少勞資爭議。惟經濟政策研究所（Economic Policy Institute）的埃薩克・夏皮洛（Isaac Shapiro; 2012）倒是比較了蘋果的管理層薪水與蘋果中國代工廠作業員的工資差別。夏皮洛的資料顯示兩者間有極大的差距：二〇一一年，蘋果前九大企業幹部共領到四億四千零八十萬美元，而在二〇一二年，同一批蘋果幹部的全套薪資福利價值四億一千一百五十萬美元。這是什麼概念呢？這麼說吧，富士康員工的平均年薪，是四千六百二十二塊美元，意思是蘋果那九條好漢的薪水，可以在二〇一一年抵過九萬五千名富士康員工的薪水，而在二〇一二年抵過八萬九千名富士康員工的薪水。借用夏皮洛的這種比例尺，我們可以算出蘋果那九個人的所得，就相當於二〇一一年，蘋果大約一萬七千六百名美國零售人員（占員工人數百分之六十四）的總所得，或是二〇一二年一萬五千名零售人員（占員工人數百分之五十五）的總所得（Shapiro 2012）[2]。

蘋果執行長提姆．庫克（Tim Cook）曾在二〇一二年二月宣布公司擁有的現金（九百八十億美元）已經超過日常營運所需，當時許多分析師與股東都預期蘋果會發放破紀錄的現金（股利）給股東（Liedtke 2012），但其實對於該如何使用這麼多閒錢，蘋果的高層覺得這是個很值得玩味的問題，畢竟在賈伯斯治理公司的期間，蘋果公司一直都沒有發放股利或買回庫藏股的傳統。最終如同許多人所預期的，蘋果宣布了為期三年的股利發放與庫藏股回購計畫，藉此將略少於一半的在手現金（約四百五十億美元）還到股東手上（Dowling 2012）。但到今天為止，蘋果都沒有設計、提出額外的福利方案來使公司廣大的基層受益；而這悄悄傳達的訊息，便是只有股東有資格跟著公司一起賺錢，基層員工即便在第一線揮汗工作，公司發財也只能乾瞪眼[3]。

蘋果與美國稅務政策間的愛恨情仇

美國企業在全球名利雙收，作為既得利益者的美國政府是可以分一杯羹的。創新產品的問世，成功反映在了美國企業的漂亮業績上，而這又讓美國國內經濟得以受益，因為政府的稅收會因為本土企業賺錢而增加。雖然 iPhone 與 iPad 等產品的成功很顯然為蘋果提供了豐厚的利益，但我們很難判斷美國政府是否從其投資中回收——即便蘋果確實繳了些稅。

專家認為美國現行的稅制設計，仍停留在工業發展的早期階段，當時生產模型與製程仍需與企業的實體位置保持一定的黏著性，或者說生產仍須在一定程度上嵌於企業所在地。時至今日，資本不但移動得更快，也移動得更遠，甚至有些資本也出現了虛擬的特性。在其一九九年出版的《會移動的資本（暫譯）》（*Capital Moves*）一書中，作者傑佛遜・考威（Jefferson Cowie; 1999）回溯了二十世紀初一家ＲＣＡ公司的「環球之旅」。做為當時一家相當成功的美國企業，ＲＣＡ走遍世界，就是為了要找到成本更低廉的地方來開工廠。而在今日企業界的佼佼者當中，這種為了壓低製造成本而「瀟灑走天涯」的動機依舊存在——事實上即便是在採行前述新經濟企業模式的公司裡頭，這種動機都還是非常普遍。只不過，隨著跨國與多國企業的出現，加上經貿的全球化發展，工作或職位的流動已經不再僅限於從紐澤西州坎登到印第安那州布魯明頓，再到田納西州曼菲斯這樣的國內流動。在今天的世界裡，蘋果等級的企業可以在更大、更全球化的畫布上去推動 cost-down，也就是成本的下降。

由於欠缺監理機構對全球化的發展進行管理，因此像蘋果之類的公司不難將國際貿易織成一張複雜的事務網。iPod／iPhone／iPad 等人氣蘋果商品的旅程始於企業主要位於加州的研發基地（蘋果的產品設計與架構就是在那裡走完創造、開發與測試等流程），此外還有其他的研發據點分散於美國各地的科技聚落。如在第五章解釋過的，蘋果的產品設計與工藝用了很多聯邦出錢研發出的創新科技。產品一旦走完工藝設計的階段，其實就等於隨時可以在消費市場中登場了，但當然要拿去賣，你得將產品真正生產出來——而生產並不發生在加州，而是在勞動力便宜的地點進行。所以比方說，你可能會看到一個客人走進店裡，下訂了一支 iPhone 手機，而這支新獲得購買的產品中包含著各種多數生產於南韓、日本與台灣的零組件，然後整支手機會在中國進行組裝。哈利．克里默（Harry Kraemer）與同僚（2011）估計在每一支智慧手機創造的價值裡，蘋果會以獲利的形式賺走百分之五十八點五。這再扣掉美國從非蘋手機獲利的部分（約百分之二點四），那每支手機產品大約有三成的價值會被非美市場拿走。今天把 iPhone 換成 iPad 跟 iPod，那就有更多（百分之五十三與百分之四十九）的同類裝置價值會被非美市場賺走（Linden et al. 2009; Kraemer et al. 2011）。

問題是美國賺到的這些價值或利潤，有多少比例被轉換成稅金呢？近年來，蘋果創紀錄的產品銷售，外加相對優渥的利潤，以及公司傲人的現金存量，成為了與其產品人氣不相上下的媒體論述重心。在二〇一二年四月，《紐約時報》的幾名記者發表了一系列以蘋果為題的文章，而文中踢爆了關於蘋果稅務策略僱用實務上若干爭議。在這系列的第三部分《蘋果如何迴避了數十億美元的稅金》（*How Apple Sidesteps Billions in Taxes*）裡，記者詳述了該公司如何心機用盡去規避相當可觀的納稅義務。根據查爾斯．杜希格（Charles Duhigg）與大衛．柯先尼尤斯基（David Kocieniewski）（2012）所說，蘋果有一套習慣性的做法可以大幅減少要繳給美國政府的稅額。再者根據《紐約時報》的調查，蘋果在內華達州的雷諾成立了一家子公司，靠那裡沒有企業所得稅與資本利得稅的特性來避開州稅。透過很有創意地被命名為布雷本資本公司（Braeburn Capital，布雷本是原生於紐西蘭，今已很普遍的蘋果品種）的這家子公司，蘋果會把一部分的美國市場獲利灌到這家內華達州的子公司裡，而不會向蘋果總部所在地的加州申報盈餘。自二〇〇六以來（截至二〇一二年），蘋果據稱賺到了二十五億美元的利息與股利所得，而為了規避加州的資本利得稅，蘋果把這些利息與股利所得申報在內華達州。要是蘋果能誠實申報其發生在加州的美國營收，那加州也不至於像現在這樣債台高築，畢竟蘋果公司的許多價值，包括總部建築、產品設計、販售與行銷，都存在或發生在加州。這些狀況說明了一項事實，那就是我們無法倚賴現行的稅制來回收政府對風險性創新的投資，加州的案例讓我們看清了這一點[4]。

上述蘋果對於企業稅的規避之道，其實不光是用在美國國內而已。事實上根據杜希格與柯先尼尤斯基（2012）表示蘋果也在國際上採用了類似的手法。他們在盧森堡、愛爾蘭、荷蘭與英屬維珍群島等企業稅天堂設立了各式各樣的子公司來四處藏匿獲利，並享受優惠的低稅率。美國稅法容許美國企業將其產品或服務的智慧財產權指定給其旗下的外國子公司，而這便為企業大手筆避稅開了方便之門。以蘋果為例，按杜希格與柯先尼尤斯基所言，其愛爾蘭諸子公司就據稱一方面擁有許多產品的專利權，一方面負責根據蘋果產品的銷售來向母公司收取權利金。事實上像這樣的子公司，蘋果也是跟自身另外一家子公司共同持股，而這另一家子公司包德溫持股無限公司（Baldwin Holdings Unlimited）也正好設在同為避險天堂的英屬維珍群島。

關於蘋果究竟成功透過這樣全球性的五鬼搬運而省下了多少稅金，我們很難算得清晰。馬丁．蘇利文（Martin Sullivan; 2012, 777）認為若蘋果可以把其美國獲利的申報比例從百分之三十提高百分之五十，那該公司在二〇一一年的稅務負擔就會比增加二十四億美元。蘇利文說若蘋果申報七成的美國獲利，那稅金的差別更會增加到四十八億美元。對於他的主張與計算，蘇利文提出了下方的辯護：

> 獲利發生於何處，是一個永遠沒辦法徹底說清楚的問題。但只要企業稅是一種所得稅，那我們就很合理地應該鎖定產品價值的誕生地來課稅。以蘋果而言，有人能說其產品的價值大宗不是創造於美國本土嗎？（2012, 777）

不論是蘇利文（2012）或杜希格與柯先尼尤斯基（2012）都強調這種全球性的稅務調動絕非只有蘋果在做。事實上，谷歌、甲骨文與亞馬遜等科技大廠都也同樣受益於類似性質的全球稅務規劃[5]。彭博的一篇文章就談到類似的策略是如何幫助谷歌受益於地域性的稅率與稅制差別，且其為此選擇的避稅地點都與蘋果如出一轍（Drucker 2010）。令人玩味的是蘋果、谷歌、亞馬遜與微軟等企業明明已經順利避掉不少稅，但它們卻仍在對國會施壓，希望能從議員手中爭取到「海外獲利匯回稅」（repatriaion tax）的豁免期，畢竟蘋果有成山的現金還堆放在免稅的地區。這種「法律假期」能夠帶回美國的金流，估計會在十年間達到七百九十億美元，但沒有人能保證這些鮭魚返鄉的企業獲利會被重新投入到現有產能的擴充上（Duhigg and Kocieniewski; 2012）。這種法律假期的特殊待遇讓人看了分外怵目驚心，還有另外一個原因，那就是蘋果等大企業的庫藏股買回規模都非同小可（Lazonick 2011）。在「股東價值最大化」壓過一切的氣氛之下，沒人能保證回流的資金不會拐個彎進到公司高層與股東們的口袋裡。

雖說公共創新政策不應只專注在研發減稅等領域上，而應該設法去創造出市場與技術商機來增加民間投資（比爾．蓋茲與賈伯斯都沒有坐在那兒想著要如何用稅務優惠省到錢），但確實只要公共投資一做下去，企業就可以因為五花八門的稅務優惠或減免來省下開支而多賺到錢。從公共投資中拿走最多好處的民間企業，不少也正好是那些拚命遊說減稅而不惜讓國庫荷包變瘦的業者，而這項事實應該讓我們清醒過來，進而讓政策的改變開始發生——這將是我們第九章的主題。

這兒有個重點是賈伯斯之所以能夠成功帶領蘋果賺錢，是因為他在的創新與設計世界的紛紛擾擾裡，仍能長期維繫專注與願景——賈伯斯不玩炒短線的庫藏股與發股利這一套，並不是巧合，而是他知道這麼做會讓公司沒錢研發與設計產品。他堅定相信蘋果該用（確實很冒險的）產品架構創新去打破所處競爭市場的常規，而這種為人所不敢為的眼光與勇氣，也讓他的名利雙收基本上實至名歸，獨享最大宗的收益與光環都沒人會多說一句。不過話說回來，蘋果畢竟是一間「公」司，畢竟是「集體」在做一件事情，公司的成功終究繫於全體優秀人才的參與。我們若繼續忽視蘋果的成功是如何有賴於國家投資的尖端元件技術，並因此不設法（經由繳稅，或透過第九章裡提到的直接方式）讓國家獲得回饋的話，只會讓蘋果的奇蹟將未來搞不好成為絕響。

弔詭的數位經濟奇蹟：企業的成功為何導致區域經濟的災難？

二〇〇八年的經濟衰退，毫不留情地揭示了美國競爭力的衰退，這點在金融危機來襲前因著種種原因而沒有爆發出來。債台高築的加州，只是不過美國經濟弊病的冰山一角。早在美國經濟與金融危機一頭撞上之前，美國國家科學院（National Academy of Sciences，NAS）就受跨黨派參眾議員的委託去召集了專家學者，由這群專家組隊來診斷美國競爭力的衰退，看看問題究竟出在哪些地方。這個專家委員會被賦予的責任是要提出政策建言，希望藉此讓美國在科技發展上重返世界第一的榮耀。二〇〇五年，國家科學院的專家委員會出具了一份篇幅高達五百頁，名為《超越集結中的風暴（暫譯）》（*Rising above the Gathering*

Storm）的文件，內容便是他們提供的各種建議。專家認為國家的干預有其必要性，並認為那是重新定位美國成為創新領導者的關鍵解決方案。二〇一〇年，國家科學院的政策建議再度於後續的報告中被提起，而其結論是要終止現行的惡化局面，政府必須要劍及履及地採取行動去緩解美國競爭力的跌勢。

本章一開頭所引用奧古斯丁的發言，應可讓我們想像到加州那強大的創新氛圍——就是這股氛圍，多年來孕育出像蘋果之類的公司。這種環境所激發出的創新與創意，在很大程度上是源於美國政府與軍方在通訊與資訊科技領域中進行的直接投資與採購。把稅金投入新科技的開發，其終極目的是要擔起開發複雜創新產品與系統時難免會伴隨的風險，進而讓集體目標得以實現。就是因為存在這種顯著的風險，所以企業往往在評估自行投資時裹足不前。理論上，成功創新的效應可以通往優渥的獲利，而這些獲利又應該反映在廣大的經濟表現裡，讓人看得到，感受得到才是。優渥的獲利理應催生出更新的產品與服務，新產品與服務又理應提升社會上的生活品質，創造出新的就業機會，讓一國的出口與貿易競爭力大增，最終使得稅收大幅增加。出於這樣的一套邏輯，我們往往相信政府投資創新是對的，因為這最終都會反映到一國有形無形的資產之上。

透過這種向上的循環來複製政府在科技基礎上的投資，一國的經濟將能在這種狀況下為永續的繁榮奠定根基。惟這些企業成功的矛盾之處，在於隨著蘋果、谷歌、奇異、思科等公司繳出了亮麗的財務報表，他們母國的經濟卻在各種經濟困局之間顯得左支右絀，這包括美國對亞洲國家的貿易赤字持續擴大，本土的製造業活動持續低迷、就業數據無法拉起，預算赤字無法打平、日益惡化的貧富差距、乃至基礎建設的無以為繼。目前的經濟亂象，並不能全推到銀行危機、信用緊縮或房貸市場崩潰的頭上。我們今天面對的問題，有其結構上的複雜性，而其深度也不是表面所見而已。

評估創新的效應，是很重要的事情，這包括創新製造出多少待遇足以度日的工作機會，或是政府稅收可以因此增加多少，乃至於高附加價值的商品與勞務出口可以增加多少。政府數十年來對於科技基礎的投資，造就了美國成為一名成功的創新者，但也很弔詭地沒能確保美國的高度就業，沒有能讓政府的稅收增加，也沒有能讓美國的商品與勞務出口放大。而要說到國家經濟何以無法與企業獲利榮辱與共，蘋果就是個可以拿來說明其過程與理由的絕佳案例。

對於蘋果等科技大廠的創新產品與亮眼業績，外界可以說愈來愈有研究的興趣，而在進行這種研究的過程中，我們不免會對政府政策提出一些有趣的問題。一如拉佐尼克（2009）所說，舊經濟企業模型是量產與福特式技術革命進行黃金時期的關鍵，期間勞（工）、資（本）與政府會共享技術革命的潛力與福利。那是一個「職業穩定」與實質所得成長比拚一把成為新創百萬富翁更誘人的時期。我們要知道創新固然是長期成長的關鍵來源，但促進創新並不等於促進「雨露均霑」的經濟成長。成長要展現出某種公平性，不小程度上得依靠企業內部在工作環境上與薪資福利上有所著墨。

這兒的一個大哉問是：新經濟企業模型能否透過自我轉型，讓ＩＴ革命的利益分配變得更為平均？以諸多ＩＴ科技帶給蘋果的傲人商業成功而言，蘋果是如何決定在公司內部進行利益分配的呢？蘋果有擴大提供穩定的工作並搭配適合的在職訓練、理想的薪資結構、充分的向上流動性與福利，以便員工能達成具有實際意義的「工作－生活」平衡嗎？又或者，蘋果會選擇用其突破天際的現金存量去獎勵金字塔頂那一小群管理菁英、大股東與投資人呢？這些問題的答案，不光會影響到美國經濟的表現，也會影響到萬千蘋果員工的生活品質。

貝爾實驗室，而今安在哉？

創新的生態系在數十年美國政府的支持與干預下誕生，而如今則讓新經濟的企業成員們收穫了巨大的利益。就許多方面而言，創新生態系於蘋果等企業而言就像個夢想的園地。而公共政策文獻固然出於職責所在，會白紙黑字地承認國家的角色，但在企業發展、戰略決策與創新等課題上，公共政策文獻也未能以國家政策的執行側為起點，拉一條線連到其成果上。即便是在公共政策的支持者心中，國家的定位也更是一種輔助者而非發動機。而也因為如此，成功的美國企業往往沒能認清自己有今天的成績，政府其實很值得他們感激。

近期一份麻省理工學院的跨領域研究[6]檢視了美國創新體系的優勢與弱點，乃至於美國製造業相對衰落的各種成因。這份研究所努力要了解的，是何以具潛力之創新發展會停滯不前，或直接在能達到商用化規模之前就移往海外。結果此研究所揭露的其中一個理由，在於大型研發中心——如貝爾實驗室、全錄的帕羅奧托研究中心（Palo Alto Research Center，PARC）與美國鋁業研究實驗室（Alcoa Research Lab）——都在大公司內部成了過眼雲煙，再也看不見了。長線的基礎與應用研究已經不在「大企業」的戰略範圍內，因為企業研發現在都聚焦短線。這項研究認為「（美國）產業生態系中已經出現了很大的（研發）漏洞」：

> 在一九三〇年代，像杜邦這樣的公司不僅會連著投資十年在基礎研究上，藉此開發出尼龍這樣的材質，而且一旦實驗室中得出了有潛力的原型，杜邦也有資本與工廠可以嘗試生產。時至今日，創新更可能出自由大學或政府實驗室獨立出來的小型業者之手，而既然是小公司，請問他們哪來的資源把實驗的規模一步步放大到量產？每向上一個階層，包括從原型、試產、演示與測試、初期製造，到全面商用化等過程，關鍵的資金要如何無縫銜接到位？而當這些「未成年」的新創公司得經由被合併或收購來得到成長所需資金時，甚或當出手併購的外國公司時，請問美國經濟要

如何能從新技術中受益？（PIE Commission 2013, 26）

這項研究認為企業之所以不願意將從實驗室中外溢到社會裡的公共財提供出去，是因為他們無法完整擷取來自研發的租金。但一如在第三章所討論過的，這正是何以政府必須跳出來資助基礎研究等領域的原因，因為基礎研究比較不會被誰占用或獨享。但我們還不是很清楚的一點，在於現狀如何發生，又是為何發生。今天有研發的外溢部分卡在私人與社會報酬之間，貝爾實驗室的時代也一樣有，唯一的差別只在如今鮮少有民間的研發單位與公部門建立有意義的夥伴關係，而這也導致了我稱之為共生性不足的創新生態系。所以說與其漫無目標地討論夥伴關係或生態系，更重要的問題或許是我們想要擁有共生或者寄生型的生態系，乃至於什麼樣的政策才能讓私部門願意站出來好好打場比賽，而不要只是躲起來炒短線賺錢，然後等著政府拿稅金替他們冒險。美國國家衛生研究院每年都編列破紀錄的預算來從事R&D中的R，也就是「研究」工作，像二〇一二年就幾乎達到三百零九億美元的高點。而在此同時，美國的大藥廠卻一個個以「開放式創新」的名義把內部的研發單位給收起來，這樣不奇怪嗎？這樣的反應，真有可能強化美國的創新生態系嗎？

國家與區域在未來的競爭力——乃至於社會經濟的榮景，都高度仰賴於其各自維持一項珍貴資產的能力，而這項資產就是他們所屬的創新生態系。但若考量到創新的遊戲也可能作弊，所以我們必須了解兩件事情，一件事是如何建立起一個有實效的創新生態系，而另一件或許更要緊的事情，是如何讓寄生生態系轉型為共生生態系，確立公私部門間的夥伴關係，也讓投資在創新遊戲中的每一個主體都能更加有禍同當，有福同享。

註釋

1 作者註，完整的報告並未公開，但蘋果在其網站上分享了報告中的部分發現，網址為 http://www.apple.com/about/job-creation/ (accessed 12 April 2013)。

2 作者註，夏皮洛估計二〇一二年的零售員工年所得是兩萬五美元，而拉佐尼克估計非專業性員工在二〇一一年的年所得為兩萬六千美元。為了與夏皮洛針對中國資料進行的比對保持一致，我們在此處的計算中套用了蘋果前九大高層在二〇一一年的總薪酬四億四千零八十萬美元與二〇一二年總薪酬四億一千一百五十萬美元，以及蘋果美國零售員工兩萬六千美元的年所得數據。

3 作者註，二〇一二年，一系列變革獲得實施來推動蘋果的零售利潤率（以新公司計算員工層級，削減班表時數）。雖然相關變革中也包含替零售員工加薪，但蘋果也同時間開始大批解僱了較新聘請的零售員工來抵銷加薪造成的成本增加。蘋果後來承認這些變革是一種「錯誤」並收回了若干成命。詳見 Fiegerman (2012) 與 Haslam (2012)。

4 作者註，事實上，價值數億美元的特殊稅務方案已經由地方政府核准給蘋果來在內華達州雷諾、德州奧斯汀、北卡羅來納州梅登（Maiden）與奧勒岡州的普萊恩維爾（Prineville）設立資料處理中心。此一議題的更多相關資訊，請見 Sande (2012)、Lee (2012) 與 Blodget (2011)。

5 作者註，近期一份報告（McIntyre et al. 2011）顯示約三十家主要美國企業在美國幾乎沒繳到稅。其中奇異電子是第一名的避稅大戶——二〇〇九年跟二〇一〇年都沒繳到一塊錢的稅金。事實上，有些公司全年結算下來還可以有剩下的免稅額度。該報告指稱奇異內部有約一千名員工專職負責剝削各種稅務優惠與避稅管道。這些用剩下的「淨免水稅額度」（net credits）扭曲了企業運行的動機。在一篇公開的新聞稿當中，租稅正義公民組織（Citizens for Tax Justice）發現奇異從二〇〇二年到二〇一一年的實質所得稅率僅為百分之一點八，遠低於美國明文規定的企業所得稅率百分之三十五點一（Citizens for Tax Justice 2012）。

6 作者註，「創新經濟中的生產」（Production in the Innovation Economy，P I E）計畫援引了若干專業領域（經濟學、工程學、政治科學、管理學、生物學等等）的知識來探究美國在創新方面的優勢可以如何擴編為新產能，進而在全球化的時代為美國提供競爭優勢。二〇一三年二月二十二日，該計畫的人員發表了其研究發現的預覽，並於後來將這些發現集結為兩本專書於二〇一三年秋天出版，分別是《美國製造：從創新到市場》（*Making in America: From Innovation to Market*）與《創新經濟中的生產》（*Production in the Innovation Economy*）。下方段落中的發現與引用部分便來自於此篇預覽，即 PIE Commission, A Preview of the MIT Production in the Innovation Economy Report (Cambridge, MA: MIT Press, 2013)。

第九章

風險的社會化與報酬的私有化：創業型國家也吃得到蛋糕嗎？

Socialization of Risk and Privatization of Rewards: Can the Entrepreneurial State Eat Its Cake Too?

有種年營收狂掃十億美元的新藥，是由健贊在行銷。這是一種最早由美國國家衛生研究院所開發的罕見疾病用藥，一年份的這種新藥，健贊設定的收費是三十五萬美元起跳。而雖然法律給了政府權力去以「合理」價格販售這種公家開發出的藥品，但為政者並沒有真的去執行這種權力。而這導致的極端結果便是開發這種藥品的成本被社會化，而賣藥得到的利益卻遭到私有化。再者，納稅人明明資助了藥品研發，卻不是每一個人都能夠讓他們的家人享受到這種新藥的幫助，因為高昂的藥價不是人人都負擔的起。

——史蒂文．瓦拉斯（Steven Vallas）、
丹尼爾．克萊曼（Daniel Kleinman）與
迪娜．比斯卡提（Dina Biscotti）（2009, 24）

現實中遭扭曲的風險與報酬

金融界有一條常識是風險與報酬乃一體兩面。在金融危機之後，許多人正確地點出金融界愈來愈將自身活動的報酬私有化，而同時將本身行為的各種風險外部化或社會化（Alessandri and Haldane 2009）。這種風險與報酬間的動態失衡，也可以在創新的遊戲中窺見。創新風險的承擔愈來愈是「眾人之事」——尤其國家會在「開放創新」系統中扮演領導的角色，但獲取報酬卻愈來愈是「少數人的事」。

許多人正確指出了金融危機與後續的紓困證明了一件事情，那就是我們現行的經濟體系一方面在把風險社會化，一方面又任由經濟效益被私有化，而這等於是慷所有人之慨在圖利少數菁英。紓困的過程，讓我們看清了金融業充滿了當寄生蟲的潛力，而我們只能被迫接受並看著金融業吸經濟的血。在金融業當中，銀行做了一件事情，那就是把風險切割得非常細，然後一條條交易出去，一次次換回了現金，而其次數之多，早讓銀行收益大幅超越了在實體經濟中的合理獲利。金融業者早就都成長到令人難以理解的規模，並將自身深深地嵌在全球經濟的體系裡頭，所以才會有「大到不能倒」的說法。很多人懷抱的疑慮是金融業者固然膽大妄為，但他們畢竟活了下來，而這也代表下一次他們又目空一切地引爆地雷時，金融業還是會兩手一攤等著政府紓困（順便把政府搞到破產）。公平也好不公平也罷，金融業就是可以如此左右逢源。利息被以金融業中介了風險的理由算進了GDP，但這一點我們現在其實可以試著翻案，因為我們總算看清楚了真正的風險是誰在承擔。至於銀行所收的利息，充其量不過是一種純然的租金，一種高利貸般的不義之財。

我們在本書中所看到的，類似的失調也發生在製造業裡——即便是最優秀的製造業者也不能倖免於此。即便金融危機讓各國政府正確地想透過產業政策讓「實體經濟」茁壯，為政者還是得注意別不小心提油救火。相對於不明就理的砸錢丟到名字很好聽的「生命科學」或資訊科技產業裡，我們首先該做的是導正這些產業中的各種失調。在製藥產業裡，雖然國家挑起了風險最高的研究工作，但發大財的卻是大藥廠。即便在風力與太陽能等潔淨科技在奮力掙扎，希望在國際能源體系中掙得一席之地的同時，企業高層與股東都還是能部分因為國家的背書而分得千百萬美元的報酬（不論公司賺賠！）（Hopkins and Lazonick）。在「新經濟」的產業裡，如蘋果等企業會從國家出錢開發的技術中拿走好處，也會獲得國家提供的風險融資挹注，但等企業發達了，它們卻幾乎什麼稅都不用付。要知道那些該繳的稅金，原本可以拿去投入未來更多的「智慧」科技發展。是說長此以往的讓風險社會化與報酬私人化，這肯定不會是個有未來可以期待的系統，不是嗎？

由此若想讓經濟恢復平衡，我們需要的對話不應僅涉及金融業活動的規模與均衡性。各國政府光是設法推動創新或訴求製造業復甦，都是不夠的。我們需要的，是用一種能發揮正面功能的風險報酬動態，來取代「風險社會化」與「報酬私有化」這種引發現行經濟危機，且橫行於當代工業與金融業的亂象。風險與報酬的均衡可以促成——而不會妨礙——創新的持續發展，並能透過利益的雨露均霑來反映創新過程的集體特性。

如前幾章所言，擺在眼前的事實是我們不夠關心創新的過程中，誰才是真正的風險承擔者。第一章提到過風險的配置顛簸不平，造成的結果是在創新生態裡的某些代理人（如創投）可以自稱是主要的風險承擔者，並打著這樣的名號去遊說、去要求分得更大塊的利益（Lazonick and Mazzucato 2013）。有趣的是，雖然某些知名創投者也承認國家才是帶頭大哥（Janeway 2012），但他們倒也不願意把已經吞下去的利益給吐一點出來，更不願意讓政府調高資本利得稅或企業所得稅。事實上遊說這兩種稅率降低的利益團體，正是創投業（Lazonick 2009, 73）。創投家既已用三寸不爛之舌讓主政者（與大部分主流媒體）相信了他們是「知識經濟」裡的「創業」力量，當然也就能享有可觀的稅務減免，包括資本利得的低廉稅率，而資本利得正是他們主要的獲利型式。

創業型國家的概念，強調的是為了讓經濟成長在「智慧」之餘還能「普惠」，我們需要的是觀察經濟成長所必需的風險承擔，並對在當中有所貢獻的各代理人有更全面的認知與理解。比方說看不慣（投資）銀行的分紅與獎金高得離譜，我們合理的批評不該是他們過於貪婪，或他們是擴大貧富差距的元兇（雖然我知道這樣罵比較痛快）。我建議的做法，是釜底抽薪地去攻擊他們發錢的決定欠缺邏輯。銀行說他們的高薪，是對經濟發展風險承擔的一種反映，而我們正應該去打他們這一點。

傳統的觀念是銀行業作為經濟發展的資金活水，承擔了極高的風險，所以當這些風險投資賺錢時，銀行也理應獲得回饋——這些錢他們拿得「天經地義」。類似的邏輯，也被用來合理化近幾十年來大股東在呼風喚雨之餘，還能夠領到非常高的天價報酬，而這又是貧富差距擴大的一大來源。此處的邏輯是股東擔負的風險高於所有人，因為在各經濟主體的獲得支付收益的排名裡，他們的順位最低（也就是等員工領了薪水、經理人拿了紅利、貸款與費用也都全數清償完畢了，還有剩餘才會進入股東口袋裡）。由此當剩餘的獲利很可觀時，股東自然是領錢的不二人選——畢竟公司不能保證賺錢，而公司不賺錢他們就什麼都沒有（Jensen 1986; for a critique see Lazonick 2012），至少理論上是如此沒錯。

股東價值作為一種意識型態，根據的就是這種股東是「剩餘獲利請求者」，因此也是「主要風險承擔者」，報酬不受保障的觀念（Jensen 1986）。這種論調，一向被用來捍衛股東放進口袋的龐大收益（Lazonick 2007; Lazonick and Mazzucato 2013），但此一框架有一個問題，那就是它推定系統中的其他代理人（納稅義務人、勞工）都在報酬上獲得了保障，而這代表這類觀點忽視了一件事情，那就是政府若干極具風險性的科技投資，也都一點都沒有獲得保障：網際網路的投資成功是個案，其背後無數次的失敗才是通案——畢竟創新原本就是極度不確定的玩意。壓縮國家收稅或分得合理投資報酬的能力，只會損及其未來繼續冒險的實力——而這點正是我下一部分要探討的主題。

想確認誰是風險承擔者，不是在比誰大聲，也不是有人丟出一句話說「股東對經濟貢獻很大又唯一不受保障」就可以有定論，因為這句話根本就是從代理理論（agency theory）出發，金融經濟學裡一種存在謬誤的核心假設。事實上，所謂的股東如果是因為重視變現的方便性，所以才在集中市場裡殺進殺出的投資人，那他們對創新過程的貢獻就可以省略不計，他們為創新成敗所承受的風險也趨近於零。相對於此，政府為創新過程投下了資本，勞工則為創新過程投注了心力（時間與體力），而他們也同樣得不到一分耕耘會有一分收穫的保證——更不用說沒有人會保證在失敗的時候為他們「紓困」（或不解雇他們）。為了創新之故，我們需要一種社會體制去確保這些風險承擔者能從創新過程中分得成果。就如同蘋果公司因為其創新的產品架構承擔了風險，也在成功時取得了報酬，國家也應該因為肩負起科技發明與創新的風險而有所收穫。

愈是對風險有所認識，我們就會愈懂得肯定公部門在創新活動中所扮演的角色。而只要我們一肯定公部門在創新過程中的貢獻，那隨即而來的合理作為就是對創新的報酬進行更集體性的分配，因為最後能得到創新的成果，其成因就是兼具累積性、集體性與不確定性的長期努力，而不是時間抓得剛剛好的投機性注資。而說起對風險的理解與認識，之所以要理解風險，是因為我們有需要更準確地把「創新的分工」對應到「報酬的分配」上。其中涉及創新的分工狀況，以創新為題的研究文獻裡已不乏各種有趣的見解論及在創新流程裡，大小企業、政府與個人之間的動態變遷，惟關於報酬理應如何分配，我們確實還所知甚少。而一如前面提過的，政府與勞工也（只多不少地）投入資源到創新過程裡，而且也沒人保證他們能得到任何相應的回饋——像蘋果就是個再明顯也沒有了的例子。

一邊是在創新過程中貢獻勞力或資本的風險承擔者，一邊是從創新過程中擅自獲取好處的人，這兩造之間的關係便是此處的關鍵。在以風險－報酬作為癥結的一整組命題裡，其中一條說的，是當被擅自取走的創新報酬多於風險的承擔時，產生的結果便是貧富不均；當貧富不均嚴重到讓創新過程無以為繼，結果便是社會無法保持穩定；而當社會不穩定造成創新過程比原本更加不確定，結果就是經濟成長的停滯甚至倒退。所以我們一個很大的挑戰，就是建立起社會體制來調節此風險－報酬的集合體，目標是讓經濟能夠公平而穩定地成長，並讓「風險－報酬」扮演這種成長的支柱。

想達成這個目標，我們首先得了解創新是一個集體的過程，當中牽涉到廣大的各式分工，且其中利害關係人甚眾。作為創新過程的中流砥柱，國家普遍會負責完成個人或企業不具備財力去完成的基礎建設投資（硬體與人員），這一方面是因為投資創新需要的固定成本並不便宜，一方面是因為這類投資會衍生出一定程度的不確定性。國家同時也會透過投資補助去協助個人或企業參與創新過程。學界的研究者常會與產業專家在知識產生的過程中進行互動。在產業內部，會有原本是對手的幾家公司組成聯盟來從事研究。另外就是在價值鏈當中，使用者與生產者會在產品開發階段進行互動。在企業的階級或功能分工中，你會看到組織內部的學習被整合進例行性的流程，而這過程也會運用大量人才的技能與努力。

新的框架

要確保經濟成長不光符合時下流行的「智慧」說法，而且還能以符合「普惠」精神的方式（如歐洲委員會的「歐洲二〇二〇策略」〔Europe 2020 strategy〕目標）讓眾人分享，我們需要哪些機制來幫助我們呢？

什麼理由，可以解釋創新與貧富不均會並肩同行呢？雖然古典學派經濟學者（如）李嘉圖或馬克思）曾對機械化對薪資／獲利之比例會產生何種影響等問題，進行透徹的分析，並藉此同步研究創新與分配這兩件事。惟經年累月以來，創新與分配仍舊是在研究領域裡，井水不犯河水的兩個獨立主題。時至今日，這兩樣東西會重新被送作堆而重新合體，主要是因為「去技術化」（de-skilling）的視角，加上有人意會到創新有一個傾向，那就是會讓擁有高技術之人飛黃騰達，而低技術的人則被遠遠甩開而無力跟上（Acemoglu 2002）。惟在這種視角中的所謂職業技術與科技，仍在性質上屬於「外生」，兩者的存在都被視為理所當然。這樣的框架，並無法解釋創新以及較優越的工作技術來自何處。因為有這些問題，所以我們很難心服口服的接受說貧富差距——前百分之一跟後百分之九十九之間的所得殊異——其主因竟然是前百分之一的人擁有其他人都不具備的超高技能（Atkinson et al. 2011）。要解釋如此懸殊的所得落差，我們需要一個新的框架[1]。

在拉佐尼克與瑪祖卡托（2013）的研究裡，我們建立了一個以「風險－報酬」為核心的框架來研究創新與貧富不均間的關係，因為研究創新理論不能不處理此一關係。我們問的是：哪些經濟主體（勞工、納稅人、股東）為了本質上具有不確定性的未來收益，而貢獻了心力或金錢到創新的過程裡？這些經濟活動主體跟未來獲利要是真的出現了，能夠收割好處的人可是同一批？簡單說就是：風險由誰冒？好處又將歸誰？我們的看法是創新過程的**集體性**、**累積性**與**不確定性**，這三者共同造成了風險與報酬之間的脫節。

我們的看法是，當來自集體創新過程的利益可以在於生態系中的各類主體間，以符合其貢獻度的比例進行分配時，那創新其實可以有縮小貧富差距的效果。但當某些主體從創新過程中搬走與其貢獻不成比例的財務報酬時，創新就會讓貧富差距擴大。其中後者的狀況之所以會發生，是因為有主體可以把自己放在累積創新曲線上，那個創新企業剛好要產生出財務報酬的點上。這要麼會是產品即將上市的時候，要麼會是公司本身即將上市（股市）的時候。這些得了便宜的主體會搬出各種意識型態為自己開脫，而他們最常用的話術往往可以上溯到新古典經濟學裡的效率命題（乃至於相關的股東價值理論）。透過這些似是而非的說詞，他們會讓自己從創新中拿走不相稱於其貢獻的利益一事，變得言之有理。這些流於意識型態的主張，毫無例外地會偏袒創投這一方，把投資者的重要性放在勞工與納稅人的重要性之上。最終，正因為創新是一個集體而累積性的過程，所以風險—報酬組合的失衡不僅會導致更大的貧富差距，還會淘空創新本身的根基。

因此想出個辦法，讓風險與報酬重新位在一條線上，就成了我們想縮小貧富差距與培育更多創新時的當務之急。

直接或間接的報酬

風險與報酬的連動關係在金融理論裡，已經是普遍獲得接受的道理。因此若國家真的對金援高風險創新投資那麼重要，則按邏輯來講，國家就應該要取得直接的投資報酬，而這樣的報酬又可被拿去資助下一輪的創新，或是彌補高風險投資難免的虧損。所以與其擔心國家有沒有能力挑選出贏家，我們更應該去思考如何在贏家真的出現時，把利益回饋給國家，好讓國家可以填補失敗的損失，投資未來的成功。說得偏激一點，網路的相關利益哪怕只有百分之一回饋在國家身上，政府今天就不怕沒錢投資在綠能之上了。

很多人會說，政府想直接從投資中獲利，不是一件很恰當的事情，因為若考慮到政府已經能透過稅務系統間接獲得利益，這樣等於是一頭牛剝兩次皮。惟這種論點是假設稅務系統能根據多重來源，「公平公正」地分享到企業業績，而由此延伸出去，我們便能認定企業的稅務支出的確是對經濟成長而言，形式上最為理想的一種支援。但現實的狀況是稅務體系的設計宗旨並非用來支持創新體系，而創新體系又一面倒靠的是願意進行投資，等個幾十年都看不到報酬也無怨無悔的主體。除此之外，這種論點還忽視了一項事實，那就是避稅與逃稅都非常氾濫，也不太可能根絕（在英國，近期研究顯示「稅收缺口」〔tax gap〕，也就是因為避稅、逃稅與遲繳而未收到的稅金，金額高達一千兩百億英鎊，幾乎可以跟英國一千兩百六十億英鎊的預算赤字等量齊觀）[2]。其實此論點還忘記了另一件事情，亦即資本利得稅等多項稅率都已經大幅降低，而其降低的原因正是關於誰才是創新者的論述遭到扭曲。一如在第一章提過的，七〇年代成功遊說美國在五年內讓資本利得稅率減半（從百分之四十降到二十）的，正是全美創投協會（這點進一步的討論可見 Lazonick and Mazzucato, 2013）。

由於現代企業往往得和不只一個政府周旋的全球性組織，且必須回應多個發展型國家的各種需求，因此我們幾乎沒辦法去判斷其中某國對於創新在某個區域市場裡的支持，有沒有得到該跨國企業的合理回饋。資本（企業）的移動，意味著對某項創新貢獻最多投資的區域，不見得就能以在地就業機會或稅金的形式受益於該項科技。期待稅務體系能夠按國家投資比重來準確地分享到企業的業績，只能說天真而昧於事實。

我在此還是要舉蘋果為經典案例。如第五章所言，蘋果在發展初期就曾收受過SBIR的資金，而所有其用來生產出 iPhone 這支「智慧」手機的科技，都出自國家出錢進行的各項研究計畫：網際網路、無限網通、全球定位系統、微電子、觸控螢幕與最近期的聲控SIRI個人助理。但如在第八章所討論過的，蘋果的習慣是用各種辦法來避免繳稅給美國政府。另外蘋果也選擇將其研發與製造活動打散在世界各地，留在美國的只有各地的蘋果專賣店，而店內頂多只提供低薪的零售職位。以蘋果遍及全球的足跡而言，美國的稅務體系並無以穩定而精確地替美國官方回收政府的投資，但像蘋果之流的「贏家」，無疑都是靠著政府一系列的風險性創新投資而起家。

想把問題分析地更加徹底，我們還有藥業這個更糟糕的案例。如之前談過的，四分之三的新分子實體都可以追溯到公家出資的實驗室裡。但在過去十年裡，前十大藥廠合計賺得比其他四百九十家財星五百大企業加總還多，但藥業還同時享有不算小的稅務優勢：藥廠的研發成本可以抵稅，而其大手筆的行銷費用裡又有一部分可以被認列為研發費用，所以也可以跟著抵稅（Angell 2004）。至於國家本身在吸收了大部分的研發支出後，還動不動就會用地板價把公家研發出的配方給拱手讓出去。像是由美國衛生研究院所發掘出的癌症新藥「汰癌勝」（Taxol）就被必治妥施貴寶（Bristol-Myers Squibb）拿去賣到每年份兩萬美元的天價，相當於其製造成本的二十倍。但於此同時，必治妥施貴寶繳給衛生研究院的權利金少得可憐，不過是銷售所得的百分之零點五而已。不過這還算好的，因為在大多數的其他案例裡，業者繳給國庫的權利金是零，因為企業直接認定公家研發的用意就是要促進民間藥廠的獲利，所以他們根本不會想到這當中的風險與報酬分配有多麼扭曲。

那我們該怎麼辦呢？我在此提出一些具體的建議。

智財權的黃金比例與國家主導的「創新基金」

遇到應用技術突破是直接源自於政府金援時，國家理應可以從該應用處獲取權利金。而取自各產業、各技術領域的這些權利金報酬，又應該整合成一個由國家主導的「創新基金」，讓政府在需要資助新世代技術的時候可有個小金庫。讓政府在投資報酬中分一杯羹的這場革命，不應該成為新科技在經濟體中擴散的阻力，也不應該讓創新者對承擔該承擔的風險喪失興趣。事實上讓政府有賺頭，只會讓用稅金去觸發先進創新的政策更加有尾勁能持續下去，因為創新衍生的利益會有部分直接漸漸回流到創新計畫的體系裡。而要啟動這個良性循環，第一步就是要增加政府投資的透明度——這包括讓政府拿錢支持產業的金流更容易為外界掌握，也包括讓企業以不犧牲自身企業機密為前提，就其所參與的公私部門合作揭露計畫的內容與財務。我們愈是能從創新過程中取得有用的資訊，國家的主政決策就愈能產生效益。

李奧納多．波拉瑪奇（Leonardo Burlamaqui; 2012）認為想解決這個問題，沒辦法靠修復市場失靈來完成，而必須要放大格局，從市場形塑的層次去思考——而這就牽涉到「知識治理」（knowledge governance）的概念。他表明：「從知識治理的角度出發，我們在此該問的關鍵問題是：延長的（專利）保護會在哪個時間點上停止創造出熊彼得式的獲利，而變成了尋租行為跟租金萃取的基礎？」（Burlamaqui 2012, 5）。他認為針對公家出錢研發而取得的知識，有一項治理工具會是讓政府以一個黃金比例，保留公家出錢研究的專利，藉以確保其他專利的擁有人願意乖乖配合政府，包括在初期保護階段結束啟動廣泛而公平的授權。先行者理應有權回收成本，但不應有權讓新技術成為自身的禁臠，不讓別人使用。

與所得連動的貸款或股權投資

想讓政府直接受益於創新投資，還有其他各種可能性可以考慮。首先，就是要確保國家提供的貸款或融資擔保不會是無條件的付出。貸款與補助都要有附帶條件，使其成為類似學貸那樣與所得連動的融資。向政府領取過貸款或補助的公司一旦獲利達到某個門檻，那他們就有義務要從獲利中提撥一定比例來還債。谷歌一年賺了百十億美金，難道不該有某個合理的比例回到政府的手裡，來感謝一下政府拿錢讓他們研發演算法嗎？

除了這種與所得連動的貸款設計以外，還有一種可能性是讓政府保留其投資之公司之股權。這種作法其實在很多國家都看得見，像直屬於芬蘭國會，縮寫為SITRA的芬蘭創新基金，就還保留著最初對於諾基亞的持股，而這正是創投愈來愈不願進行的那種早期投資。不過由國家握有私人企業的股權，在英美兩國跟效法英美的各國裡是一種忌諱，他們怕的是國家入股是第一步，而下一步就會是……共產主義。但民營企業裡有公股的存在，絕對是貨真價實的資本主義：世界上至為成功的資本主義經濟體裡，都有活躍的國家股東在從事各種冒險的投資，而我們都太急於在政府投資失敗時落井下石（如協和號超音速民航機），太吝於在政府投資成功時予其獎勵（如網際網路）。

發展銀行

當然比起以上所說，我們還有更直接的工具可以讓政府回收投資，那就是成立國家級的投資銀行。雖然已經有不少人論述過國家投資銀行在提供反週期融資上的重要性（Skidelsky, Martin and Wigstrom 2012），但其實成立國家投資銀行的另外一層意義，正是要藉其之力來獲得報酬，然後拿這些報酬再挹注未來的各項投資。二〇一二年，德國復興信貸銀行（KfW）作為德國的國家投資銀行，公告了三十億美元的獲利成績，而多數民營銀行那年都是以虧損的赤字作收，即便沒虧錢的獲利也呈現衰退。確實只要國家機構掌握在相信國家力量，且對創新過程知之甚詳的專家手中，那高報酬是可以預期的結果。一個很好的例子便是積極投資於潔淨科技與生物科技的「巴西國家社會經濟發展銀行」（BNDES）。在二〇一三年，該銀行繳出了股東權益報酬率（ROE）達百分之十四點五的好成績。BNDES會保留一部分投資收益，然後將之投入名為FUNTEC的科技發展基金，再由這支基金去援助前沿科技的發展；還有一部分投資收益，會流向其他的投資基金來挹注社會跟文化發展計畫的資金需求（Mazzucato and Penna 2015a）。國家投資銀行所扮演的角色可以不只這樣，也確實不只這樣。像中國的國家開發銀行（CDB），就不光是在民間金融厭惡風險而不願意投資其本土太陽能硬體廠商時的替代品，國家開發銀行還是為其本土硬體廠創造機會的利器。這有一例是中國國家開發銀行拿三十億美元投資了阿根廷最大的風力發電計畫，條件是使用中國製的風機。這麼一來，阿根廷的風電開發商拿到了在商業市場上拿不到的融資，而中國則替其本土風機製造商爭取到了訂單。至於融資的利息，又可以被中國拿去從事其他方面的經濟發展（Nielsen 2012）。

簡言之，「智慧」、普惠而永續的成長不會憑空出現，為此許多政策工具都是必要的條件。我在這裡的建言只是一個起點。上述政策提案（從智財權的黃金比例一路到國家投資銀行）在執行面上的困難挑戰——不論只是看起來還是實際存在，都不構成我們對其視而不見的理由。在這個大數據的時代，我們絕對有辦法在政策工具的建構過程中顧及各種特定的狀況，以藉此確保風險與報酬的組合不會太差。事實上，這幾項建議都已經以不同的型態，出現在巴西、中國、丹麥、芬蘭、德國、以色列，乃至於歐盟（透過歐洲投資銀行）。我們現在最關鍵的問題，是要透過公開辯論研擬如何一方面創造出符合「智慧」意涵的經濟成長，一方面讓這成長變得更加「普惠」，也就是風險與報酬都能同時社會化的局面。真能做到這樣，那不僅可投入未來創新的資金會更加充裕，甚至我們還會有機會去壓抑價值萃取，縮小貧富差距。

註釋

1 作者註，這樣的架構必須處理四大問題：（一）美國如何能為改變設定方向，並在過程中創造市場並形塑市場（而非只是修復市場）；（二）如何透過發展新的指標來評估美國的轉型成效；（三）如何在公部門中設立組織，並令其有意願與能力擁抱風險而不是害怕失敗；（四）國家要如何能從成功的創新中賺得若干收益，藉此彌補創新過程中必然的虧損，畢竟少數的成功與眾多的失敗是創新流程中不可分隔的兩塊。以下我會針對第四點進行闡述。至於針對其他三點更完整的探討，可見 M. Mazzucato, 2015, 'Beyond Market Failures: Shaping and creating markets for innovation-led growth', in M. Mazzucato and C.

C. R. Penna (eds.), 2015, Mission-Oriented Finance for Innovation: New Ideas for Investment-Led Growth (London: Policy Network, 147-159)。

2 作者註，'What's the Tax Gap?'. 2012. Tax Research UK. http://www.taxresearch.org.uk/ Documents/FAQ1Tax Gap.pdf (accessed 1 March 2013).

第十章

結論

Conclusion

在尋求推動創新與成長的時候，我們必須有一個根本的認知，那就是公私部門分別都在這當中扮演著要角。我們不僅得了解創新生態系的重要性，還特別得去掌握每個主體各為這生態系貢獻了哪些東西。有種假設認為公部門頂多只能（透過補貼、減稅、碳定價、技術標準等手段來）提供動機給私部門，然後由私部門主導創新，但這假設其實無法解釋何以在不少案例裡，引領創業的力量都是來自國家而非民間，而這種矛盾之處又在現今的經濟危機中被格外凸顯出來。對國家的積極角色視而不見，會造成公私部門夥伴間的合作淪為寄生（而非共生）的關係，同時也會造成金錢被浪費在含各類減稅在內，無效的刺激方案上，讓其他更有意義的工作無錢可用。

想了解國家在現代資本主義社會中承擔風險的基本角色設定，我們就不能不去了解到創新的「集體性」特徵。不同類型的大小公司、不同類型的資金來源，乃至不同類型的國家政策、機構與部門，時不時會以我們意想不到的方式互動，但我們要相信自己可以去形塑這些互動，藉此來達成我們想要的目的。創新文獻的體系，在克里斯・費里曼（Chris Freeman; 1995）、班特—艾克・蘭得瓦爾（Bent-Åke Lundvall; 1992）與李察・尼爾森（Richard Nelson; 1993）的示範與領導下，在此充滿了可以發揮作用的地方。我們愈來愈需要這些橫向的知識擴散系統來幫助我們在公私合作的阻礙降低處開疆闢土，為創新打開新的道路。

經年累月下來，我們已經知道創新不光是給錢研發就可以辦到的事情，還需要有完整的體制來讓新知能擴散到經濟體裡面。科學與產業之間充滿活力的連結，或許只是創新可以獲得支持的其中一個方式，但本書的案例已經顯示這些連結可以展現極高的深度，也可以動輒回溯幾十年年頭。現在要繼續認為創新過程發生在國家或企業的獨立作業中，已經是愈來愈難以想像的事情了。

但與其搬出創新生態系等炫目的字眼來描述創新的過程，我們的當務之急是要理解系統中不同主體中創新分工，特別是每個主體在顛簸風險地景中運作時的角色扮演與決心強度。國家固然需要冒險，但國家不應只是去吸收（或甚至緩和）私部門所面對的風險。國家應該要承擔的，是私部門不願意承擔的風險，然後這些風險對應的報酬也應該歸給國家。獲取報酬是一件大事，因為創新循環需要資金維繫才不會難以為繼，這是一個「以案養案」的概念，何況還有無可避免的虧損需要彌補；另外就是有報酬作為底氣，創新循環才能比較不受到政治更迭與商業景氣衝擊。公共政策應該聚焦公部門在各產業與機構之內與之間所扮演的特定角色上，以便讓原本無法發生的事情得以發生——完全就像凱因斯在《自由放任的終結》（*The End of Laissez Faire*; 1926）中所主張的那樣。這涉及的不光是公部門支出在反（景氣）周期上所需要扮演的重要角色（這角色很不幸地因為當今的撙節政策而無法發揮），更關乎到我們應該對個別政策工具提出哪些類型的問題：比方說稅務優惠真的能讓原本不會發生的研發發生嗎？

正是因為其（不同於企業的）獨特特性，所以國家才無法在創新中扮演某種「確切」而「有限」的角色（相當於在某個點上達成平衡）。若能接受這一點，那就代表我們有必要理解國家獨具的影響力範圍，還有用以評判其活動表現良窳的專屬指標。比方說，雖然投資協和號這個最常被拿來指控政府不善於挑選贏家的案例，最後確實是以失敗作收，但其實要真正去了解國家在這場努力的表現好壞，我們不應只從過於簡化的成本效益分析去進行，我們還應該考慮到投資協和號之舉所帶來有形無形的整組外溢效應。那有沒有人真的去這麼做過呢？答案是沒有，但這似乎無礙於外界形成一個普遍的共識，那就是這筆投資一事無成。再者，我們在評估國家的各項投資時，必須要視其為跨時而長期的投資組合（Mazzucato 2015）。而同樣地，這點也還沒有人做到（所以我也將之排入了我處於現在進行式的研究計畫中）[1]。

當然國家的與眾不同之處，不僅在於其任務內容，而是也在於其可以用來執行任務的工具與途徑。在卡爾．波蘭尼（Karl Polanyi）的經典之作《大轉型》（*The Great Transformation*，一譯《鉅變》，1944）中，認為是國家——用主推而非旁敲側擊的方式——創造出至為「資本主義」的一種市場，也就是「國家市場」（相對於在地市場與國際市場則在時間上早於資本主義）。資本主義經濟永遠會臣屬於國家，也會臣服於國家的變化。因此相對癡心妄想著只要我們「放市場一馬」，「市場」就會替我們把世界管理到最好，主政者必須學著去善用各種工具與途徑去形塑市場、創造市場——讓原本不會發生，但我們希望它能發生的事情發生。而這也就代表我們需要成長在符合「智慧」意涵之餘，也能在「普惠」與「永續」的表現上有所兼具。

當然，我們也不宜對政府特殊之處的能力有過於浪漫的幻想。國家會因為害怕蘇聯的核彈攻擊，害怕佛羅里達州會沉下去，或害怕石油用盡，而做出一些別人做不到的事情——像是用國家的能力去印鈔票，然後冒險將之浪費在犯蠢的發想或解決方案上，比如打仗。另一方面，國家可以動員廣大的社會知識網與商業能力去恣意妄為——因為他們知道不論如何，稅金都會不斷地流進國庫，畢竟話說到底國家是我們生活中最大的強制力量——而我們必須要透過政府組織分立與定期改選來加以制衡。如安迪・史忒靈（2014）不久前所言：「貧窮、國民健康問題、環境破壞等需要創新去解決的挑戰愈大，政策有效性的重要性就愈大。問題不在如何「挑選贏家」——挑選贏家無論如何，都會是一個被不確定性所壟罩，公、私與第三部門都無論如何逃不掉的困境。真正的關鍵，在於我們如何廣泛集社會各界之力建立起一個良性而正面的環境，然後在這個環境裡去共同議定「贏」到底是什麼意思。

嚴格而單一地僅倚靠凱因斯的主張行事，就代表我們接受國家的角色就是為了讓帳目得到平衡，即便是要拿錢讓人去廢礦坑裡找鈔票，也應該做下去；要是遵循蘋果傳奇賈伯斯的智慧，如之前所說，那就代表國家應該在科技發展的追求上與社會問題的解決上「毋忘初飢」。不論是以國家安全之名（針對某新的假想敵）去投資網際網路或潔淨科技，或是以氣候變遷（或也很常見的能源獨立）之名做這些投資，國家都可以運用上企業無從觸及的規模與工具（如課稅或監理）。若說企業投資新科技的主要障礙，在於商家不願意對能創造出「公益」的項目進行投資（因為這代表被創造出來的價值大宗將無法落入企業之手），那麼國家就有義務跳出來，想辦法讓這些投資轉化為日後嶄新的經濟成長。真捨不下「愚勁」的企業是活不下去的，因為他們必須針對產品開發與進入新市場等問題承擔計算過的風險。蘋果的成功並不是因為它有能力創造新科技，而是在於它有足夠的設計力、執行力與組織力把伸手就摘得到的技術整合起來，然後成功地行銷與販售。相形之下，國家的彈性就是一項重要的資產，因為這種彈性讓國家得以真正展現「愚勁」，藉此鎖定特定的科技認真投資。誰能想到原本是希望發展來在核子戰爭中保存通訊能力的科技，最後會成為全世界找答案、聯絡人、還有做生意的首選平台嗎？多少人覺得砸百千萬美元在網際網路的發展上，是件「愚蠢」之事，各位知道嗎？

我們今天需要的，是一個「系統級」的觀點，但這觀點也必須要務實，必須根據實況而非神話來理解各創新主體在風險地景內外的自身角色為何，不同角色間的連結又為何。這觀點也必須如前所述地把現有的知識落差銜接起來，來說明國家投資可以如何去觸發、影響與連結上企業組織的成長，最終我們才能倚靠企業成長來把新科技在大尺度上擴散出去。比方說，我們若以為潔淨能源科技中高度資本密集且高風險的領域可以由創投來帶領，或由小型而不具結構性的綠色投資銀行透過旁敲側擊來促成，那就太不切實際了。在潔淨能源的例子裡，光是國家願意帶頭還不夠，我們還需要國家願意持續支持嶄新與過渡科技到產業成熟為止——也就是到新科技能夠在成本與營運表現上趕上或超越現行科技（如化石燃料能源）為止。新產業的發展沿革，告訴了我們一件事情，那就是私人投資傾向等到早期的高風險投資已經完成在國家手裡後，才會真正採取行動。確實，在新產業萌芽階段（暨尖端新藥等特定固有產業的發展中）把多數實際風險暨不確定性給吸收掉的，往往都是國家跟政府，但這些革命性政府投資所創造出的財務報酬，卻幾乎全進了私人的口袋。這一點固然在製藥產業中格外明顯，因納稅人出錢研發出的新藥，常常會賣到納稅人買不起的價格（Vallas et al. 2011）。同為事實的，是在高科技領域中的蘋果等業者會直接間接收取公共資金中的龐大利益在前，設法成功避稅在後（Mazzucato 2013）。

首先，光是將「創業型國家」的概念講到爛，自然是不夠的，我們還必須真正建立起一個看得見的「創業型國家」——這國家裡必須要有充滿存在感的機構組織能擬定出長期成長策略且「歡迎」創新必然帶來的失敗（Mazzucato 2014）。確實，歐盟中的弱國也正好是不願花錢投資在研發、人才培養上，藉此來創造未來成長的國家，並不能推給巧合（見圖一）。但我們被告知的，卻是這些國家變弱是因為他們錢花得太多。雖說「治理」一詞常被用來讓進行「市場改革」師出有名，但其實「治理」也應該關乎如何把專業知識集合在一起，藉此創造出在高風險暨高成長領域中的投資意願。任何人只要在私部門中服務過都清楚，官僚而充滿惰性的企業絕對不在少數。公部門體內絕對沒有什麼DNA令其天生在創新能力上不如私部門。但同樣地，在公部門的機構中鼓勵創新與創意，也需要我們思考到其組織內部的動態。不過總而言之，太多策略管理與組織變革的專家都不把公部門視為是一股自給自足的創新力量，他們對創新有所期待的始終都是私部門。公部門在這些專家眼裡，只該負責為私部門創造革新所需的條件與環境。而一如前述，這種思維形成了一種自我實現的預言，結果就是年輕的社會新鮮人會覺得在高盛或谷歌工作一定比在國家投資銀行或在跟創新有關的部會裡當公務員有趣。要化解人才流動上的這種失衡，我們必須要提升而非貶抑政府的地位——這包括我們在遣詞用字跟意象上，都要賦予政府更正面的形象。以上所言情形，對歐元區面臨的危機有很大的參考意義。國際機構透過「財政協定」，對經濟弱國施加了各種條件，但這些條件不該用來全面性縮減各國的公部門規模，而應該用來提振各國政府想要投資在教育、研發等領域的動機，並由內而外地將其公部門改造得更有方略、更賞罰分明，也更有活力。這聽起來並不容易，但相較之下用撙節方案去弱化這些國家的社經結構與未來的競爭力，卻又同時寄望能振興它們的經濟，豈非更加緣木求魚。

再者，如果國家受託要投身不確定的投資世界裡，且必然得面對虧損的命運（基本上就是私人創投在玩的遊戲），那我們就很合理地應該在投資押對寶的時候，也讓國家分一杯羹，好讓國家有錢彌補押錯寶時的虧損。亦即，政府固然不應該期望靠提供教育或醫療等公共財去「賺錢」，但如果今天國家進行的是高風險投資，那我們就得對其採取與公共財不一樣的認知。我們應該容許國家在創投的活動中去直接獲利，畢竟這麼做有著極高的失敗率。政府的成功投資，理應可以換得報酬來填補失敗的虧空，進而當作未知新投資的柴火。廣見於金融業的獲利私有化與虧損社會化，已經被認定是在經濟上無效率，在社會上不公義的做法（Alessandri and Haldane 2009），而經濟中類似的不對稱情形，包括在需要資金起步的科技新創與在轉機中需要外部投資的成熟企業身上，始終都沒有獲得應有的關注。風險—報酬的關係一旦獲得釐清，不僅政府的收入可以在公部門預算吃緊的此時獲得增進，而且納稅義務人也會因為覺得政府有把錢花在刀口上而成為國家在施政上的一股助力，由此國家想要透過投資來刺激長線的經濟成長，也就比較不會遭遇有窒礙難行的情況。

三來，透過把焦點集中在國家於顛簸風險地景上的角色扮演，包括積極地勇於任事而不只是單純為私部門去除風險與針對市場失靈提供修正，那麼本書在此處的分析就有潛力能讓政府針對創新生態系裡的其他主體提出更完備的政策。這一點之所以要緊，是因為如本書在第二章談到「迷思」時所言，國家的角色之所以被如此貶低，完全就是因為其他經濟主體的定位太受抬舉——從中小企業到私人創投到企業股東，各個都被捧得太高了。承認在不同時間的風險地景上與創新生態系裡，不同主體各有其不同的角色得扮演，可以發揮一種正面的效果，那就是讓被過度吹捧的經濟主體無法再輕易地挾民眾普遍的誤解來索討優惠與補貼。最後的附錄列出了以英國為例，若以更實際的方式去經營創新生態系，可以為國庫省下的支出有哪幾筆，至於「實際」在此的涵義，是放下迷思，用我們對各主體的真實所知去擬定政策。

我們活在一個國家與政府被打壓與整併的時代。公共服務動輒被外包出去，政府預算愈砍愈低，決定國家大計的往往是公務員的恐懼而非勇氣。而事態會如此扭曲，往往是因為有人喊著要讓市場變得更有競爭性、更有活力。這本書的出版，就是想公開呼籲我們要改變談論國家的口氣，用嶄新的視角去看待國家在經濟中的角色扮演，也讓國家連結到不一樣的形象與意念。只有能做到這一點，我們才能開始為自己與我們的孩子建立起一個宜居的社會，我們才能掃除國家被汙名化的迷思，讓大家了解由一個推動任務導向、透過組織展現衝勁的政府，能為我們提供哪些服務？這樣的政府既曾將人送上月球表面，未來就沒理由不能為全人類化解氣候變遷。我們要拿出勇氣，堅定不移地善用願景與特定的政策工具，說什麼也要確保用公共投資換來的經濟成長可以既智慧，又普惠，兩全其美。

註釋

1 作者註，M. Mazzucato and C. C. R. Penna, 2014, 'Picking winners: Theory, practice, and setting the record straight'，此為未發表的工作底稿。

for Climate Change Economics and Policy, Grantham Research Institute on Climate Change and the Environment Policy Paper, January. Available online at http://www2.lse.ac.uk/Granthaminstitute/publications/Policy/docs/PP_macro economic-green-recovery_Jan11.pdf (accessed 14 February 2012).

www.eecis.udel.edu/~westerma/about_Wayne.html (accessed 22 January 2013).
Westlake, S. 2014. 'Interrogating the Entrepreneurial State'. *The Guardian*, 14 November. Available online at http://www.theguardian.com/science/political-science/2014/nov/11/interrogating-the-entrepreneurial-state-innovation-policy (accessed 14 November 2014).
Wheeler, B. 2011. 'David Cameron Says Enterprise Is Only Hope for Growth'. BBC News, 6 March. Available online at http://www.bbc.co.uk/news/uk-politics-12657524 (accessed 7 June 2011).
WIPO (World Intellectual Property Organization). 2009. 'Patent Co-operation Treaty Applications Relating to Environmental Technologies (2001–05 Average)'. In 'Cold Start for the Green Innovation Machine', by P. Aghion, R. Veugelers and C. Serre, *Bruegel Policy Contribution* 12 (November).
Wiser, R., M. Bolinger and G. Barbosa. 2007. 'Using the Federal Production Tax Credit to Build a Durable Market for Wind Power in the United States'. Lawrence Berkeley National Laboratory, Environmental Energy Technologies Division, November. Preprint of article submitted to the *Electricity Journal*. Available online at http://eetd.lbl.gov/ea/emp/reports/63583.pdf (accessed 25 January 2013).
Woo-Cumings, M., ed. 1999. *The Developmental State*. Ithaca, NY: Cornell University Press.
Wood, R. 2012. 'Fallen Solyndra Won Bankruptcy Battle but Faces Tax War'. *Forbes*, 11 June. Available online at http://www.forbes.com/sites/robertwood/2012/11/06/fallen-solyndra-won-bankruptcy-battle-but-faces-tax-war/ (accessed 29 January 2013).
Wright, R. 1997. 'The Man Who invented the Web: Tim Berners-Lee Started a Revolution, but It Didn't Go Exactly as Planned'. *Time*, 19 May.
Yasuda, T. 2005. 'Firm growth, size, age and behavior in Japanese Manufacturing'. *Small Business Economics* 24, no. 1: 1–15.
Zenghelis, D. 2011. 'A Macroeconomic Plan for a Green Recovery'. Centre

Unruh, G. C. 2000. 'Understanding Carbon Lock-In'. *Energy Policy* 28, no. 12: 817–30.

US Department of the Treasury. 2012. 'Overview and Status Update of the 1603 Program'. Treasury.gov, 20 July. Available online at http://www.treasury.gov/initiatives/recovery/Documents/status%20overview.pdf (accessed 25 January 2013).

US Government Accountability Office. 2012. 'Advanced Research Projects Agency–Energy Could Benefit from Information on Applicants' Prior Funding'. 13 January. Available online at http://www.gao.gov/products/gao-12-112 (accessed 9 February 2013).

Usha, H. and D. Schuler. 2011. 'Government Policy and Firm Strategy in the Solar Photovoltaic Industry'. *California Management Review* 54, no. 1: 17–38.

Vallas, S. P., D. L. Kleinman and D. Biscotti. 2009. 'Political structures and the Making of US Biotechnology'. in *State of Innovation: The U.S. Government's Role in Technology Development*, edited by F. L. Block and M. R. Keller, 57–76. Boulder, CO: Paradigm Publishers.

Vascellaro, J. E. 2012. 'Tech Industry Rebuts Critics on Outsourcing'. *Wall Street Journal*, 6 June. Available online at http://online.wsj.com/article/SB10001424052702303830204577446492207816330.html (accessed 17 July 2012).

Wade, R 1990. *Governing the Market: Economic Theory and the Role of Government in Taiwan's Industrialization*. Princeton, NJ: Princeton University Press.

Wald, M. 2011. 'Energy Firms aided by U.S. Find Backers'. *New York Times*, 2 February. Available online at http://www.nytimes.com/2011/02/03/business/energy-environment/03energy.html?pagewanted=all&_r=0.

Walker, R. 2003. 'The Guts of a New Machine'. *New York Times*, 30 November. Available online at http://www.nytimes.com/2003/11/30/magazine/30iPOD.html?pagewanted=all&pagewanted=print (accessed 10 October 2012).

Westerman, W. 1999. '"About" Wayne Westerman'. Available online at http://

Storey, D. 2006. 'Evaluating SME Policies and Programmes: Technical and Political Dimensions'. in *The Oxford Handbook of Entrepreneurship*, edited by M. Casson, b. Yeung, A. Basu and N. Wadeson, 248–79. New York: Oxford University Press.

Strategic Environmental Research and Development Program (SERDP) and Environmental Security Technology Certification Program (ESTCP). n.d. 'Installation Energy Test Bed'. Serdp.org. Available online at http://www.serdp.org/Featured-Initiatives/Installation-Energy (accessed 28 January 2013).

Sullivan, M. A. 2012. 'Apple Reports High Rate but Saves Billions on Taxes'. *Tax Analysts*, 13 February, 777–8. Available online at http://taxprof.typepad.com/files/134tn0777.pdf (accessed 1 July 2012).

Svensson, P. 2012. 'Apple Closing in on Microsoft Record as Valuation Hits $600B'. Metro News, 10 April. Available at http://metronews.ca/news/world/98144/apple-closing-in-on-microsoft-record-as-valuation-hits-600b/ (accessed 10 September 2012).

Sweet, C. 2011. 'Google Invests $75 Million in Home Solar Venture'. *Wall Street Journal*, 28 September. Available online at http://online.wsj.com/article/sb10001424052970204831304576596833595375002.html (accessed 31 October 2012).

Tassey, G. 2012. 'Beyond the Business Cycle: The Need for a Technology-Based Growth Strategy'. Economic Analysis Office working paper, US National institute of Standards and Technology (NIST), February. Available online at http://www.nist.gov/director/planning/upload/beyond-business-cycle.pdf (accessed 29 January 2013).

Telegraph. 2010. 'David Cameron Pledges Greenest Government Ever'. Video, 14 May. Available online at http://www.telegraph.co.uk/news/newsvideo/uk-politics-video/7723996/David-Cameron-pledges-greenest-government-ever.html (accessed 2 May 2011).

Tracy, R. 2011. 'US Offers $150m Loan Guarantee to Solar-Wafer Manufacturer'. *Dow Jones International News*, 17 June.

r41227energylegreport.pdf (accessed 19 July 2012).
Singer, A. 2012. 'General Electric's Ten Year Tax Rate Only Two Percent'. Citizens for tax Justice (CTJ) Press Release, 27 February. Available online at http://www.ctj.org/taxjusticedigest/archive/2012/02/press_release_general_electric.php (accessed 25 July 2012).
Skidelsky, R., F. Martin and C. Wigstrom. 2012. *Blueprint for a British Investment Bank*. eBook. Available online at http://www.skidelskyr.com/site/article/blueprint-for-a-british-investment-bank/ (accessed 15 February 2013).
Slater, K. 1983. 'Banks Seek Profit in Venture Capital Arena: High-Risk, High-Reward Business is Attracting More Adherents'. *American Banker*, 31 October.
Smith, A. 1904 [1776]. *An Inquiry into the Nature and Causes of the Wealth of Naions*, edited by E. Cannan. 5th edition. London: Methuen & Co.
Solow, R. M. 1956. 'A Contribution to the Theory of Economic Growth'. *Quarterly Journal of Economics* 70, no. 1: 65–94. Available online at http://qje.oxfordjournals.org/content/70/1/65.full.pdf+html (accessed 29 January 2013).
———. 1987. 'We'd Better Watch Out'. *New York Times*, 12 July, 36. Available online at http://www.standupeconomist.com/pdf/misc/solow-computer-productivity.pdf (accessed 29 January 2013).
Soppe, B. 2009. 'How Countries Matter to Technological Change: Comparison of German and U.S. Wind Energy Industry'. Unpublished paper presented at DRUID-DIME Academy Winter Conference, Denmark, January, 22–4. information available from http://epub.uni-regensburg.de/6478/ (accessed 14 February 2013).
Southwick, K. 1999. *Silicon Gold Rush: The Next Generation of High-Tech Stars Rewrites the Rules of Business*. New York: John Wiley & Sons.
St John, J. 2011. 'China's Solar Loans Still Mostly Untapped'. Greentech Media, 17 November. Available online at http://www.greentechmedia.com/articles/read/chinas-solar-loans-still-mostly-untapped/ (accessed 23 July 2011).

Influence– How China Development Bank Is Rewriting the Rules of Finance. Singapore: John Wiley & Sons.

Sapolsky, H. M. 2003. 'Inventing Systems Integration'. In *The Business of Systems Integration*, edited by A. Prencipe, A. Davies and M. Hobday. Oxford: Oxford University Press.

Sato, H. 2011. 'Can US Factories Take on China?' *Lowell Sun*, Chinasubsidies.com, 1 March. Available online at http://www.chinasubsidies.com/lowell-sun-Mar-2011.pdf (accessed 5 February 2013).

Schumpeter, J. 1949. 'Economic Theory and Entrepreneurial History'. In Research Center in Entrepreneurial History, Harvard University, *Change and the Entrepreneur: Postulates and the Patterns for Entrepreneurial History*. Cambridge, MA: Harvard University Press.

———. 2003 [1942]. *Capitalism, Socialism and Democracy*. New York: Routledge.

Segal, D. 2012. 'Apple's Retail Army, Long on Loyalty but Short on Pay'. *New York Times*, 23 June. Available online at http://www.nytimes.com/2012/06/24/business/apple-store-workers-loyal-but-short-on-pay.html?gwh=7D59E115E4CC232BCFF56011281AF183 (accessed 7 July 2012).

Shapiro, I. 2012. 'Comparing the Pay of Apple's Top Executives to the Pay of the Workers Making its Products'. Economic Policy Institute, 30 April. Available online at http://www.epi.org/publication/apple-executives-pay-foxconn-workers/ (accessed 19 July 2012).

Shellenberger, M., Nordhaus, T., Trembath, A. and Jenkins, J. 'Where the Shale Gas Revolution Came From: Government's Role in the Development of Hydraulic Fracturing in Shale'. The Breakthrough Institute. Available Online at http://thebreakthrough.org/images/main_image/Where_the_Shale_Gas_Revolution_Came_From2.pdf (accessed 29 June 2015).

Sherlock, M. 2011. 'Energy Tax Policy: Historical Perspectives on and Current Status of Energy Tax Expenditures'. Congressional Research Service, 2 May. Available online at http://www.leahy.senate.gov/imo/media/doc/

Rogoff, K. and C. Reinhart. 2010. 'Growth in a Time of Debt'. *American Economic Review* 100, no. 2: 573–8.

Roland, A. and P. Shiman. 2002. *Strategic Computing: DARPA and the Quest for Machine Intelligence*, 1983–1993. Cambridge, MA: MIT Press.

Roush, W. 2010. 'The Story of Siri, from Birth at SRI to Acquisition by Apple—Virtual Personal Assistants Go Mobile'. Xconomy.com, 14 June. Available online at http://www.xconomy.com/san-francisco/2010/06/14/the-story-of-siri-from-birth-at-sri-to-acquisition-by-apple-virtual-personal-assistants-go-mobile/ (accessed 2 July 2012).

Ruegg, R. and P. Thomas. 2009. 'Linkages from DOE's Wind Energy Program R&D to Commercial Renewable Power Generation'. United States Department of Energy, Office of Energy Efficiency and Renewable Energy, September. Available online at http://www1.eere.energy.gov/analysis/pdfs/wind_energy_r_and_d_linkages.pdf (accessed 7 March 2013).

———. 2011. 'Linkages from DOE's Solar Photovoltaic R&D to Commercial Renewable Power from Solar Energy'. United States Department of Energy, Office of Energy Efficiency and Renewable Energy, April. Available online at http://www1.eere.energy.gov/ba/pba/program_evaluation/pdfs/solar_rd_linkages_report7.18.11.pdf (accessed 25 January 2013).

Ruttan, V. 2006. *Is War Necessary for Economic Growth?: Military Procurement and Technology Development.* New York: Oxford University Press.

Salter, A., P. D'Este, B. Martin, A. Geuna, A. Scott, K. Pavitt and P. Nightingale. 2000. *Talent, Not Technology: Publicly Funded Research and Innovation in the UK.* London: CVCP.

Sande, S. 2012. 'reno City Council Approves Tax Break for Data Center'. TUAW, 28 June. Available online at http://www.tuaw.com/2012/06/28/reno-city-council-approves-apple-tax-break-for-data-center/ (accessed 22 January 2013).

Sanderson, H. and M. Forsythe. 2012. *China's Superbank: Debt, Oil and*

RAND. 2011. 'Paul Baran and the Origins of the Internet'. Rand.org, 23 December. Available online at http://www.rand.org/about/history/baran.html (accessed 11 July 2012).

Randerson, J. 2010. 'Cameron: I Want Coalition to be "Greenest Government Ever"'. *Guardian*, 14 May. Available online at http://www.guardian.co.uk/environment/2010/may/14/cameron-wants-greenest-government-ever (accessed 4 January 2013).

Rao, A. and P. Scaruffi. 2011. *A History of Silicon Valley: The Largest Creation of Wealth in the History of the Planet: A Moral Tale*. Palo Alto, CA: Omniware Group.

Reinert, E. 2007. H*ow Rich Countries Got Rich and Why Poor Countries Stay Poor.* London: constable.

Reinganum, J. F. 1984. 'Practical implications of Game Theoretic Models of R&D'. *American Economic Review* 74, no. 2: 61–6.

REN21 (Renewable Energy Policy Network for the 21st Century). 2012. 'Renewables 2012: Global Status Report'. REN21.net, 11 June. Available onine at http://www.map.ren21.net/GSR/GSR2012_low.pdf (accessed 25 January 2013).

Reuters. 2012. 'Hanwha SolarOne to Beat US Tariffs with Q-Cells Buy'. Reuters, 11 September. Available online at http://in.reuters.com/article/2012/09/11/hanwhasolarone-results-idINL3E8KB44G20120911 (accessed 24 January 2013).

Richard, D. 2008. 'Small Business and Government: the Richard Report'. Submission to the Shadow Cabinet. Available online at http://www.bl.uk/bipc/pdfs/richardreport2008.pdf (accessed 6 June 2011).

Robinson, J. 1953–54. 'The Production Function and the Theory of Capital'. Review of Economic Studies 21, no. 2: 81–106.

———. 1978. 'Obstacles to Full Employment'. In *Contributions to Modern Economics*. New York and San Francisco: Academic Press.

Rodrik, D. 2004. 'Industrial Policy for the 21st Century'. CEPR Discussion Paper 4767.

MI:Aatec Publications.

Pernick, R., C. Wilde and T. Winnie. 2012. 'Clean Energy Trends 2012.' Clean Edge, March. Available online at http://www.cleanedge.com/reports (accessed 17 April 2012).

Perrons, D. and A. Plomien. 2010. *Why Socio-economic Inequalities Increase?: Facts and Policy Responses in Europe*. EUR (Series) 24471. Luxembourg: Publications Office of the European Union.

Pew Charitable Trusts. 2012. *Who's Winning the Clean Energy Race? 2011 Edition*. Philadelphia and Washington, DC: The Pew Charitable Trusts. Available online at http://www.pewenvironment.org/uploadedFiles/Peg/Publications/report/Final_forweb_WhoIsWinningTheCleanEnergyRace-REPORT-2012.pdf (accessed 25 January 2013).

Pierrakis, Y. 2010. 'Venture Capital: Now and After the Dotcom Crash'. NESTA Research Report, July 2010. available online at http://www.nesta.org.uk/library/documents/venture_capital.pdf (accessed 25 January 2013).

PIRC (Public Interest Research Centre). 2011. *The Green Investment Gap: An Audit of Green Investment in the UK.* Machynlleth: Public interest research Centre, March.

Pisano, G. P. 2006. 'Can Science Be a Business? Lessons from Biotech'. Harvard Business Review 84, no. 10: 114–25.

Polanyi, K. 2001 [1944]. *The Great Transformation: The Political and Economic Origins of Our Time*. Boston: Beacon.

Politi, J. 2012. 'The Future of Development Banks'. *Financial Times Special Reports*, 24 September, 1–4. Available online at http://www.ft.com/intl/cms/c1628ce2-03a3-11e2-bad2-00144feabdc0.pdf (accessed 1 April 2013).

Prestowitz, C. 2012. 'Apple Makes Good Products but Flawed Arguments'. *Foreign Policy*, 23 January.

Proebstel, D. and W. Clint. 2011. 'Renewable Energy for Military Applications'. Pikes Research, I.bnet.com. Available online at http://i.bnet.com/blogs/rema-11-executive-summary.pdf (accessed 28 January 2013).

OTA (US Congress Office of Technology Assessment). 1995. Fl*at Panel Displays in Perspective.* OTA-ITC-631. Washington, DC: US Government Printing office. Available online at http://www.fas.org/ota/reports/9520.pdf (accessed 29 January 2013).

OTP (Office of Tax Policy). 2011. 'Investing in U.S. Competitiveness: The Benefits of Enhancing the Research and Experimentation (R&E) Tax Credit'. A report from the Office of Tax Policy, United States Department of the treasury, 25 March.

Overbye, D. 2007. 'Physics of hard Drives Wins Nobel'. *New York Times*, 10 October. Available online at http://www.nytimes.com/2007/10/10/world/10nobel.html?pagewanted=print (accessed 10 October 2012).

Parris, S. and P. Demirel. 2010. 'Innovation in Venture Capital Backed Clean-Technology Firms in the UK'. *Strategic Change* 19, nos. 7–8: 343–57.

Patton, D. 2012. 'Further Huge Boost to Solar Target "Not on China's Agenda"'. Recharge News, 12 September. Available online at http://www.rechargnews.com/business_area/politics/article322558.ece (accessed 22 January 2013).

Pavitt, K. 1984. 'Sectoral Patterns of Technical Change: Towards a Taxonomy and a Theory'. *Research Policy* 13, no. 6: 343–73.

Penna, C. C. R. 2014. *The Co-evolution of Societal Issues, Technologies and Industry Regimes: Three Case Studies of the American Automobile Industry*. DPhil in Science and Technology Policy, science Policy Research Unit (SPRU), University of Sussex, Brighton.

Pentland, W. 2011. 'China's Coming Solyndra Crisis'. Forbes, 27 September. Available online at http://www.forbes.com/sites/williampentland/2011/09/27/chinas-coming-solyndra-crisis/ (accessed 23 July 2012).

Perez, C. 2002. *Technological Revolutions and Financial Capital: The Dynamics of Bubbles and Golden Ages*. Cheltenham: Edward Elgar.

———. 2012. 'Financial Crises, Bubbles and the Role of Government in Unleashing Golden Ages'. FINNOV Discussion Paper D2.12.

Perlin, J. 1999. *From Space to Earth: The Story of Solar Electricity*. Ann Arbor,

———. 2012. 'Thin Film Photovoltaic Partnership Project'. Available online at http://www.nrel.gov/pv/thin_film_partnership.html (accessed 23 July 2012).

NSB (National Science Board). 2012. 'Science and Engineering Indicators 2012'. National Science Foundation. available online at http://www.nsf.gov/statistics/seind12/start.htm (accessed 18 January 2013).

NSF (National Science Foundation). 2010. 'National Patterns of R&D Resources: 2008 Data update'. NSF 10-314, March.

OECD (Organisation for Economic Co-operation and Development). 2005. *Main Science and Technology Indicators*, no. 2. Paris: OECD.

———. 2011. 'Innovation in Science, Technology and Industry: Research and Development statistics (RDS)'. Available online at http://www.oecd.org/innovation/inno/researchanddevelopmentstatisticsrds.htm (accessed 2011).

Office of the Budget, National Institutes of Health. 2011. 'Appropriations History by Institute/Center (1938 to Present)'. Available online at http://officeofbudget.od.nih.gov/approp_hist.html (accessed 15 November 2012). adapted from W. Lazonick and O. Tulum, 'US Biopharmaceutical Finance and the Sustainability of the Biotech Business Model,' *Research Policy* 40, no. 9 (2011): 1170–87.

Ogg, E. 2012. *How Apple Gets Away with Lower R&D Spending*. GIGaom, 30 January. Available online at http://gigaom.com/apple/how-apple-gets-away-with-lower-rd-spending/ (accessed 19 July 2012).

OSTI (Office of Science and Technical Information). 2009. 'John B. Goodenough, Cathode Materials, and Rechargeable Lithium-Ion Batteries. DoE R&D Accomplishments'. 17 September. Available online at http://www.osti.gov/accomplishments/goodenough.html (accessed 14 February 2012).

OSTP (Office of Science and Technology Policy). 2006. 'American Competitiveness Initiative: Leading the World in innovation'. Domestic Policy council, Office of Science and Technology Policy, February.

Businesses Generate Prosperity and Jobs'. Research Summary.

———. 2009b. 'From Funding Gaps to Thin Markets: UK Government Support for Early-Stage Venture Capital'. Research report. Available online at http://www.nesta.org.uk/library/documents/thin-Markets-v9.pdf (accessed 7 June 2011).

———. 2011. 'Vital Growth: The Importance of High Growth Businesses to Recovery'. Research summary, March.

Nielsen, K. H. 2010. 'Technological Trajectories in the Making: Two Studies from the Contemporary History of Wind Power'. *Centaurus* 52, no. 3: 175–205.

Nielsen, S. 2012. 'Argentina Plans Biggest Wind Project with Loan from China'. Bloomberg, 5 July. Available online at http://www.bloomberg.com/news/2012-07-05/argentina-plans-biggest-wind-project-with-loan-from-china.html (accessed 24 July 2012).

Nightingale, P. 2004. 'Technological Capabilities, Invisible Infrastructure and the Un-social Construction of Predictability: The Overlooked Fixed Costs of Useful Research'. *Research Policy* 33, no. 9: 1259–84.

———. 2012. Evidence provided on the 'Valley of Death' to Science and Technology Committee, UK House of Commons, 28 April. Available online at http://www.publications.parliament.uk/pa/cm201012/cmselect/cmsctech/uc1936-i/uc193601.htm (accessed 1 January 2013).

NIH (National Institutes of Health). N.D. 'Home'. Us Department of Health and Human Sciences Website. Available Online at http://www.nih.gov/ (accessed 25 January 2013).

Nordhaus, T. and M. Shallenberger, eds. 2011. *Breakthrough Journal* 1 (Summer).

Nordhaus, W. D. 2004. 'Schumpeterian Profits in the American Economy: Theory and Measurement'. National Bureau of Economic Research Working Paper series, no. 10433.

NREL (National Renewable Energy Laboratory). 2010. *Rapid Deposition Technology Holds the Key for the World's Largest Solar Manufacturer*. golden, CO:NREL, United States Department of Energy, October.

Motoyama, Y., R. Appelbaum and R. Parker. 2011. 'The National Nanotechnology Initiative: Federal Support for Science and Technology, or Hidden Industrial Policy?' *Technology in Society* 33, nos. 1–2: 109–18. Available online at http://ac.els-cdn.com/S0160791X1100011X/1-s2.0-S0160791X1100011X-main.pdf?_tid=fdf274f8–71ce-11e2–82ef-00000aab0f02&acdnat=1360314641_02c6c7c82b80f38f77571a611ab9305c (accessed 8 February 2013).

Mowery, D. C. 2010. 'Military R&D and Innovation'. in H*andbook of the Economics of Innovation*, edited by B. H. Hall and N. Rosenberg. Amsterdam: North-Holland.

NAS (United States National Academy of Sciences). 2010. *Rising Above the Gathering Storm, Revisited: Rapidly Approaching Category 5*. Washington, DC: National Academies Press.

National Research Council. 1999. *Funding a Revolution: Government Support for Computing Research*. Washington, DC: National Academies Press.

Negro, S. O., M. P. Hekkert and R. E. Smits. 2007. 'Explaining the Failure of the Dutch Innovation System for Biomass Digestion—A Functional Analysis'. *Energy Policy* 35, no. 2: 925–38.

Nelson, R, ed. 1993. *National Innovation Systems: A Comparative Analysis*. Oxford and New York: oxford university Press.

Nelson, R. and S. Winter. 1977. 'In Search of a Useful Theory of Innovation'. *Innovation, Economic Change and Technology Policies*, 215–245. New York: Springer.

———. 1982. *An Evolutionary Theory of Economic Change*. Cambridge, MA: Harvard University Press.

NESTA (National Endowment for Science, Technology and the Arts). 2006. 'The Innovation Gap: Why Policy Needs to Reflect the Reality of Innovation in the UK'. Policy briefing, October. Available online at http://www.nesta.org.uk/library/documents/innovation-gap-pb.pdf (accessed 7 June 2011).

———. 2009a. 'The Vital 6 Per Cent: How High Growth Innovative

Unpublished working paper.
Mazzucato, M. and C. C. R. Penna, eds. 2015b. *Mission-Oriented Finance for Innovation: New Ideas for Investment-Led Growth*. London: Policy Network.
Mazzucato, M. and C. Perez. 2014. 'Innovation as Growth Policy'. in *The Triple Challenge: Europe in a New Age*, edited by J. Fagerberg, S. Laestadius, and B. Martin. Oxford: Oxford University Press, forthcoming.
Mazzucato, M. and A. Shipman. 2014. 'Accounting for Productive Investment and Value Creation'. *Industrial and Corporate Change* 23, no. 1: 1–27.
Mazzucato, M. and R. Wray. 2014. 'Financing the capital Development of the Economy: A Keynes-Schumpeter-Minsky Synthesis'. Unpublished working paper.
McCray, W. P. 2009. 'From Lab to iPod: A Story of Discovery and Commercialization in the Post–Cold War era'. *Technology and Culture* 50, no. 1: 58–81.
McIntyre, R. et al. 2011. 'Corporate Taxpayers & Corporate Tax Dodgers 2008–10'. Citizens for Tax Justice and the Institute on Taxation and Economic Policy. Available online at http://www.ctj.org/corporatetaxdodgers/corporateTaxDodgersReport.pdf (accessed 25 July 2012).
Mia, H. et al. 2010. 'A Survey of China's Renewable Energy Economy'. *Renewable and Sustainable Energy Reviews* 14: 438–45.
Miller, H. 2013. 'EU Commission Labels UK Patent Box Harmful Tax Competition'. IFS *Observation*. Available online at http://www.ifs.org.uk/publications/6899 (accessed 15 March 2015).
Minsky, H. P. 1992. 'The Financial Instability Hypothesis'. Jerome Levy Economics Institute Working Paper no. 74, May.
Mirowski, P. 2011. *Science-Mart*. Cambridge, MA: Harvard University Press.
MIT (Massachusetts Institute of Technology). 2013. A Preview of the MIT Production in the 'Innovation Economy Report', edited by Richard M. Locke and Rachel Wellhausen, mit.edu, 22 February. Available from http://web.mit.edu/press/images/documents/pie-report.pdf (accessed 25 February 2013).

Current Economic Predicament'. *European* 34 (October): 4–8. Available online at http://ymlp.com/zm2bu9 (accessed 2 February 2013).

———. 2013. 'Taxpayers Helped Apple but Apple Won't Help Them'. *Harvard Business Review*, 8 March. Available online at http://blogs.hbr.org/cs/2013/03/taxpayers_helped_apple_but_app.html?utm_source=socialflow&utm_medium=Tweet&utm_campaign=Socialflow (accessed 9 April 2013).

———. 2014. 'Building the Entrepreneurial State: A New Framework for Envisioning and Evaluating a Mission-oriented Public Sector'. Available online at http://www.levyinstitute.org/publications/building-the-entrepreneurial-state-a-new-framework-for-envisioning-and-evaluating-a-mission-oriented-public-sector (accessed 13 May 2015).

———. 2015. 'Beyond Market Failures: Shaping and Creating Markets for innovation-Led Growth'. In *Mission-Oriented Finance for Innovation: New Ideas for Investment-Led Growth,* edited by M. Mazzucato and C. C. R. Penna. London: Policy network, 147–159.

Mazzucato, M. and G. Dosi, eds. 2006. *Knowledge Accumulation and Industry Evolution: The Case of Pharma-Biotech*. Cambridge: Cambridge University Press.

Mazzucato, M. and W. Lazonick. 2010. 'The Limits to the 3% R&D Target in Europe 2010: The Roles of Institutions, Industries, and Business–Government Complementarities in Achieving Equitable and Stable Growth'. FINNOV position paper, May. Available online at http://www.finnov-fp7.eu/sites/default/files/FINNOV_POSITION_PAPER_MAY_2010_3Percent_RD.pdf (accessed 24 January 2013).

Mazzucato, M. and S. Parris. 2011. 'R&D and Growth: When Does variety Matter?' FINNOV Working Paper 2.8.

Mazzucato, M. and C. Penna. 2014. 'Picking Winners: Theory, Practice, and Setting the Record Straight'. Unpublished working paper.

Mazzucato, M. and C. C. R. Penna. 2015a. 'The Rise of Mission-Oriented State Investment Banks: The Cases of Germany's KfW and Brazil's BNDES'.

———. 2013. 'Renewables Global Futures Report'. REN21, January. Available online at http://www.ren21.net/Portals/0/REN21_GFr_2013_print.pdf (accessed 10 March 2013).

Martinot, E. and L. Junfeng. 2007. 'Powering China's Development: The Role of Renewable Energy'. WorldWatch Institute, November. Available online at http://www.worldwatch.org/files/pdf/Powering%20China%27s%20Development.pdf (accessed 20 september 2013).

———. 2010. 'Renewable Energy Policy Update for China'. Renewableenergyworld.com, 21 July. Available online at http://www.renewableenergyworld.com/rea/news/article/2010/07/renewable-energy-policy-update-for-china (accessed 24 April 2012).

Mason, G., K. Bishop and C. Robinson. 2009. 'Business Growth and Innovation: The Wider Impact of Rapidly-Growing Firms in UK City-Regions'. NESTA research report, October.

Massey, D., P. Quintas and D. Wield. 1992. *High-Tech Fantasies: Science Parks in Society, Science and Space*. London: Routledge.

Mathews, J. et al. 2011. 'China's Move to A Circular Economy as a Development Strategy'. *Asian Business and Management* 10, no. 4: 463–84.

Mazzoleni, R. and R. R. Nelson. 1998. 'The Benefit and Costs of Strong Patent Protection: A Contribution to the Current Debate'. *Research Policy* 27, no. 3: 273–84.

Mazzucato, M. 2000. Firm Size, *Innovation and Market Structure: The Evolution of Market Concentration and Instability*. Northampton, MA: Edward Elgar.

———. 2010. 'US Healthcare Reform Is Not an Act of Meddling'. *Guardian*, 6 April. Available online at http://www.guardianpublic.co.uk/us-healthcare-reform-innovation (accessed 6 June 2011).

———. 2011. *The Entrepreneurial State*. London: DEMOS.

———. 2012a. 'Rebalancing What?' Policy Network discussion paper. Policy-network.net, 24 June. Available online at www.policy-network.net/publications/4201/rebalancing-What (accessed 11 February 2013).

———. 2012b. 'The EU Needs More, Not Less Investment, to Get Out of Its

marketfundamentalism/microchip/ (accessed 2 July 2012).
Lööf, H. and A. Heshmati. 2006. 'On the Relationship between Innovation and Performance: A Sensitivity Analysis'. *Economics of Innovation and New Technology* 15, nos. 4–5: 317–44.
Lundvall, B.-Å., ed. 1992. *National Innovation Systems: Towards a Theory of Innovation and Interactive Learning*. London: Pinter Publishers.
Lyons, D. 2012. 'Apple Caves on Audits'. The Daily Beast, 13 February. Available online at http://www.thedailybeast.com/newsweek/2012/02/12/apple-s-hypocrisy-on-u-s-jobs.html (accessed 7 July 2012).
Madrigal, A. 2011. *Powering the Dream: The History and Promise of Green Technology.* Cambridge, MA: Da Capo Press.
Malakoff, D. 2012. 'Romney, Obama Campaigns Give Clean Tech Research Some Bipartisan Love'. Science Insider, sciencemag.org, 11 July. Available online at http://news.sciencemag.org/scienceinsider/2012/07/romney-obama-campaigns-give-clean.html?ref=em (accessed 7 august 2012).
Malone, M. S. 1999. *Infinite Loop: How the World's Most Insanely Great Computer Company Went Insane*. New York: Currency Press.
Markusen, A., P. Hall, S. Campbell and S. Deitrick. 1991. *The Rise of the Gunbelt: The Military Remapping of Industrial America.* New York: Oxford University Press.
Martin, C. 2015. 'Financing Energy Innovation: The Case of ARPA-E'. in *Mission Oriented Finance for Innovation: New Ideas for Investment-Led Growth*, edited by M. Mazzucato and C. C. R. Penna. London: Policy Network, 105–9.
Martin, R and U. Wagner. 2009. 'Climate Change Policy and Innovation'. Centre for Economic Performance Conference Paper, London School of eco- nomics. available online at http://cep.lse.ac.uk/conference_papers/18_05 _2009/martin.pdf (accessed 7 June 2011).
Martinot, E. 2010. 'Renewable Power for China: Past, Present, and Future'. Frontiers of Energy and Power Engineering in China 4, no. 3: 287–94.

Comparative International Development 32, nos. 3–4: 208–32.
Liedtke, M. 2012. 'Apple Cash: CEO Tim Cook Says Company Has More Than It Needs'. *Huffington Post*, 23 February. Available online at http://www.huffingtonpost.com/2012/02/23/apple-cash-ceo-tim-cook_n_1297897.html?view=print&comm_ref=false (accessed 19 July 2012).
Lim, B. and S. Rabinovitch. 2010. 'China Mulls $1.5 Trillion Strategic Industries Boost: Sources'. Reuters, 3 December. Available online at http://www.reuters.com/article/2010/12/03/us-china-economy-investment-idUSTRE6B16U920101203 (accessed 24 July 2012).
Linden, G., K. L. Kraemer and J. Dedrick. 2009. 'Who Captures Value in a Global Innovation Network? The Case of Apple's iPod'. *Communications of the ACM* 52, no. 3: 140–44.
Liu, C. 2011. 'China Uses Feed-In Tariff to Build Domestic Solar Market'. *New York Times*, 14 September. http://www.nytimes.com/cwire/2011/09/14/14climatewire-china-uses-feed-in-tariff-to-build-domestic-25559.html?pagewanted=all (accessed 24 January 2013).
Liu, W. 2011. 'An Unlikely Boost for Chinese Wind'. Chinadialogue, 20 June. Available online at http://www.chinadialogue.net/article/show/single/en/4361-an-unlikely-boost-for-chinese-wind (accessed 25 April 2012).
Liu, Y. 2012. 'China Increases Target or Wind Power Capacity to 1,000 GW by 2050'. Renewableenergyworld.com, 5 January. Available online at http://www.renewableenergyworld.com/rea/news/article/2012/01/china-increases-target-for-wind-power-capacity-to-1000-gw-by-2050 (accessed 14 June 2012).
Lockshin, B. and P. Mohnen. 2012. 'Do R&D Tax Incentives Lead to Higher Wages for R&D Workers? Evidence from the Netherlands'. Maastricht Economic and Social Research Institute on Innovation and Technology (UNU-Merit) Working Paper no. 2012-058, 18 July; revised version of Working Paper no. 2008-034.
Longview Institute. n.d. 'The Birth of the Microchip'. Longviewinstitute.org. Available online at http://www.longviewinstitute.org/projects/

Economics, edited by s. Payson. Praeger/ABC-CLIO.

———. 2014. 'Profits without Prosperity'. *Harvard Business Review*, September: 47–55.

Lazonick, W. and M. Mazzucato. 2013. 'The Risk-Reward Nexus in the Innovation-Inequality Relationship: Who Takes the Risks? Who Gets the Rewards?' *Industrial and Corporate Change* 22, no. 4.

Lazonick, W. and O. Tulum. 2011. 'US Biopharmaceutical Finance and the Sustainability of the Biotech Business Model'. *Research Policy* 40, no. 9 (November): 1170–87.

Lazzarini, S. G., A. Musacchio, R. Bandeira-de-Mello and R. Marcon. 2015. 'What Do State-owned Development Banks Do? Evidence from BNDES, 2002–09'. *World Development* 66, 237–253.

Lee, A. 2012. 'Ralph Nader to Apple CEO Using Texas' Tax Dollars: "Stand on Your Own Two $100 Billion Feet"'. AlterNet, 6 April. Available online at http://www.alternet.org/newsandviews/article/877674/ralph_nader_to_apple_ceo_using_texas'_tax_dollars%3A_'stand_on_your_own_two_$100_billion_feet/ (accessed 22 January 2013).

Lent A. and M. Lockwood. 2010. 'Creative Destruction: Placing Innovation at the Heart of Progressive Economics'. IPPR discussion paper, December.

Lerner, J. 1999. 'The Government as Venture Capitalist: The Long Run Impact of the SBIR Program'. *Journal of Business* 72, no. 3: 285–318.

Leslie, S. W. 2000. 'The Biggest "Angel" of Them All: The Military and the Making of Silicon Valley'. In *Understanding Silicon Valley: The Anatomy of an Entrepreneurial Region*, edited by M. kenney, 44–67. Stanford, CA: Stanford University Press.

Levine, S. 2009. 'Can the Military Find the Answer to Alternative Energy?' Businessweek.com, 23 July. Available online at http://www.businessweek.com/magazine/content/09_31/b4141032537895.htm (accessed 28 January 2013).

Lewis, J. 2007. 'Technology Acquisition and Innovation in The Developing World: Wind Turbine Development in China and India'. *Studies in*

Lauber, V. and L. Mez. 2006. 'Renewable Electricity Policy in Germany, 1974 to 2005'. *Bulletin of Science, Technology & Society* 26, no. 2: 105–20.

Lazonick, W. 2007. 'The US Stock Market and the Governance of Innovative Enterprise'. *Industrial and Corporate Change* 16, no. 6: 983–1035.

———. 2008. 'Entrepreneurial Ventures and the Developmental State: Lessons from the Advanced Economies'. UNU-WIDER. Discussion Paper no. 1 (January).

———. 2009. *Sustainable Prosperity in the New Economy? Business Organization and High-Tech Employment in the United States*. Kalamazoo, MI: W.E. Upjohn Institute for Employment Research.

———. 2011a. 'Apple's Jobs: A Rebirth of Innovation in the US Economy?' *Next New Deal: The Blog of The Roosevelt Institute*. Nextnewdeal.net, 4 August. Available online at http://www.nextnewdeal.net/apples-jobs-rebirth -innovation-us-economy (accessed 12 July 2012).

———. 2011b. 'How Greedy Corporations Are Destroying America's Status as "Innovation Nation"'. *Next New Deal: The Blog of the Roosevelt Institute*. Nextnewdeal.net, 28 July. Available online at http://www.nextnewdeal.net/how-greedy-corporations-are-destroying-americas-status -innovation-nation (accessed 7 March 2013).

———. 2011c. 'The Innovative Enterprise and the Developmental State'. Academic-Industry Research Network, April. Available online at http://www.theairnet.org/files/research/lazonick/lazonick%20innovative%20enterprise%20and%20Developmental%20state%2020110403.pdf (accessed 7 March 2012).

———. 2012. 'The Innovative Enterprise and the Developmental State: Toward an Economics of "Organizational Success"'. Paper presented at the annual conference of the institute for New Economic thinking, Breton Woods, NH, USA, 10 April, 38 (revised November 2012). Available online at http://fiid.org/?page_id=1660 (accessed 22 January 2013).

———. 2013. 'Strategies for Promoting U.S. Competitiveness in World Markets'. in Public Economics: *The Government's Role in American*

factories/ (accessed 24 January 2013).

Klein Woolthuis, R., M. Lankhuizen and V. Gilsing. 2005. 'A System Failure Framework for Innovation Policy Design'. *Technovation* 25, no. 6: 609–19.

Kline, S. J., and N. Rosenberg. 1986. 'An Overview of Innovation'. In *The Positive Sum Strategy: Harnessing Technology for Economic Growth*, edited by R. Landau and N. Rosenberg, 275–306. Washington, DC: National Academies Press.

Klooster, J. W. 2009. *Icons of Invention: The Makers of the Modern World from Gutenberg to Gates*. Santa Barbara, CA: Greenwood Press.

Knight, F. 1921. *Risk, Uncertainty and Profit*. New York: Augustus M Kelley.

———. 2002. *Risk, Uncertainty and Profit*. Washington, DC: Beard Books.

Kocieniewski, D. 2011. 'G.E.'s Strategies Let It Avoid Taxes Altogether'. *New York Times*, 24 March. Available online at http://www.nytimes.com/2011/03/25/business/economy/25tax.html?_r=1&scp=1&sq=g.e.&st=cse (accessed 25 July 2012).

Korosec, K. 2011. 'Cleantech Saviour: US Military to Spend $10B Annually by 2030'. Smartplanet.com, 13 October. Available online at http://www.smartplanet.com/blog/intelligent-energy/cleantech-savior-us-military-to-spend-10b-annually-by-2030/9593 (accessed 28 January 2013).

Kraemer, K. L., G. Linden and J. Dedrick. 2011. Capturing Value in Global Networks: Apple's iPad and iPhone'. Personal Computer Industry Center, University of California-Irvine. Available online at http://pcic.merage.uci.edu/papers/2007/capturingvalue.pdf (accessed 19 June 2012).

LaMonica, M. 2012. 'Should the Government Support Applied Research?' *MIT Technology Review*, 10 September. Available online at http://www.technologyreview.com/news/428985/should-the-government-support-applied-research/ (accessed 19 June 2012).

Landberg, R. 2012. 'China to Make Regional Adjustments for Solar Power Incentives'. Bloomberg, 19 December. Available online at http://www.bloomberg.com/news/2012-12-19/china-to-make-regional-adjustments-for-solar-power-incentives.html (accessed 24 January 2013).

com/video/?video_id=70f7cc1d-ffbf-4be0-bff1-08c300e31e11 (accessed 22 January 2013).

Johansson, B. 2007. 'Award Ceremony Speech'. Nobelprize.org, 28 January 2013. Available online at http://www.nobelprize.org/nobel_prizes/physics/laureates/2007/presentation-speech.html (accessed 24 January 2013).

Johnson, C. 1982. *MITI and the Japanese Miracle: The Growth of Industrial Policy 1925–1975*. Stanford, CA: Stanford University Press.

Judt, T. 2010. *Ill Fares the Land*. New York: Penguin Press.

Kamp, L. 2002. 'Learning in Wind Turbine Development: A Comparison Between the Netherlands and Denmark'. Doctoral dissertation, Utrecht University, Denmark. Available online at http://igitur-archive.library.uu.nl/dissertations/2002-1128-170921/inhoud.htm (accessed 28 January 2013).

Kelly, H. 2012. 'How Schools Are Reacting to Apple's Entry into Education'. VentureBeat, 21 January. Available online at http://venturebeat.com/2012/01/21/apple-textbook-public-private-schools/ (accessed 19 July 2012).

Kenney, M. 2003. 'The Growth and Development of the Internet in the United States'. in *The Global Internet Economy*, edited by B. Kogut, 69–108. Cambridge, MA: MIT Press.

Keynes, J. M. 1926. *The End of Laissez-Faire*. London: L & V Woolf.

———. 1934. *The General Theory of Employment, Interest and Money*. New York: Harcourt, Brace & Company.

———. 1937. 'The General Theory of Employment'. *Quarterly Journal of Economics* 51, no. 2 (February): 209–23.

———. 1938. 'Private Letter to Franklin Delano Roosevelt'. 1 February. In *Maynard Keynes: An Economist's Biography*, by D. E. Moggridge. London: Routledge, 1992.

Kho, J. 2011. 'Clean Tech's Repeat Lesson: Venture Capital Isn't for Factories'. Forbes.com, 30 September. Available online at http://www.forbes.com/sites/jenniferkho/2011/09/30/repeat-lesson-for-vcs-venture-isnt-for-

(accessed 24 January 2013).
Hsieh, C. and P. J. Klenow. 2009. 'Misallocation and Manufacturing TFP in China and India'. *Quarterly Journal of Economics* 124, no. 4: 1403–46.
Hughes, A. 2008. 'Entrepreneurship and Innovation Policy: Retrospect and Prospect'. *Political Quarterly* 79, issue supplement s1 (September): 133–52.
Hughes, A. and A. Mina. 2011. 'The UK R&D Landscape'. UK-IRC. Available online at http://ukirc.ac.uk/knowledgeexchange/reports/article/?objid=6403 (accessed 28 January 2013).
Ibele, M. 2003. 'An Overview of California's Research and Development Tax Credit'. Legislative Analyst's Office, November. Available online at http://www.lao.ca.gov/2003/randd_credit/113003_research_development.html (accessed 22 January 2013).
Inoue, C., S. Lazzarini, and A. Musacchio. 2013. 'Leviathan as a Minority Share-Holder: Firm-Level Implications of Equity Purchases by the State'. *Academy of Management Journal*. Available online at http://amj.aom.org/content/56/6/1775.abstract (accessed 13 May, 2015).
Irwin, D. A. and P. J. Klenow. 1996. 'Sematech: Purpose and Performance'. *Proceedings of the National Academy of Sciences of the United States of America* 93, no. 23: 12739–42.
Isaacson, W. 2011. *Steve Jobs*. New York: Simon & Schuster.
Janeway, W. H. 2012. *Doing Capitalism in the Innovation Economy: Markets, Speculation and the State*. Cambridge: Cambridge University Press.
Jensen, M. 1986. 'Agency Costs of Free Cash Flow, Corporate Finance, and Takeovers'. *American Economic Review* 76, no. 2: 323–9.
Jobs, S. 2005. '"You've got to find what you love," Jobs says'. *Stanford Report*, 14 June. Commencement address delivered on 12 June 2005, Stanford University. Available online at http://news.stanford.edu/news/2005/june15/jobs-061505.html (accessed January 2013).
Jobs, S., W. Mossberg and K. Swisher. 2010. 'D8: Steve Jobs Onstage: Full-length Video'. AllthingsD, 7 June. Available online at http://allthingsd.

in Germany, Denmark, and the United States, 1940–1990'. T*echnology and Culture* 39, no. 4 (October): 641–70.

Hilton, A. 2012. 'To Be More Like Americans, Europe Should Do What They Do, Not What They Say They Do'. *Independent*, 25 February. Available online at http://www.independent.co.uk/news/business/comment/anthony-hilton-to-be-more-like-americans-europe-should-do-what-they-do-not-what-they-say-they-do-7440626.html (accessed 19 June 2012).

Hirsch, Jerry. 2015. 'Elon Musk's Growing Empire is Fueled by $4.9 Billion in Government Subsidies'. *LA Times*. 20 May. Available online at http://www.latimes.com/business/la-fi-hy-musk-subsidies-20150531-story.html (accessed 29 June 2015).

HMRC (Her Majesty's Revenue and Customs). 2010. 'An Evaluation of Research and Development Tax Credits'. Available online at http://www.hmrc.gov.uk/research/report107.pdf (accessed 13 June 2011).

Hobday, M. 1998. 'Product Complexity, Innovation and Industrial Organization'. *Research Policy* 26: 689–710.

Hopkins, M. 2012. 'The Making of a Champion, or, Wind Innovation for Sale: The Wind Industry in the United States 1980–2011'. Airnet working paper. Available online at http://www.theairnet.org/files/research/Hopkins/Hopkins_Wind_20120421.pdf (accessed 28 January 2013).

Hopkins, M. and W. Lazonick. 2011. 'There Went the Sun: Renewable Energy Needs Patient Capital'. *Huffington Post*, 23 September. available online at http://www.huffingtonpost.com/william-lazonick/there-went-the-sun-renewa_b_978572.html (accessed 12 July 2012).

———. 2012. 'Soaking Up the Sun and Blowing in the Wind: Renewable Energy Needs Patient capital.' Airnet. working paper. Available online at http://www.theairnet.org/files/research/Hopkins/CleanTech_PatientCapital _20121129a.pdf (accessed 1 December 2012).

Hourihan, M. and M. Stepp. 2011. 'A Model for Innovation: ARPA-E Merits Full Funding'. The Information Technology and Innovation Foundation, July. Available online at http://www.itif.org/files/2011-arpa-e-brief.pdf

Obama Era. New York: Simon & Schuster.

Hall, N. 2011. 'Spending Review 2010: CaSE's Select Committee Response'. Campaign For Science and Engineering, 13 May. Available online at http://sciencecampaign.org.uk/?p=5260 (accessed 13 June 2011).

Haltiwanger, J., R. Jarmin and J. Miranda. 2010. 'Who Creates Jobs? Small vs. Large vs. Young'. NBER Working Paper no. 16300.

Harcourt, G. C. 1972. *Some Cambridge Controversies in the Theory of Capital*. Cambridge: Cambridge University Press.

Harrod, R. F. 1939. 'An Essay in Dynamic Theory'. *Economic Journal* 49, no. 193 (March): 14–33.

Hart, J. and M. Borrus. 1992. 'Display's the Thing: The Real Stakes in the Conflict Over High Resolution Displays'. Berkeley Roundtable on the International Economy (BRIE) Working Paper no. 52. Available online at http://brie.berkeley.edu/publications/WP%2052.pdf (accessed 24 January 2013).

Haslam, K. 2012. 'Tim Cook's Disastrous First Appointment as CEO'. *Macworld*, 30 October. Available online at http://www.macworld.co.uk/apple-business/news/?newsid=3407940&pagtype=allchandate (accessed 22 January 2013).

Hekkert, M. P., R. A. A. Suurs, S. O. Negro, S. Kuhlmann, and R. E. H. M. Smits. 2007. 'Functions of Innovation Systems: A New Approach for Analysing Technological Change'. *Technological Forecasting and Social Change* 74, no 4: 413–432.

Henderson, J. 2004. 'UT Professor, 81, Is Mired in Patent Lawsuit'. *Houston Chronicle*, 5 June. Available online at http://www.chron.com/default/article/ut-professor-81-is-mired-in-patent-lawsuit-1662323.php (accessed 11 February 2013).

Henderson, N. and M. Schrage. 1984. 'The Roots of Biotechnology: Government R&D Spawns A New Industry'. *Washington Post*, 16 December.

Heymann, M. 1998. 'Signs of Hubris: The Shaping of Wind Technology Styles

Gambardella, A. 1995. *Science and Innovation: The US Pharmaceutical Industry during the 1980s*. Cambridge: Cambridge University Press.

Geller, D. and D. Glodfine, co-directors. 2012. *Something Ventured, Something Gained*. DVD. United States: Miralan Productions.

Geroski, P. and S. Machin. 1992. 'Do Innovating Firms Outperform Non-innovators?' *Business Strategy Review* 3, no. 2: 79–90.

Geroski, P. A. and M. Mazzucato. 2002a. 'Learning and The Sources of Corporate Growth'. *Industrial and Corporate Change* 11, no. 4: 623–44.

———. 2002b. 'Myopic Selection'. *Metroeconomica* 53, no. 2: 181–99.

Geroski, P. A. and S. Toker. 1996. 'The Turnover of Market Leaders in UK Manufacturing Industry, 1979–86'. *International Journal of Industrial Organization* 14, no. 2: 141–58.

Ghosh, S. and R. Nanda. 2010. 'Venture Capital Investment in the Cleantech Sector'. Harvard Business School Working Paper 11-020.

Gipe, P. 1995. *Wind Energy Comes of Age*. New York: John Wiley & Sons.

Glader, P. 2010. 'GE Chief Slams U.S. on Energy'. *Wall Street Journal,* 24 September. Available online at http://online.wsj.com/article/SB10001424052748703384204575509760331620520.html (accessed on 20 December 2010).

Griffith, R., H. Miller and M. O'Connell. 2010. 'The UK Will Introduce a Patent Box, But to Whose Benefit?' Institute for Fiscal Studies Working Paper 5362.

Griliches, Z., B. H. Hall and A. Pakes. 1991. 'R&D, Patents and Market Value Revisited: Is There a Second (Technological Opportunity) Factor?' *Economics, Innovation and New Technology* 1, no. 3: 183–201.

Grindley, P. and D. Teece. 1997. 'Managing Intellectual Capital: Licensing and Cross-Licensing in Semiconductors and Electronics'. *California Management Review* 39, no. 2: 8–41.

Grossman, G. and E. Helpman. 1991. *Innovation and Growth in the Global Economy*. Cambridge, MA: MIT Press.

Grunwald, M. 2012. *The New New Deal: The Hidden Story of Change in the*

decline.html?pagewanted=print&src=pm (accessed 19 July 2012).
Foray, D., D. C. Mowery and R. R. Nelson. 2012. 'Public R&D and Social Challenges: What Lessons from Mission R&D Programs?' *Research Policy* 41, no. 10 (December): 1697–1702.
Forero-Pineda, C. 2006. 'The Impact of Stronger Intellectual Property Rights Technology in Developing Countries'. *Research Policy* 35, no. 6: 808–24.
Frankfurt School of Finance and Management. 2012. 'Global Trends in Renewable Energy Investment 2012'. Available online at http://fs-unep-centre.org/publications/global-trends-renewable-energy-investment-2012 (accessed 13 September 2012).
Freel, M. S. and P. J. A. Robson. 2004. 'Small Firm Innovation, Growth and Performance: Evidence from Scotland and Northern England'. *International Small Business Journal* 22, no. 6: 561–75.
Freeman, C. 1995. 'The "National System of Innovation" in Historical Perspective'. *Cambridge Journal of Economics* 19, no. 1: 5–24.
———. 1996. 'The Greening of Technology and Models of Innovation'. *Technological Forecasting & Social Change* 53, no. 1: 27–39.
Fried, L., S. Shukla and S. Sawyer, eds. 2012. *Global Wind Report: Annual Market Update 2011*. Global Wind Energy Council (March). Available online at http://gwec.net/wp-content/uploads/2012/06/Annual_report_2011_lowres.pdf (accessed 24 January 2013).
Friedman, B. M. 1979. 'Crowding Out or Crowding In? The Economic Consequences of Financing Government Deficits'. NBER Working Paper no. 284.
Fuchs, E. R. H. 2009. 'Cloning DARPA Successfully: Those Attempting to Copy the Agency's Success in Advancing Technology Development First Better Be Sure They Know How DARPA Actually Works'. *Issues in Science and Technology* 26, no. 9: 65–70.
———. 2010. 'Rethinking the Role of the State in Technology Development: DARPA and the Case for Embedded Network Governance'. *Research Policy* 39: 1133–47.

online at http://www.ey.com/Publication/vwLUAssets/cleantech-matters_FW0009/$FILE/cleantech-matters_FW0009.pdf (accessed 29 January 2013).

Evans, P. 1995. *Embedded Autonomy: States and Industrial Transformation*. Princeton, NJ: Princeton University Press.

Evans, P. and J. Rauch. 1999. 'Bureaucracy and Growth: A Cross-National Analysis of the Effects of "Weberian" *State Structures on Economic Growth*'. *American Sociological Review* 64, no. 5: 748–65.

Evers, L., H. Miller and C. Spengel. 2013. 'Intellectual Property Box Regimes: Effective Tax Rates and Tax Policy Considerations'. *ZEW Discussion Paper*, no. 13-070. Available online at: http://www.ifs.org.uk/docs/EversMillerSpengel2013_WP1.pdf (accessed 15 March 2015).

FDA (Food and Drug association). n.d. Search: 'Orphan Drug Designations and Approvals'. US Department of Health and Human Sciences. Available online at http://www.accessdata.fda.gov/scripts/opdlisting/oopd/index.cfm (accessed 9 January 2013; search results obtained in June 2011).

Fiegerman, S. 2012. 'Here's Why Apple Is Suddenly Laying-Off Employees from Its Retail Store'. *Business Insider*, 16 August. Available online at http://www.businessinsider.com/heres-why-apple-is-suddenly-laying-off-employees -from-its-retail-stores-2012-8 (accessed 22 January 2013).

First Solar. 2011. 'First Solar Sets World Record for CdTe Solar PV Efficiency'. *Firstsolar*, 26 July. Available online at http://investor.firstsolar.com/release-detail.cfm?releaseid=593994 (accessed 23 July 2012).

Flannery, R. 2006. 'Sun King: Photovoltaics Vendor Zhengrong Shi Is Worth Only $2.2 Billion. If He Could Just Make Solar Power Cost-Effective, He Could Be Really Rich'. *Forbes Asia* 2, no. 5 (27 March).

Florida, R. and D. Browdy. 1991. 'The Invention That Got Away'. *Technology Review* 94, no. 6 (August/September): 42–54.

Flynn, L. 1995. 'Apple Holds School Market, Despite Decline'. *New York Times*, 'Technology', 11 September. Available online at http://www.nytimes.com/1995/09/11/business/apple-holds-school-market-despite-

reforms/europe_2020/index_en.htm (accessed 24 January 2013).
———. 2012. *The EU Climate and Energy Package*. Available online at http://ec.europa.eu/clima/policies/package/index_en.htm (accessed 24 January 2013).
Economist. 2010a. 'Special Report: The World Economy'. 7 October. Available online at http://www.economist.com/printedition/2010-10-09 (accessed 25 January 2013).
———. 2010b. 'The World in 2011'. 22 November. Available online at http://www.economist.com/theworldin/2011 (accessed 25 January 2013).
———. 2011a. 'Taming Leviathan: How to Slim the State Will Become the Great Political Issue of Our Times'. 17 March. Available online at http://www.economist.com/node/18359896 (accessed 23 May 2013).
———. 2011b. 'Angst in the United States: What's Wrong with America's Economy?' 28 April. Available online at http://www.economist.com/node/18620710 (accessed 25 January 2013).
———. 2012. 'The Third Industrial Revolution'. 21 April. Available online at http://www.economist.com/node/21553017 (accessed 30 April 2012).
Energy and Climate Change Select Committee. 2011. *Energy and Climate Change—Third Report: The Revised Draft National Policy Statements on Energy*. London: House of Commons, 18 January. Available online at http://www.publications.parliament.uk/pa/cm201011/cmselect/cmenergy/648/64802.htm (accessed 2 May 2011).
EPA (United States Environmental Protection Agency). 2011. 'Methane emissions'. Washington, DC: US Environmental Protection Agency, 1 April. Available online at http://www.epa.gov/methane/ (accessed 8 October 2012).
EPIA (European Photovoltaic Industry Association). 2012. *Global Market Outlook for Photovoltaics until 2016*. Brussels: European Photovoltaic Industry Association, May.
Ernst & Young. 2011. 'Cleantech Matters: Seizing Transformational Opportunities'. *Global Cleantech and Trends Report* 2011. Ey.com. Available

Corporate Change 6, no. 1: 3–24.

Douglas, A. I. and P. J. Klenow. 1996. 'Sematech: Purpose and Performance'. *Proceedings of the National Academy of Sciences of the United States of America* 93, no. 23: 12739–42.

Dowling, S., ed. 2012. 'Apple Announces Plans to Initiate Dividend and Share Repurchase Program'. Apple.com, 19 March. Available online at http:// www.apple.com/pr/library/2012/03/19Apple-Announces-Plans-to-Initiate-Dividend-and-Share-Repurchase-Program.html (accessed 22 January 2013).

Drucker, J. 2010. 'Google 2.4% Rate Shows How $60 Billion Lost to Tax Loop-holes'. Bloomberg, 21 October. Available online at http://www.bloomberg.com/news/2010-10-21/google-2-4-rate-shows-how-60-billion-u-s-revenue-lost-to-tax-loopholes.html (accessed 19 July 2012).

Drucker, P. 1970. *Technology, Management and Society*. Oxford: Butterworth-Heinemann.

Duhigg, C. and K. Bradsher. 2012. 'How the U.S. Lost Out on iPhone Work'. *New York Times*, 'The iEconomy Series', 28 April. Available online at http://www.nytimes.com/2012/01/22/business/apple-america-and-a-squeezed-middle-class.html?_r=1&gwh=CDD8CD36DC4DEF040F857DEB57FA4348 (accessed 21 January 2012).

Duhigg, C. and D. Kocieniewski. 2012. 'How Apple Sidesteps Billions in Taxes'. *New York Times*, 'the iEconomy Series', 28 April. Available online at http://www.nytimes.com/2012/04/29/business/apples-tax-strategy-aims-at-low-tax-states-and-nations.html (accessed 1 July 2012).

Ebeling, A. 2011. 'Get Uncle Sam to Help You Buy an iPad in 2011'. *Forbes*, 'Taxes', 16 August. Available online at http://www.forbes.com/sites/ashleaebeling/2011/08/16/get-uncle-sam-to-help-you-buy-an-ipad-in-2011/ (accessed 3 September 2012).

EC (European Commission). 2010. *Europe 2020: A Strategy for Smart, Sustainable and Inclusive Growth*. Communication from the Commission. Brussels: EC, March. Available online at ec.europa.eu/economy_finance/structural_

at http://www.guardian.co.uk/technology/2002/apr/04/internetnews.maths/print (accessed 10 October 2012).
DIUS (Department of Innovation, Universities and Skills). 2008. *Innovation Nation*, March. Cm 7345. London: DIUS.
DoD (united states Department of Defense). 2011. *Selected Acquisition Report (SAR): RCS: DD-A&T(Q&A)823-166: NAVSTAR GPS: Defense Acquisition Management Information Retrieval (DAMIR)*. Los Angeles, 31 December.
DoE (United States Department of Energy). 2007. 'DOE-Supported Researcher Is Co-winner of 2007 Nobel Prize in Physics'. 10 September. Available online at http://science.energy.gov/news/in-the-news/2007/10-09-07/?p=1 (accessed 21 January 2013).
———. 2009. 'DOE Awards $377 Million in Funding for 46 Energy Frontier Research Centers'. Energy.gov, 6 August. Available online at http://energy.gov/articles/doe-awards-377-million-funding-46-energy-frontier-research-centers (accessed 6 June 2011).
Domar, E. D. 1946. 'Capital Expansion, Rate of Growth, and Employment'. *Econometrica* 14, no. 2 (April): 137–47.
Donahue, J. 2012. 'Walmart to Install Solar pn 27 Massachusetts Stores By 2014'. Cleanenergycouncil.org, 15 May. Available online at http://www.cleanenergycouncil.org/blog/2012/05/15/walmart-to-install-solar-on-27-massachusetts-stores-by-2014/ (accessed 25 July 2012).
Doom, J. 2014. 'U.S. expects $5 Billion from Program that Funded Solyndra'. *Bloomberg*, 12 November 2014. Available online at http://www.bloomberg.com/news/articles/2014-11-12/u-s-expects-5-billion-from-program-that-funded-solyndra (accessed 19 March 2015).
Dosi, G., P. Llerena and M. S. Labini. 2006. 'The Relationships Between Science, Technologies and Their Industrial Exploitation: An Illustration Through the Myths and Realities of The So-Called "European Paradox"'. *Research Policy* 35, no. 10: 1450–64.
Dosi, G., F. Malerba, O. Marsili and L. Orsenigo. 1997. 'Industrial Structures and Dynamics: Evidence, Interpretation and Puzzles'. *Industrial and*

Coriat, B., F. Orsi and O. Weinstein. 2003. 'Does Biotech Reflect a New Science-Based Innovation Regime?' *Industry and Innovation* 10, no. 3 (September): 231–53.

Cowie, J. 1999. *Capital Moves: RCA's 70-Year Quest for Cheap Labor*. New York: Cornell University Press.

Crouch, B. 2008. '$6bn Empire of the Sun'. *Sunday Mail*, 3 February.

Cullen, S. E. 2009. 'Alternative Energy Powers Up'. Thompson Reuters. Available online at http://lib.sioc.ac.cn/tsg_admin/upload/myupload_4514.pdf (accessed 6 June 2011).

David, P. A. 2004. 'Understanding the Emergence of Open Science Institutions: Functionalist Economics in Historical Context'. *Industrial and Corporate Change* 13, no. 4: 571–89.

Davies, A. 2003. 'Integrated Solutions: The Changing Business of Systems Integration'. in *The Business of Systems Integration*, edited by A. Prencipe, A. Davies and M. Hobday. Oxford: Oxford University Press.

Davies, A. and T. Brady. 1998. 'Policies for A Complex Product System'. *Futures* 30, no. 4: 293–304.

DECC (Department of Energy and Climate Change). 2009. *The UK Low Carbon Transition Plan: National Strategy for Climate and Energy*. London: Department of Energy and Climate Change, 15 July. Available online at http://centralcontent.fco.gov.uk/central-content/campaigns/act-on-copenhagen/resources/en/pdf/Decc-low-carbon-transition-Plan (accessed 6 June 2011).

Dediu, H. and D. Schmidt. 2012. 'You Cannot Buy Innovation'. *Asymco*, 30 January. Available online at http://www.asymco.com/2012/01/30/you-cannot-buy-innovation/?utm_source=feedburner&utm_medium=feed&utm_campaign=Feed%3a+asymco+%about28asymco%29 (accessed 12 June 2012).

Demirel, P. and M. Mazzucato. 2012. 'Innovation and Firm Growth: Is R&D Worth It?' *Industry and Innovation* 19, no. 1: 45–62.

Devlin, K. 2002. 'The Math Behind MP3'. *Guardian*, 3 April. Available online

Chong, F. and D. D. Mcnicoll. 2006. 'Day in sun for New Billionaire'. *Weekend Australian*, 11 March.

Choudhury, N. 2012. 'china PV Installations to Experience Surge in 4Q 2012'. Pv-tech.org, 10 October. Available online at http://www.pv-tech.org/news/china_pv_installations_experienced_surge_in_2q_2012 (accessed 25 January 2013).

Christensen, C. M. 1997. *The Innovator's Dilemma: When New Technologies Cause Great Firms to Fail.* Boston: Harvard Business Press.

Chu, K. 2011. 'Solar-Cell Maker Files for Bankruptcy'. *Inside Energy*, 22 August.

———. 2011. 'Solar Firm Says Defective Materials, Chinese Competition Spurred Bankruptcy'. *Inside Energy with Federal Lands*, 29 August.

Citizens for Tax Justice. 2012. 'Press Release: General Electric's Ten Year Tax Rate Only Two Percent'. Ctj.org, 27 February. Available online at http://www.ctj.org/taxjusticedigest/archive/2012/02/press_release_general_electric.php#.uvm3D1feWye (accessed 1 April 2013).

Climate Policy Initiative. 2013. *The Global Landscape of Climate Finance 2013. CPI Report*. Available online at http://climatepolicyinitiative.org/wp-content/uploads/2013/10/the-global-landscape-of-climate-Finance-2013.pdf (accessed 19 March 2015).

Climate Works. 2011. 'China's New Five-Year Plan Aims to Meet Ambitious Climate and Energy Targets'. 13 October. Available online at http://www.climateworks.org/news/item/chinas-new-five-year-plan (accessed 1 December 2012).

Coad, A. and R. Rao. 2008. 'Innovation and Firm Growth In High-Tech Sectors: A Quantile Regression Approach'. *Research Policy* 37, no. 4: 633–48.

Committee on Climate Change (UK). 2010. 'Building a Low-Carbon Economy—The UK's Innovation Challenge'. Available online http://www.theccc.org.uk/publication/building-a-low-carbon-economy-the-uks-innovation -challenge/ (accessed 1 November 2012).

ftpdocs/76xx/doc7615/10-02-Drugr-D.pdf (accessed 24 January 2013).
CEP (Centre for economic Performance). 2006. 'Inherited Family Firms and Management Practices: The Case for Modernising the UK's Inheritance Tax'. Available online at www.pa_inherited_family_firms.pdf (accessed 7 June 2011).
CERN. 2010. 'Another of CERN's Many Inventions!' *CERN Bulletin*, 16 March. Available online at http://cds.cern.ch/record/1248908 (accessed 22 January 2013).
Chandler Jr, Alfred D. 1991. 'Creating Competitive Capability: Innovation and Investment in the United States, Great Britain, and Germany from the 1870s to World War I'. In F*avorites of Fortune: Technology, Growth, and Economic Development since the Industrial Revolution*. Cambridge, Mass.: Harvard University Press, 432–58.
———. 1993. *The Visible Hand*. Cambridge, MA: Harvard University Press.
Chang, H.-J. 1993. 'The Political Economy of Industrial Policy in Korea'. *Cambridge Journal of Economics* 17, no. 2: 131–57.
———. 2008. *Kicking Away the Ladder: The Myth of Free Trade and the Secret History of Capitalism*. New York: Bloomsbury.
Chang, H.-J. and P. Evans. 2000. 'The Role of Institutions in Economic Change'. Paper Prepared for 'The Other Canon Meetings', Venice, Italy, 13–14 January, and Oslo, Norway, 15–16 August.
Chazan, G. 2013. 'Fossil Fuel Dominance Still Frames R&D Debate'. *Financial Times*, 28 January. Available online at http://www.ft.com/intl/cms/s/0/29465 0fe-63bd-11e2–84d8–00144feab49a.html#axzz2PgtDXaje (accessed 1 April 2013).
Chesbrough, h. 2003. *Open Innovation: The New Imperative for Creating and Profiting from Technology*. Boston: Harvard Business School Press.
China Briefing. 2011. 'An Overview of China's Renewable Energy Market'. 16 June. Available online at http://www.china-briefing.com/news/2011/06/16/an-overview-of-chinas-renewable-energy-market.html (accessed 12 September 2013)

in%20american%20innovation%20report.pdf (accessed 24 January 2013).

Brodd, R. J. 2005. 'Factors Affecting U.S. Production Decisions: Why Are There No Volume Lithium-Ion Battery Manufacturers in the United States?' ATP Working Paper series, Working Paper 05-01, prepared for the Economic Assessment Office Advanced Technology Program, National Institute of Standards and Technology (NIST), June.

Brouwer, E., A. Kleinknecht and J. O. N. Reijnen. 1993. 'Employment Growth and Innovation at the Firm Level: An Empirical Study'. *Evolutionary Economics* 3: 153–9.

Brown, D. et al., eds. n.d. 'History of Elo'. Elo Touch Solutions. Available online at http://www.elotouch.com/aboutelo/history/default.asp (accessed 22 January 2013).

Bullis, K. 2011. 'Venture Capitalists Back Away from Clean Energy'. Technologyreview.com, 11 August. Available online at http://www.technologyreview.com/news/424982/venture-capitalists-back-away-from-clean-energy/ (accessed 26 January 2013).

Burlamaqui, L. 2012. 'Knowledge Governance: An Analytical Perspective and Its Policy Implications'. In *Knowledge Governance: Reasserting the Public Interest*, edited by L. Burlamaqui, A. C. Castro and R. Kattel, 3–26. London: Anthem Press.

Bush, V. 1945. *Science, the Endless Frontier: A Report to the President*. Washington, DC: US Government Printing Office.

Buxton, B. 2012. 'Multi-touch Systems That I Have Known and Loved'. Microsoft Research. Available online at http://www.billbuxton.com/multitouchoverview.html (accessed 3 October 2012).

CBI (Confederation of British Industry). 2006. 'Innovation and Public Procurement: A New Approach to Stimulating Innovation'. CBI Innovation Brief.

CBO (Congressional Budget Office). 2006. *Research and Development in the Pharmaceutical Industry*. Washington, DC: Congressional Budget Office, Congress of the United States. Available online at http://www.cbo.gov/

Government's Role in Technology Development. Boulder, CO: Paradigm Publishers.

———. 2011b. 'Where Do Innovations Come From?' In *State of Innovation: The U.S. Government's Role in Technology Development,* edited by F. L. Block and M. R. Keller, 154–73. Boulder, CO: Paradigm Publishers.

———. 2012. 'Explaining the Transformation in the US Innovation System: The Impact of a Small Government Program'. *Socio-Economic Review*, 30 September, 1–28. Available online at http://ser.oxfordjournals.org/content/early/2012/09/30/ser.mws021.full.pdf+html (accessed 13 February 2013).

Blodget, H. 2011. 'Apple's Huge New Data Center in North Carolina Created Only 50 Jobs'. 'Daily ticker', Yahoo Finance, 28 November. Available online at http://finance.yahoo.com/blogs/daily-ticker/apple-huge-data-center -north-carolina-created-only-143852640.html (accessed 22 January 2013).

Bloom, N. and J. van Reenen. 2006. *Measuring and Explaining Management Practices Across Firms and Countries*. London: Centre for Economic Performance.

Bottazzi, G., G. Dosi, M. Lippi, F. Pammolli and M. Riccaboni. 2001. 'Innovation and Corporate Growth in the Evolution of the Drug Industry'. *International Journal of Industrial Organization* 19, no. 7: 1161–87.

Bottazzi, L. and M. Da Rin. 2002. 'Venture Capital in Europe and the Financing of Innovative Firms'. Centre for Economic Policy Research, *Economic Policy* 34.

Bradshaw, K. 2013. 'Chinese Solar Panel Giant is Tainted by Bankruptcy'. *New York Times*, 20 March. Available online at http://www.nytimes.com/2013/03/21/business/energy-environment/chinese-solar-companys-operating-unit-declares-bankruptcy.html?pagewanted=all&_r=0 (accessed 20 March 2013).

Breakthrough Institute. 2010. *Where Good Technologies Come From: Case Studies in American Innovation*. Oakland, CA: Breakthrough Institute, December. Available online at http://thebreakthrough.org/blog/case%20studies%20

SfGate.com. Available online at http://articles.sfgate.com/2010-01-07/business/17470394_1_venture-funding-cleantech-group-venture-capitalists (accessed 6 June 2011).

Bakewell, S. 2011. 'Chinese Renewable Companies Slow to tap $47 Billion Credit'. *Bloomberg Business Week*, 16 November. Available online at http://www.businessweek.com/news/2011-11-16/chinese-renewable-companies-slow-to-tap-47-billion-credit.html (accessed 26 January 2012).

———. 2012. 'U.K. "Leading" Vestas Offshore Wind Market, Manager Says'. Bloomberg, 10 July. available online at http://www.bloomberg.com/news/2012–07–10/u-k-leading-vestas-offshore-wind-market-manager-says.html (accessed 6 March 2013).

Barca, S. 2011. 'Energy, Property, and the Industrial Revolution Narrative'. *Ecological Economics* 70: 1309–15.

Bathon, M. 2012. 'Solyndra Wins Court Approval of Bankruptcy Exit Plan'. Bloomberg, 23 October. Available online at http://www.bloomberg.com/news/2012-10-22/solyndra-wins-court-approval-of-bankruptcy-exit-plan.html (accessed 28 January 2013).

Battelle, J. 2005. *The Search*. New York: Penguin.

BBC News. 2011. 'Apple Holding More Cash Than USA'. BBC News, 29 July. Available online at http://www.bbc.co.uk/news/technology-14340470 (accessed 13 July 2012).

Berners-Lee, T. 1989. 'Information Management: A Proposal'. CERN. Available online at http://info.cern.ch/Proposal.html (accessed 22 January 2013).

Block, F. L. 2008. 'Swimming Against the Current: The Rise of a Hidden Developmental State in The United States'. *Politics and Society* 36, no. 2 (June): 169–206.

———. 2011. 'Innovation and the Invisible Hand of Government'. In *State of Innovation: The U.S. Government's Role in Technology Development*, edited by F. L. Block and M. R. Keller. Boulder, CO: Paradigm Publishers.

Block, F. L. and M. R. Keller, eds. 2011a. *State of Innovation: The U.S.*

January 2013).

Anderson, E. 2011. 'Spectra Watt Hopes to Soon Rise Again'. *Times Union*, 27 May. Available online at http://www.timesunion.com/business/article/spectraWatt-hopes-to-soon-rise-again-1398102.php (accessed 7 July 2012).

Angell, M. 2004. *The Truth about the Drug Companies.* New York: Random House.

Apple. 2012. 'Creating Jobs through Innovation'. Apple.com. Available online at http://www.apple.com/about/job-creation/ (accessed 22 January 2013).

Arora, A. and A. Gambardella. 1994. 'The Changing Technology Of TechnologIcal Change: General And Abstract Knowledge and The Division Of Innovative Labour'. *Research Policy* 23, no. 5: 523–32.

APRA-E (Advanced Research Projects Agency–Energy). n.d. APRA-E website. Available online at http://arpa-e.energy.gov/?q=about (accessed 6 June 2011).

Arthur, W. B. 2009. *The Nature of Technology: What It Is and How It Evolves.* New York: Free Press.

Atkinson, A., T. Piketty and E. Saez. 2011. 'Top Incomes in The Long Run of History'. *Journal of Economic Literature* 49, no. 1: 3–71.

Audretsch, D. B. 1995. *Innovation and Industry Evolution.* Cambridge, MA: MIT Press.

———. 2000. 'The Economic Role of Small- and Medium-Sized Enterprises: The United States'. Paper presented at the World Bank workshop on 'Small and Medium Enterprises', Chang Mai, Thailand (August).

———. 2003. 'Standing on the Shoulders of Midgets: The U.S. Small Business Innovation Research Program (SBIR)'. *Small Business Economics* 20: 129–35.

Auerswald, P. E. and l. M. Branscomb. 2003. 'Valleys of Death and Darwinian Seas: Financing the Invention of Innovation Transition in The United States'. *Journal of Technology Transfer* 28, nos. 3–4: 227–39.

Baker, D. R. 2010. 'Funding for Clean-Tech Firms Plunges 33% in '09'.

參考資料

Abbate, J. 1999. *Inventing the Internet*. Cambridge, MA: MIT Press.

Abramovitz, M. 1956. *Resource and Output Trends in the United States since 1870*. New York: National Bureau of Economic Research.

Acemoglu, D. 2002. 'Technical Change, Inequality and The Labor Market'. *Journal of Economic Literature* 40, no. 1: 7–72.

Acuña, R. 1976. *América Ocupada*. Mexico City: Ediciones ERA.

Adner, R. 2012. *The Wide Lens: A New Strategy for Innovation*. New York: Portfolio/Penguin.

Aghion, P., R. Veugelers and C. Serre. 2009. 'Cold Start for The Green Innovation Machine'. *Bruegel Policy Contribution* 12 (November).

Alessandri, P. and a. Haldane. 2009. 'Banking on the State'. Bank of England, November.

Almus, M. and E. A. Nerlinger. 1999. 'Growth of New Technology-Based Firms: Which Factors Matter?' *Small Business Economics* 13, no. 2: 141–54.

Ambler, T. and K. Boyfield. 2010. 'Reforming the Regulators'. Adam Smith Institute briefing paper, September. Available online at http://www.adamsmith.org/files/reforming-the-regulators.pdf (accessed 24 January 2013).

Amsden, A. 1989. A*sia's Next Giant: South Korea and Late Industrialization*. Oxford: Oxford University Press.

Andersen, R. 2012. 'The "Silent Green Revolution" Underway at the Department of Energy'. *Atlantic*, 9 September. Available online at http://www.theatlantic.com/technology/archive/2012/09/the-silent-green-revolution-underway-at-the-department-of-energy/261905/ (accessed 22

NEXT 288

打造創業型國家：

破除公私部門各種迷思，重新定位政府角色

The Entrepreneurial State: Debunking Public vs Private Sector Myths

作者	瑪里亞娜・馬祖卡托（Mariana Mazzucato）
譯者	鄭煥昇
責任編輯	鄭莛
責任企劃	林進韋
封面設計	江孟達
內頁排版	張靜怡
總編輯	胡金倫
董事長	趙政岷
出版者	時報文化出版企業股份有限公司 108019 臺北市和平西路三段 240 號 7 樓 發行專線｜ 02-2306-6842 讀者服務專線｜ 0800-231-705 ｜ 02-2304-7103 讀者服務傳真｜ 02-2302-7844 郵撥｜ 1934-4724 時報文化出版公司 信箱｜ 10899 台北華江橋郵局第 99 號信箱
時報悅讀網	www.readingtimes.com.tw
電子郵件信箱	ctliving@readingtimes.com.tw
人文科學線臉書	http://www.facebook.com/jinbunkagaku
法律顧問	理律法律事務所｜陳長文律師、李念祖律師
印刷	紘億印刷有限公司
初版一刷	2021 年 3 月 19 日
定價	新臺幣 500 元

時報文化出版公司成立於一九七五年，並於一九九九年股票上櫃公開發行，於二〇〇八年脫離中時集團非屬旺中，以「尊重智慧與創意的文化事業」為信念。

ISBN 978-957-13-8660-7 ｜ Printed in Taiwan

打造創業型國家：破除公私部門各種迷思，重新定位政府角色／
瑪里亞娜・馬祖卡托（Mariana Mazzucato）著；鄭煥昇譯 .
-- 初版 . -- 臺北市：時報文化 , 2021.03 ｜ 400 面；14.8×21 公分 .
譯自：The Entrepreneurial State: Debunking Public vs. Private Sector Myths
ISBN 978-957-13-8660-7（平裝）｜ 1. 企業管理 2. 科技管理 3. 技術發展 ｜ 572.9 ｜ 110002199